Mystische Pfade
Eifel

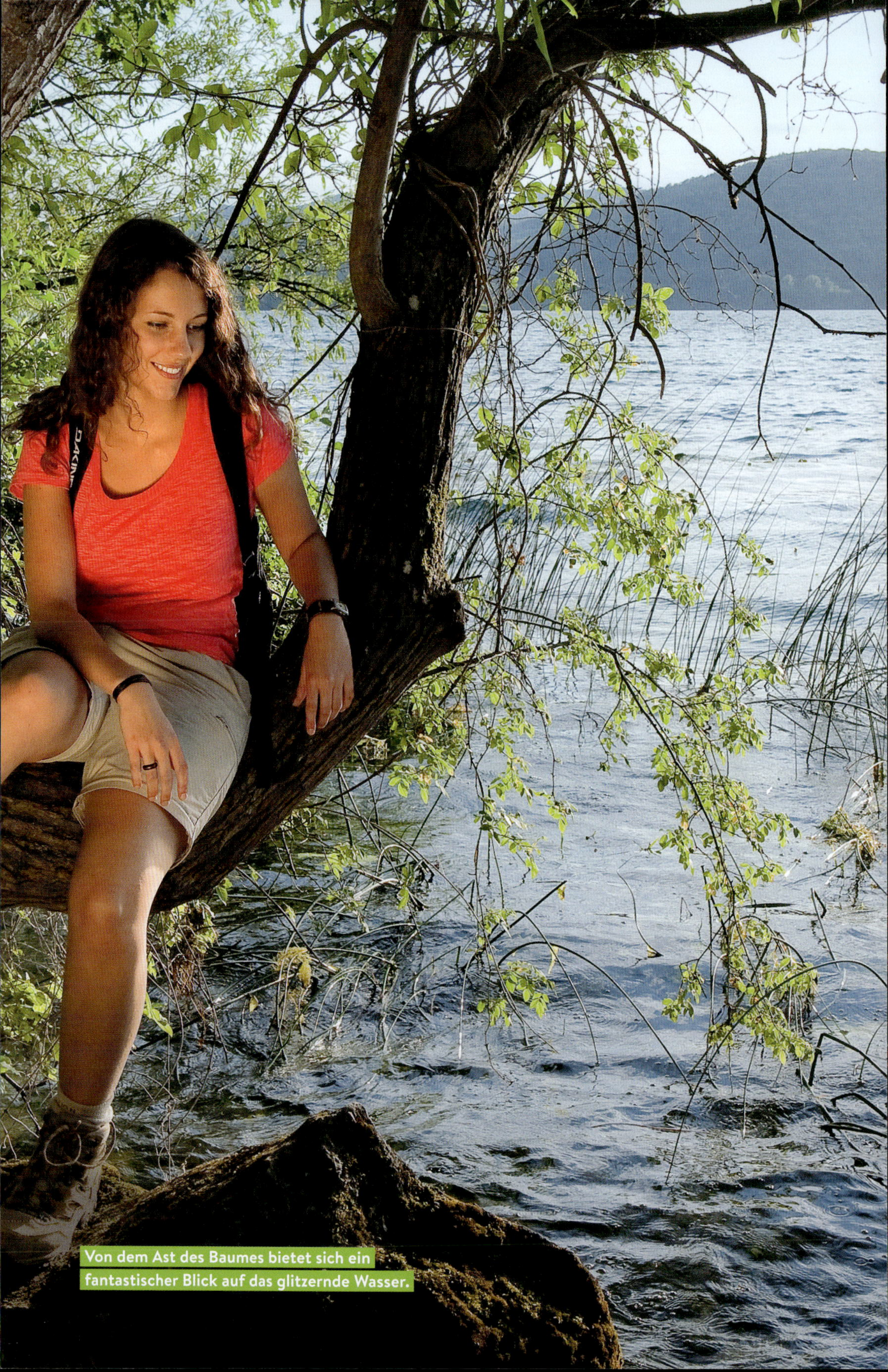

Von dem Ast des Baumes bietet sich ein fantastischer Blick auf das glitzernde Wasser.

Antje Bayer

Mystische Pfade
EIFEL

36 Wanderungen auf den Spuren von Mythen und Sagen

BRUCKMANN

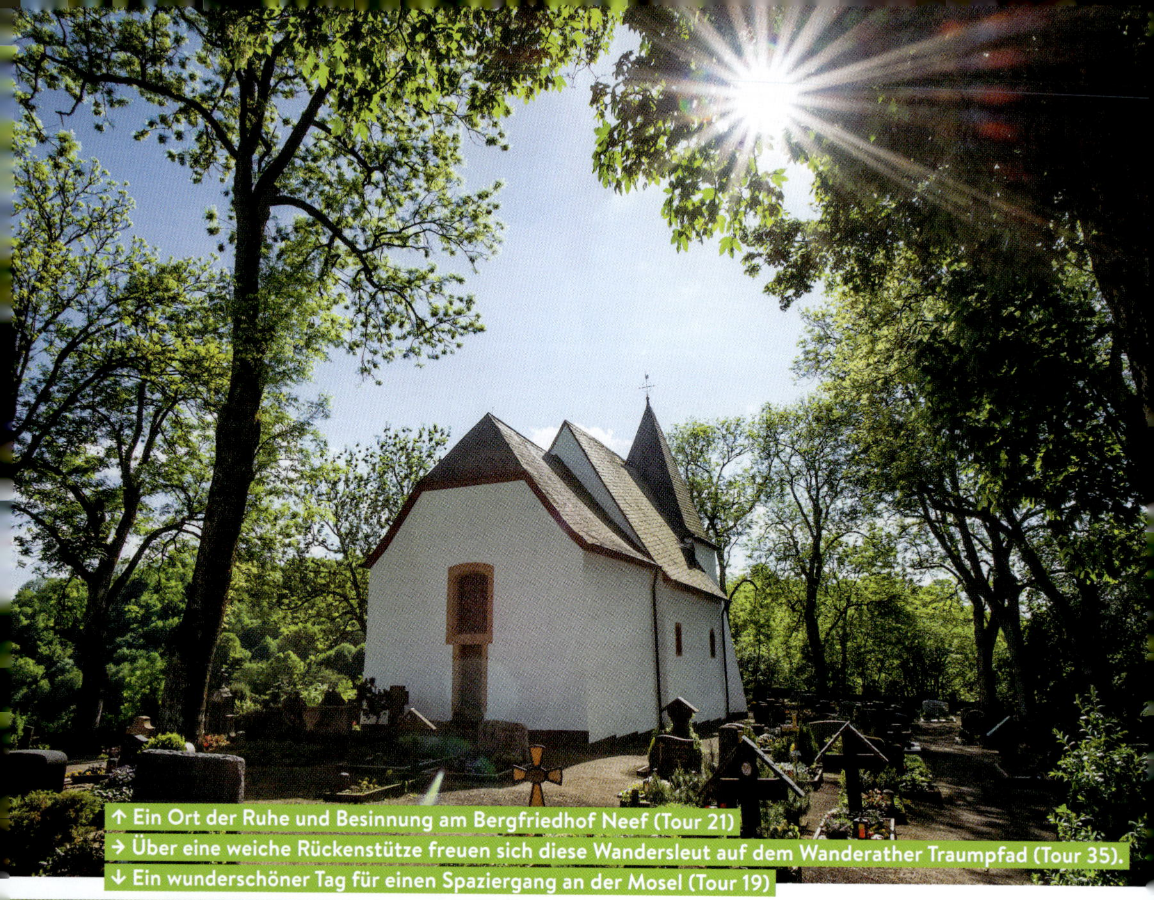

↑ Ein Ort der Ruhe und Besinnung am Bergfriedhof Neef (Tour 21)

→ Über eine weiche Rückenstütze freuen sich diese Wandersleut auf dem Wanderather Traumpfad (Tour 35).

↓ Ein wunderschöner Tag für einen Spaziergang an der Mosel (Tour 19)

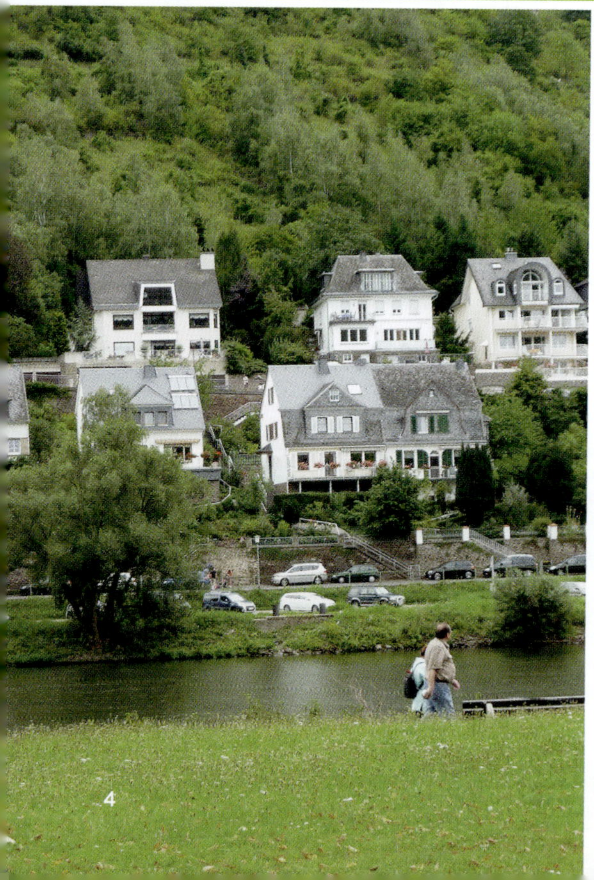

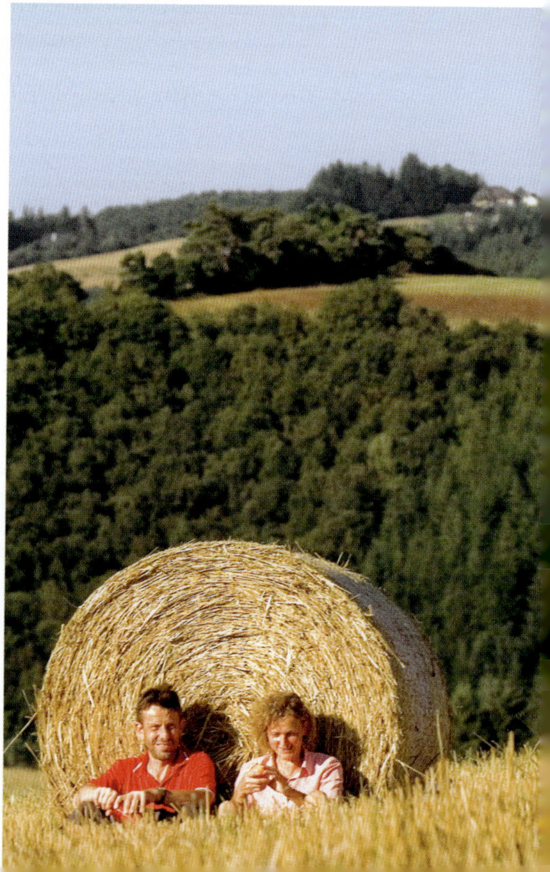

INHALT

Vorwort 9
Willkommen in der Eifel 10
Bruckmann-Tourenfinder 12
Piktogramme und Anforderungen 15
Mystische Pfade in der Eifel 16

DIE TOUREN

Unterwegs in der Eifel

1 **Auf Wallfahrt** 24
Klausnerweg

2 **Erhabene Burgruine auf dem Phonolithkegel** 28
Burg Olbrück

3 **Der historische und mystische Ort mitten im Wald** 32
Klosterruine Mädburg

4 **Harmonie und Schutz** 36
»Decke Tönnes«

5 **Faszinierendes aus alter und neuer Zeit** 38
Römische Tempelanlage Bad Münstereifel

6 **Meditation zur inneren Einkehr** 40
Kloster Steinfeld

7 **Hexen und Teufel** 44
Neuer-Burg-Weg

8 **Brausendes Wasser und grüner Hopfen** 48
Rund um die Prümer Burg

9 **Leicht zu Fuß** 50
Kakushöhle

10 **Bizarre Weitsicht** 52
Katzensteine

11 **Von Quelle zu Quelle** 56
Eifeler Quellenpfad

12 **Eine Tour für die ganze Familie** 60
Gerolsteiner Keltenpfad

13 **Die Perle unter den Burgen** 64
Burg Eltz

14 **Romantik und Historie** 68
Traumpfad Förstersteig

15 **Bezauberndes Eifelörtchen** 72
Monrealer Ritterschlag

16 **Dem Vulkanismus auf der Spur** 76
Pellenzer Seepfad

17 **Auf dem Naturfreundeweg** 80
Kloster Maria Laach

18 **Magische Höhlen und die zauberhafte Schlucht** 84
Wolfsschlucht und Trasshöhlen

19 **Auf dem Moselsteig** 88
Burg Cochem

20 **Glitzernde Verführung** 92
Wasserfall Klotten

21 **Glückskatze und Keltenstätte** 96
Bergfriedhof Neef

22 **Geheimnis des Domsteins** 100
Trier

23 **Ein gut behüteter Schatz** 104
Kapelle Prümzurlay

24 **Menhir mit Zauberkraft** 106
Druidenstein Bollendorf

25 **Wo der Beelzebub seine Spuren hinterließ** 110
Teufelsschlucht

26 **Kraftvolle Stille** 114
Kloster Springiersbach

27 **Das Glöckchen am Totenmaar** 118
Kapelle am Weinfelder Maar

28 **Romantisches Abenteuer** 120
Vulkanpfad

29 **Auf dem Pilgerweg** 124
Ein Stück auf dem Jakobsweg

30 **Der Düwelsteen** 126
Eifelbahnsteig

31 **Die unglückliche Grafentochter** 130
Manderscheider Burgenpfad

32 **Ein kreisrunder See** 134
Windsborner Kratersee

33 **Der »Saure Buhr«** 140
Heidehimmel Volkesfeld

34 **Der Grafenbesitz** 144
Virneburgweg

35 **»Schwarze Madonna« und heilendes Wasser** 148
Wanderather Traumpfad

36 **»Gegeben unter der Linde«** 152
Die Gerichtslinde in Schmidtheim

PS 154
Register 157
Impressum 160

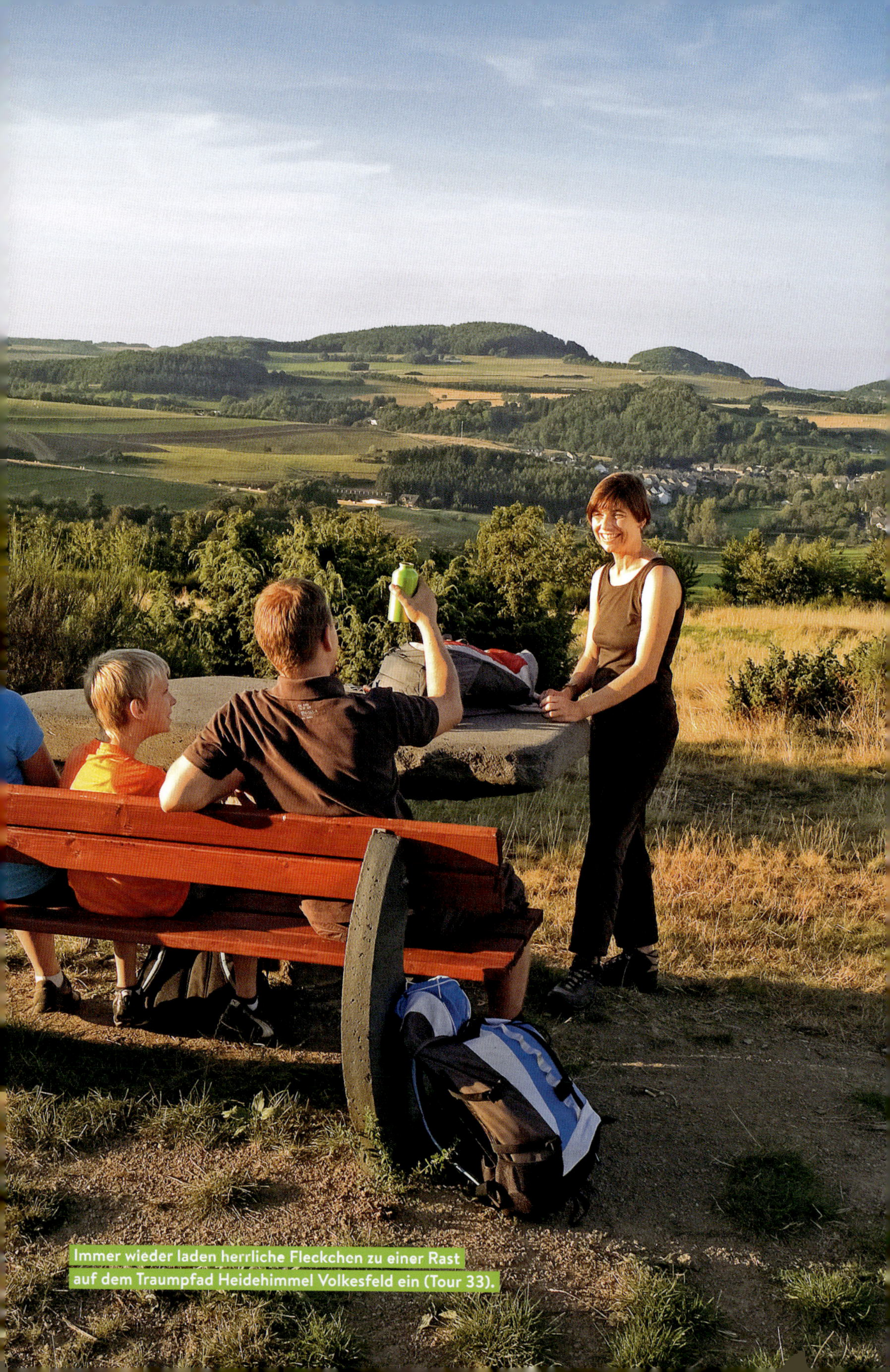

Immer wieder laden herrliche Fleckchen zu einer Rast auf dem Traumpfad Heidehimmel Volkesfeld ein (Tour 33).

Vorwort

ICH LIEBE ZAUBERHAFTE ORTE und in der Region der Eifel habe ich eine ergiebige Gegend gefunden. Wunderschöne Wanderrouten warteten darauf, von mir erobert zu werden. Die Mystikerin in mir erwachte zum Leben und voller Tatendrang stürzte ich mich in die Vorbereitungen. Meine Reise brachte mich an viele malerische Orte. Verträumte Dörfer, faszinierende Landschaften mit ihren kleinen Geheimnissen und die vielen Burgen mit ihrer Geschichte verzauberten mich sofort. Geheimnisvolle Schluchten wie die Teufelsschlucht, stille Maare oder Burgen, deren Atmosphäre eindringlich zu spüren war, faszinierten mich sehr.

Auf meinen Wandertouren habe ich vieles gesehen und erfahren. Ich lernte viele Leute kennen, die mir den einen oder anderen Tipp gaben. Rita und Paul danke ich für die heimelige Unterkunft in Bollendorf, ihre Fürsorge und so manch schaurige Geschichte, die sie zu erzählen wussten. Mit diesen Erzählungen im Gepäck suchte ich die Orte auf und wandelte auf den Spuren der Vergangenheit. Ich fühlte die Anwesenheit von Hildegard von Bingen auf Disibodenberg, zwängte mich durch enge Felsen und bestaunte die von der Natur geschaffenen Steilhänge. Ruhe und Frieden konnte ich an versteckten Plätzen genießen, wie zum Beispiel am Bergfriedhof Neer oder an der Kapelle Prümzurlay. Die Wolfsschlucht und die Trasshöhlen bieten zudem die Möglichkeit auf ein kleines Abenteuer. In Trier erwarteten mich römische Relikte und das Rätsel um den Domstein. Ich meinte das Urteil unter der Gerichtslinde zu hören, lauschte verzückt dem Rauschen der Bäume und ließ mich von der besonderen Stimmung bei der Schankweiler Klause einfangen. Auf vielen Touren bietet sich die Gelegenheit zur Einkehr, den müden Gliedern etwas Pause zu gönnen und sich an den Spezialitäten der Gegend zu laben. Ich durchstreifte die schönsten Weinberge, umrundete glitzernde Seen und hörte dem Läuten der Kirchenglocken zu. Mit Begeisterung sah ich dem Flug der Schmetterlinge zu, lauschte dem Rauschen und Blubbern der Bäche und nahm an dem wilden Spiel der Wasserfälle teil. Über weichen Waldboden oder manchmal holprige Feldwege ging es häufig bergan und über teilweise enge Pfade wieder bergab.

Nun wünsche ich auch Ihnen viel Spaß beim Ausprobieren dieser magischen Wandertouren. Tauchen Sie ein in die mystische Landschaft der Eifel. Lassen Sie sich begeistern von den vielfältigen Eindrücken, die Sie auf jeder Tour erfahren können. Und gönnen Sie sich die Muße, innezuhalten und die Umgebung auf sich wirken zu lassen. Möge dieses Buch Ihnen ein treuer Begleiter sein!

Antje Bayer

Willkommen in der Eifel

Die Eifel erstreckt sich über 5.300 km² und ist Teil eines Mittelgebirges in Rheinland-Pfalz und Nordrhein-Westfalen. Geografisch wird die Eifel in Nord- und Südeifel unterteilt, wobei vier Naturparks beherbergt werden.

Naturschätze in der Eifel

Die Naturlandschaft der Eifel ist sehr vielfältig. Im Nationalpark Eifel gibt es viele Gewässer, die den dortigen Buchenwald schützen. Die einst zahlreichen Vulkanausbrüche mit ihren gewaltigen Lavaströmen prägen noch heute die Landschaft der Vulkaneifel. Die Maare, runde Seen mit tiefblau gefärbtem Wasser, werden auch als »Augen« in der Region bezeichnet. Sie sind umgeben von steilen bewaldeten Hängen. Im Naturpark Südeifel trifft man dagegen auf grobe Felsformationen, die durch die Wettereinflüsse der letzten Jahrmillionen bizarr geformt wurden. Neben einer Vielfalt von Orchideen sind in der Eifel Wacholderschutzgebiete oder auch die Moor- und Heidelandschaft des Hohen Venns prägend. Hier wachsen das Sumpf-Veilchen oder auch die Glockenheide.

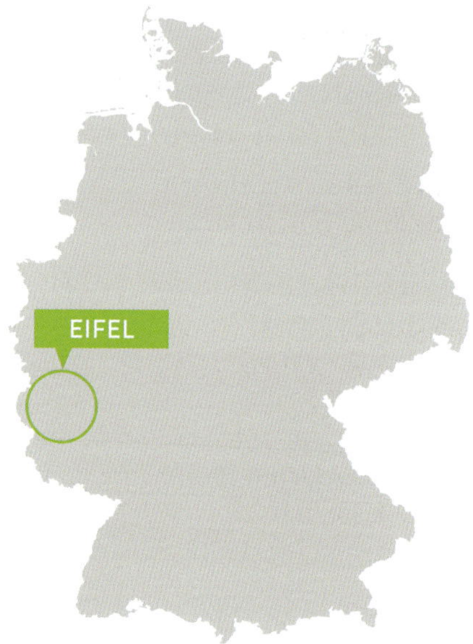

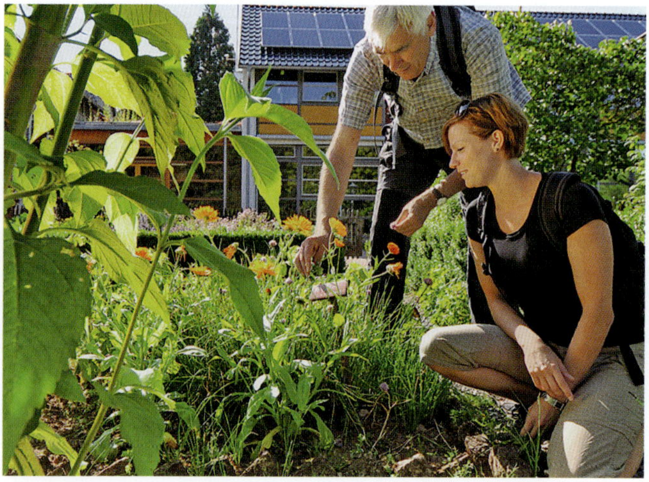

Römerkanal

Nachdem Caesar im Jahr 54 vor Christus die Herrschaft über die Kelten in der Eifel übernahm, gründeten die Römer Straßensiedlungen und ließen Gutshöfe entstehen. Zudem bauten sie die berühmte Wasserleitung aus der Eifel nach Köln, die auch Römerkanal oder Eifelwasserleitung genannt wird.

Wildkatzen

Um 1900 gab es kaum noch Wildkatzen in der Eifel. Heute werden etwa 50 dieser Raubkatzen im Nationalpark und 1000 in der gesamten Eifel gezählt. Der Eifeltiger ist generell sehr scheu und zeigt sich hauptsächlich in der Zeit der Dämmerung.

Döppekooche

Traditionell am Martinstag wurde in vielen Küchen der Eifel der Topfkuchen aus Kartoffeln, Eiern, Zwiebeln und Speck im Ofen gebacken und mit Apfelmus und Salat auf den Tisch gebracht. Döppekooche gilt noch heute als Spezialität in der Region.

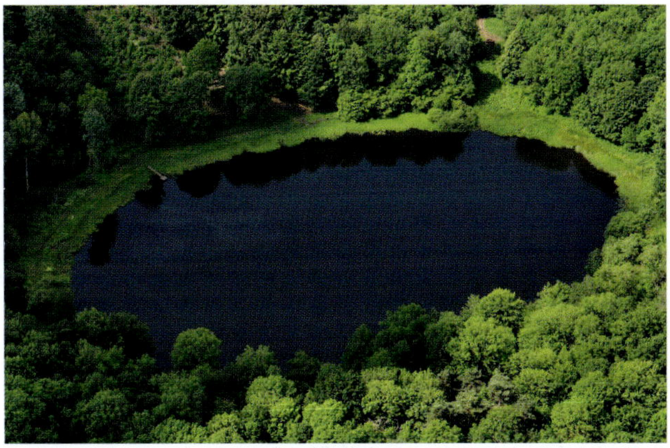

Über 70

Mehr als 70 Maare gibt es in der Vulkaneifel. Zehn von -ihnen sind jederzeit mit Wasser gefüllt. In einigen – Meerfelder Maar, Pulvermaar, Schalkenmehrener Maar und Gemünder Maar – kann während der Sommermonate gebadet werden. Das Pulvermaar brilliert zudem mit der größten Wasserfläche und -tiefe in der Eifel. Es gilt zudem als einer der tiefsten Seen in Deutschland.

Wildnis-Trail

Der 85 Kilometer lange Wildnis-Trail führt durch den gesamten Nationalpark. Im Jahr 2007 wurde er vom Nationalparkforstamt angelegt. Mit dem Wildnis-Trail werden in vier anspruchsvollen Tagesetappen mehrere Landschaften durchstreift. Von Monschau-Höfen, dem »Nationalpark-Tor«, über Einruhr, die Burg Vogelsang und das »Nationalpark-Tor« Gemünd führt die Strecke bis zum Schutzgebiet nach Hürtgenwald-Zerkall. Die Rückführung vom Fichtenwald in natürliche Mischwälder, der Buchenwald mit seiner Tier- und Pflanzenwelt, wie auch die Eichenwälder des Hetzinger Waldes, sind beispielsweise Themen die der Wildnis-Trail aufgreift. In einigen Abschnitten kann der Wanderer schon durch die umgefallenen Bäume erahnen, wie sich die Landschaft in einigen Jahren verändern wird.

Fauna in der Eifel

Der prächtige Blauschillernde Feuerfalter ist ein Prachtstück in der Eifel. In Deutschland ist er sehr selten und vom Aussterben bedroht. Ebenfalls sehr selten zeigt sich die Spitzmaus, die sich im Nationalpark an Gewässern und in den angrenzenden Sumpfwiesen oder Bruchwäldern angesiedelt hat. Der fast ausgestorbene »Klapperstorch« kann im Sommer gut beobachtet werden, wenn er über der Eifel am Himmel seine Kreise zieht.

Bruckmann-Tourenfinder

Für jeden Tag die richtige Tour

			km	Hm	Std.								
1	Klausnerweg	🔴	17,0	450	5.00	✓		✓			✓		✓
2	Burg Olbrück	🔵	10,0	240	3.30	✓		✓	✓	✓			✓
3	Klosterruine Mädburg	🔴	12,0	207	3.30	✓	✓	✓	✓	✓			✓
4	»Decke Tönnes«	🔵	11,1	300	3.00	✓		✓	✓				✓
5	Römische Tempelanlage Bad Münstereifel	🔴	16,0	134	3–4	✓		✓					✓
6	Kloster Steinfeld	🔵	11,4	301	3.00	✓		✓	✓	✓			✓
7	Neuer-Burg-Weg	⚫	13,0	597	3.00	✓		✓	✓				✓
8	Rund um die Prümer Burg	🔴	17,1	424	4.30	✓		✓					✓
9	Kakushöhle	🔵	6,0	278	1.30	✓	✓	✓	✓	✓	✓		✓
10	Katzensteine	🔴	14,0	337	3.30	✓		✓					✓
11	Eifeler Quellenpfad	🔴	25,1	580	5–6	✓		✓	✓	✓			✓
12	Gerolsteiner Keltenpfad	🔴	7,0	191	2.30	✓	✓	✓	✓	✓			✓
13	Burg Eltz	🔴	12,9	544	4.30	✓		✓					✓
14	Traumpfad Förstersteig	⚫	15,5	509	5.30	✓		✓		✓			✓
15	Monrealer Ritterschlag	⚫	13,7	508	5.00	✓		✓		✓			✓
16	Pellenzer Seepfad	🔴	16,0	594	6.00	✓		✓		✓			✓

			km	Hm	Std.								
17	Kloster Maria Laach	🔴	13,5	469	4.00	✓		✓		✓			✓
18	Wolfsschlucht und Trasshöhlen	🔴	14,4	357	3.30	✓			✓	✓			✓
19	Burg Cochem	⚫	14,0	1133	4.00	✓		✓	✓	✓			✓
20	Wasserfall Klotten	🔴	5,5	242	3.00	✓							✓
21	Bergfriedhof Neef	⚫	20,0	720	6.00	✓		✓			✓		✓
22	Trier	🔵	6,5	70	2.00	✓	✓	✓	✓	✓			✓
23	Kapelle Prümzurlay	🔵	7,0	310	2.00	✓	✓	✓	✓	✓			✓
24	Druidenstein Bollendorf	⚫	21,0	560	7.30	✓			✓		✓		✓
25	Teufelsschlucht	🔴	17,0	439	4.30	✓			✓		✓		✓
26	Kloster Springiersbach	🔴	21,0	727	5.30	✓		✓	✓	✓			✓
27	Kapelle am Weinfelder Maar	🔵	4,5	190	1.30	✓	✓	✓	✓	✓		✓	✓
28	Vulkanpfad	🔴	6,6	234	2.30	✓	✓		✓	✓			✓
29	Ein Stück auf dem Jakobsweg	🔴	25,4	602	6–7	✓		✓	✓	✓			✓
30	Eifelbahnsteig	🔴	26,4	560	6–7	✓			✓				✓
31	Manderscheider Burgenpfad	🔴	6,0	314	1.30	✓	✓	✓	✓		✓		✓
32	Windsborner Kratersee	🔵	15,0	420	5–6	✓		✓	✓	✓			✓
33	Heidehimmel Volkesfeld	🔵	9,2	250	3.00	✓	✓	✓	✓	✓			✓
34	Virneburgweg	🔴	9,8	330	3.00	✓		✓	✓	✓			✓
35	Wanderather Traumpfad	🔴	12,0	374	4.30	✓		✓	✓	✓			✓
36	Die Gerichtslinde in Schmidtheim	🔵	9,0	147	2.30	✓		✓	✓				✓

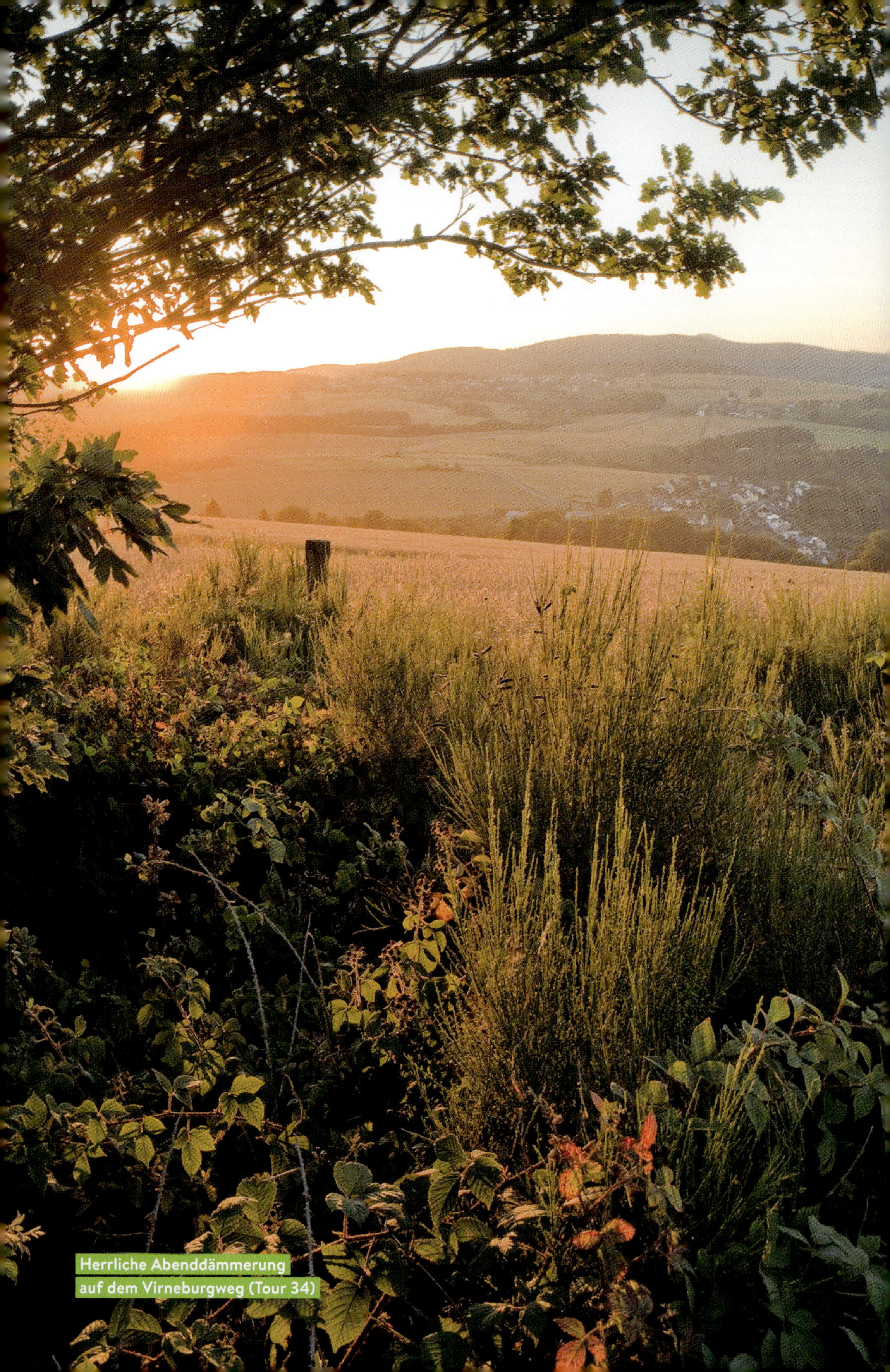

Herrliche Abenddämmerung
auf dem Virneburgweg (Tour 34)

INFO

PIKTOGRAMME ERLEICHTERN DEN ÜBERBLICK

Länge · Höhenunterschied · Gehzeit

- Einkehr
- kindergeeignet
- Sehenswürdigkeit
- wintergeeignet
- viel Sonne
- schattiger Weg
- Baden
- ÖPNV

ANFORDERUNGEN

Die Wanderungen sind nach eigener Einschätzung der Schwierigkeiten von Wegbeschaffenheit, Entfernung, Orientierung, Höhenunterschied und Gefahrenlage eingeteilt.

● LEICHT

Einfache Wanderung auf guten Wegen und Pfaden ohne starke Steigungen, die aber auch ohne Markierung sein können. Orientierungssinn wird benötigt.

● MITTEL

Mittelschwere Wanderung mit deutlichen Höhenunterschieden auf Wegen und Pfaden, die etwas Kondition, Ausdauer und guten Orientierungssinn erfordert.

● SCHWER

Anspruchsvolle Wanderung auf teilweise steilen Wegen mit hoher Anforderung an die Kondition, Schwindelfreiheit und Trittsicherheit. Kann ausgesetzte Passagen am Fels beinhalten. Ein gutes Orientierungsvermögen ist unbedingt geboten. Alpine Erfahrung wird vorausgesetzt.

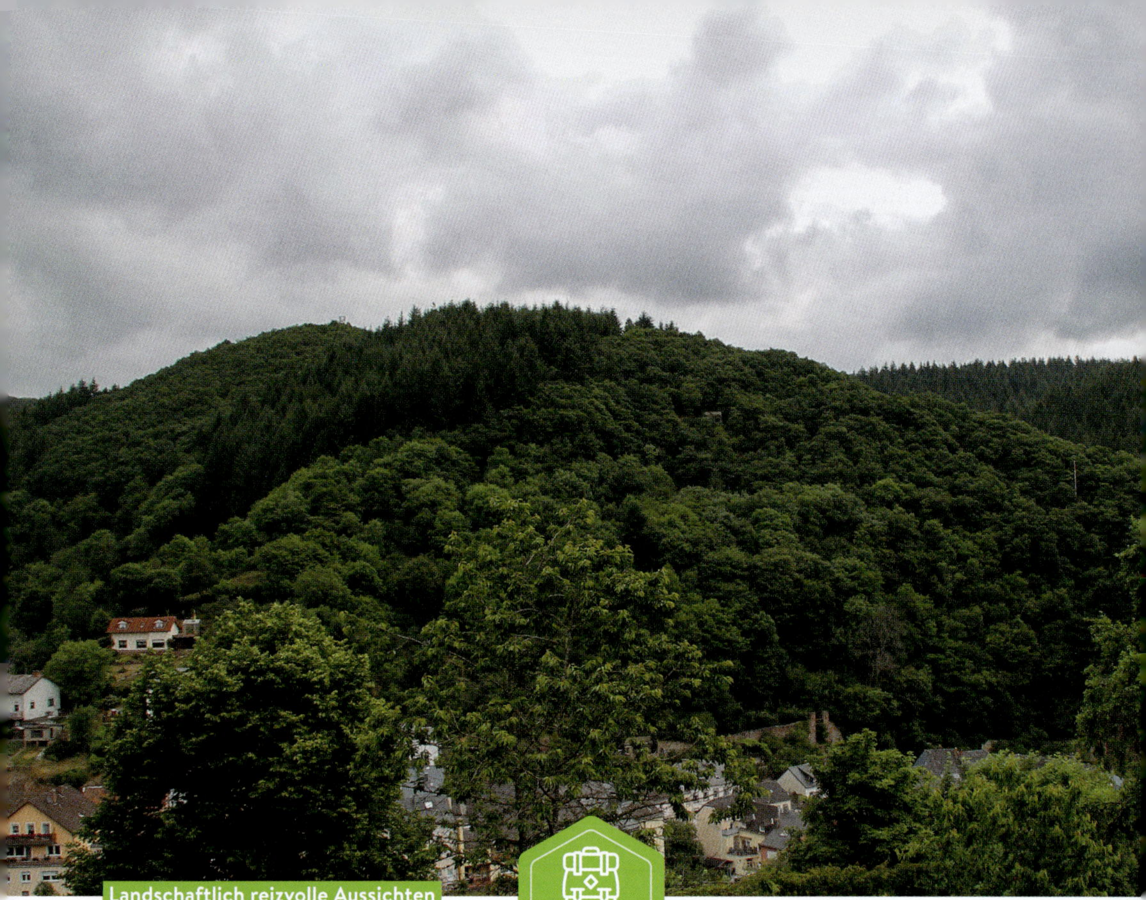

Landschaftlich reizvolle Aussichten bietet die Region der Eifel (Tour 29).

MYSTISCHE PFADE IN DER EIFEL

Die Eifel mit ihren Schluchten, Hochflächen, Bergen und vielen Gewässern erstreckt sich zwischen Aachen, Trier und Koblenz.

Im Norden der Eifel befindet sich zwischen Nideggen und Gemünd der Nationalpark Eifel mit seinen seltenen Tier- und Pflanzenarten. So können hier noch der Schwarzstorch und die Mauereidechse entdeckt werden. Eifelmaare und die typischen vom Vulkanismus geprägten Landschaftsformen sind die hauptsächlichen Merkmale der Vulkaneifel, deren Zentrum bei Daun und Manderscheid liegt. Die Vulkaneifel ist einer von vier Naturparks in der Region. Daneben gibt es noch den Naturpark Rheinland, den Naturpark Hohes Venn-Eifel und den Naturpark Südeifel. Neben dem höchsten Berg, der

Hohen Acht mit ihren 747 Metern, sind die Berge Teufelsley, Hochkel, Nerother Kopf, Dietzenley, Hochsimmer und Scheidkopf bei Mayen oder auch Eickelslay erwähnenswert. Die Flüsse Mosel, Rhein, Maas wie auch Kyll, Ahr und Rur schlängeln sich durch die Eifelregion und sorgen für abwechslungsreiche Landschaften mit tief eingeschnittenen Tälern. Die kleineren Flüsse dienen außerdem der Entwässerung. Dank mehrerer Stromschnellen am Rande des Ferschweiler Plateaus in der Südeifel wird die Prüm gerne von den Wildwasserfahrern aufgesucht. Ebenfalls ein Mekka für Wildwassersportler ist im Frühjahr die Eifelstadt Monschau. Die weltweit Besten unter den Kajakfahrern treffen sich dort, um auf der Rur ihr Können zu zeigen und bei den Meisterschaftsläufen zu gewinnen. Die Rur und der untere Perlbach gelten als die schwierigsten Wildwasser in Deutschland.

LANDSCHAFTLICHE VIELFALT

Wer das Hohe Venn durchwandert, sollte Gummistiefel mitnehmen, da man mitunter im nachgebenden Moorboden einsinkt. Häufig geht es auch über Holzstege entlang, oder es gilt Bäche zu durchqueren. Im Norden der Eifel sind die Täler äußerst reizvoll. Gerade bei Wanderungen in der Nähe von Monschau können Blütenmeere wilder goldgelber Narzissen bestaunt werden. Verschiedene Orchideenarten wachsen dagegen bei Blankenheim, Kall und Jünkerath. In der Westeifel befindet sich mitten im Mischwald die Teufelsschlucht. Die bizarren Felsen entstanden vor langer Zeit aufgrund von Gesteinsabtragung durch die Prüm und faszinieren die Wanderer heute noch. Die Naturerkundungsstation bietet die Gelegenheit, sich mit der Landschaft und Natur auseinanderzusetzen. Mit dem Besucherzentrum, dem Haus der Jagd, dem Erdzeitenpark und dem Imkerhaus stehen einige Angebote zum Forschen zur Verfügung (Naturerkundungsstation Teufelsschlucht, Ferschweilerstraße 50, 54668 Ernzen, Tel. 06525/93 39 30, www.teufelsschlucht.de).

MAARE UND KRATERSEEN

Maare (lateinisch mare = Meer) sind durch Wasserdampfexplosionen entstanden. Nach dem Abklingen der vulkanischen Aktivitäten vor 13 000 Jahren füllten sich die trichterförmigen Vulkane mit Wasser. Insgesamt gibt es in der Eifel 70 Maarvulkane, wobei nur zehn von ihnen mit Wasser gefüllt sind: die drei Maare um Daun, das Pulver- und Holzmaar bei Gillenfeld, das Meerfelder Maar, das Ulmener Maar, das Eichholzmaar, der Jungferweiher wie auch das Immerather Maar. Daneben gibt es noch den Windsbornkrater, welcher ein wassergefüllter Krater eines Schichtvulkans ist. Umgeben ist der runde See von einem bis zu 30 Meter hohen Wall. Rundherum kamen rotbraune Aschen

Ein herrlicher Ausblick ist der Lohn für vorherige Mühen (Tour 19).

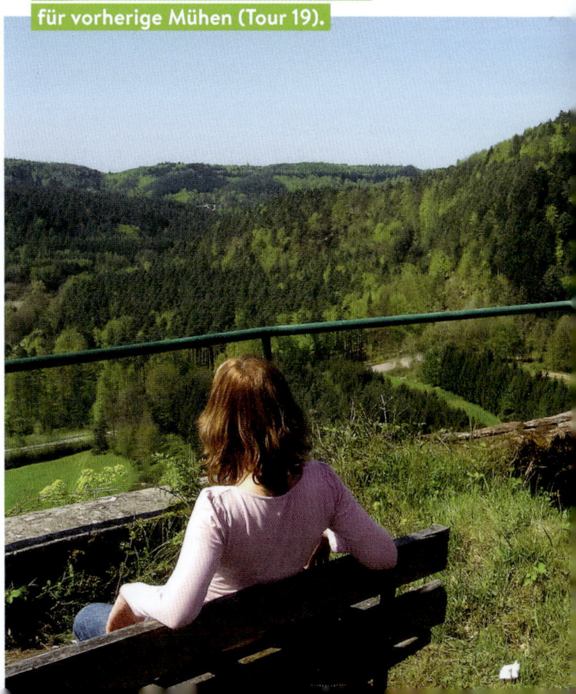

und Schweißschlacken zur Ablagerung. Der Laacher See wird auch gern als Maar bezeichnet. Diese Bezeichnung für den See ist aber nicht richtig, da er im Grunde ein mit Wasser gefüllter Einbruchskrater ist.

BURGEN

Neben den zahlreichen Sehenswürdigkeiten wie den Weinbergen und Maaren gibt es romantische Burgruinen und Burgen, die von Familien und Wanderern gerne aufgesucht werden. Manche stehen auf einer Bergspitze, andere sind etwas versteckt im Wald. Unter den Perlen der Burgen sind vor allem die Reichsburg Cochem, die Burg Eltz, die Loewenburg/Kasselburg bei Gerolstein und die Burg Kerpen zu nennen. Burg Eltz und Schloss Bürresheim sind die einzigen unter den Burgen und Schlössern, die nie zerstört wurden.

FLORA UND FAUNA

Die Pflanzen- und Tierwelt in der Eifel ist vielfältig. Hasen, Hirsche und Rehe leben in den Wäldern, in denen hauptsächlich Ahorn, Buchen und Eichen wachsen. Uhu und Schwarzstorch haben hier auch ihre Heimat. Im Norden ist zudem der Biber ansässig. Wacholderheiden sind typisch für die trockenen Gegenden, während das Eifelgold, der Ginster, eher in der Nordeifel zu entdecken ist.

KLIMA IN DER EIFEL

Die Eifel wird vom atlantischen Klima bestimmt und ist für ihr Reizklima bekannt. In der warmen Jahreszeit tritt selten Luftschwüle auf. Während die Winter mild sind, zeichnen sich die Sommer durch Feuchtigkeit und eher kühle Temperaturen aus. Während in der Nordeifel immer niedrigere Temperaturen vorherrschen als zum Beispiel in Köln, ist die Südeifel durch wenig Niederschlag gekennzeichnet. Mancherorts ist fast mediterranes Klima anzutreffen, was besonders günstig für das Wachstum von seltenen Pflanzenarten wie Orchideen oder auch den Hopfenanbau ist.

Der Baumstumpf – ein Biotop für Insekten oder Pilze (Tour 17)

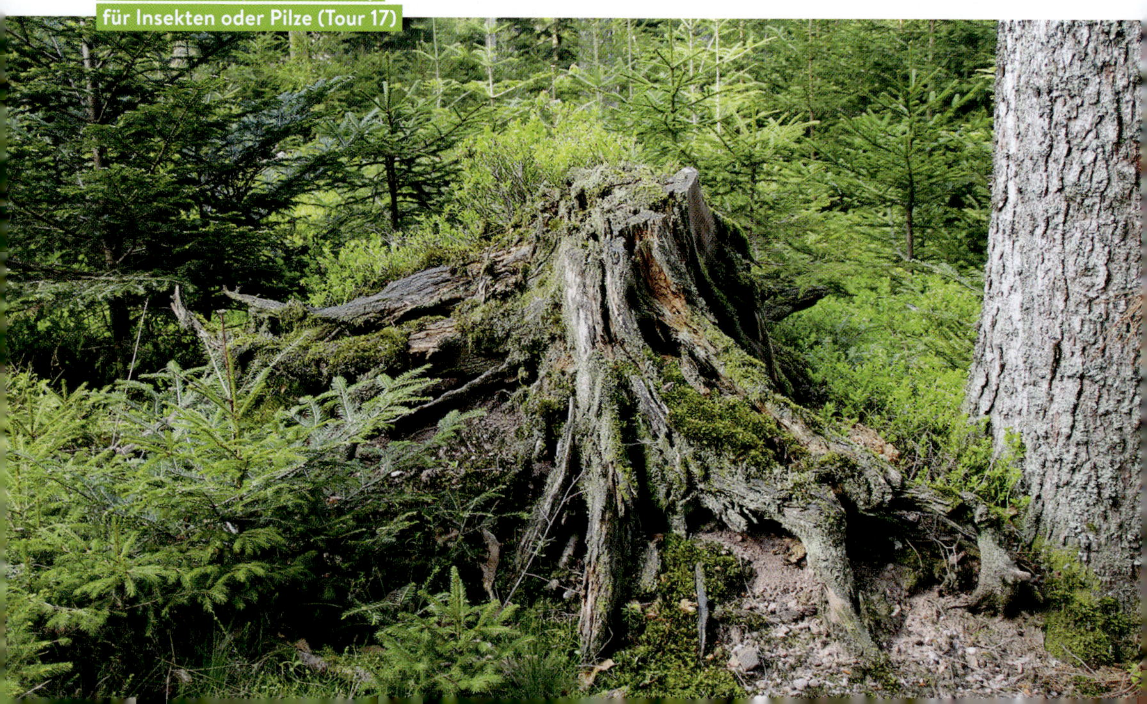

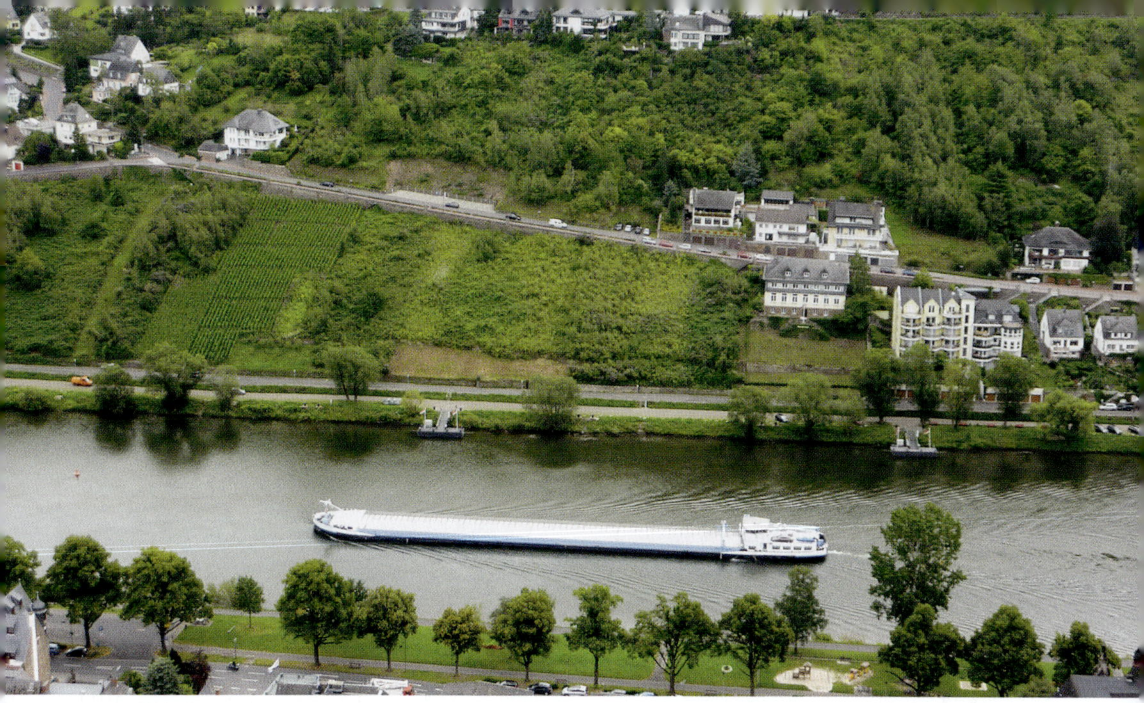

Sonnenverwöhnte Hänge und Weinberge zeichnen den südlichen Teil der Eifel aus (Tour 19).

EIFELSTEIG

Der Eifelsteig ist einer der schönsten Wanderwege der Eifel. Die 313 Kilometer lange Wanderroute verläuft von Aachen bis nach Trier und ist in 15 Etappen unterteilt. Zwischen 14 und 28 Kilometer beträgt eine einzelne Etappenstrecke. Eine lückenlose Beschilderung des Eifelsteigs sorgt für eine gute Orientierung. Auf den naturbelassenen Wegen bieten sich dem Wanderer immer wieder erstklassige Aussichten. Unter dem Motto »Wo Fels und Wasser Dich begleiten« führt der Fernwanderweg über Berge, durch Hochmoorlandschaften, Felspassagen und Mischwälder. Schöne Täler, malerische Ortschaften, charmante Burgen und dunkle Höhlen liegen ebenfalls am Weg.

KÖSTLICHES FÜR DIE WANDERPAUSE

Gemütliche Landgasthäuser wie auch die Küchen der Mühlenrestaurants verwöhnen in der Eifel ihre kleinen und großen Gäste mit frischen und deftigen Gerichten. Häufig sieht man am Eingang auch die mit Sternen oder Kronen versehenen Auszeichnungen, welche auf die Qualität der Küche hinweisen. Neben dem Schmalzbrot oder einer Kartoffelsuppe nach überliefertem Rezept werden auch gern Forellengerichte zubereitet. Häufig kommen die Fische ganz frisch aus dem hauseigenen Teich und werden gebraten oder gebacken aufgetischt. Eine besondere Spezialität in der Eifel ist »Hongslatze«, ein Löwenzahnsalat. Was früher bei der armen Bevölkerung sehr beliebt war, steht heute im Frühjahr auf so mancher Speisekarte. Neben dem Löwenzahnsalat mit Specksoße ist auch die »Döppekooche«, der Topfkuchen, eine typisch Eifeler Spezialität. Die »Döppekooche« war früher ein Martinsessen und ist ein im Ofen gebackenes Gericht aus einer Kartoffelmasse mit Speck. Der Topfkuchen wurde hauptsächlich von der ärmeren Bevölkerung immer nach dem Martinsfeuer am

Martinstag gegessen. Begüterte Eifeler ließen sich dagegen die teurere Martinsgans schmecken. Die vielen Schäfer in der Eifel sorgen für das zarte Lammstück auf dem Teller. Nach alter Tradition grasen die Schafe auch heute noch die Eifelwiesen ab. Was in der Vergangenheit bei den Menschen nicht sehr begehrt war, bekommt heutzutage großen Beifall. Neben dem Eifel-Lamm werden auch Schweine-, Rinder- und Wildgerichte wie das Eifeler Landschweinschnitzel mit einer Soße aus frischen Champignons, Zwiebeln und Rahm oder auch Hirschbraten mit Preiselbeeren und Spätzle serviert.

SCHARFES FÜR DIE ZUNGE

In Monschau sorgt ein Familienunternehmen für das passende Würzmittel zur Bratwurst: Senf mit Estragon, Knoblauch oder auch Honig wird in der historischen Senfmühle produziert. Der Familienbetrieb in der mittlerweile vierten Generation vertreibt seine Produkte inzwischen weltweit. Während einer Führung in der Senfmühle wird der Besucher nicht nur über die Produktion informiert, sondern kann verschiedene Senfsorten probieren (Historische Senfmühle Monschau, Laufenstraße 118, 52156 Monschau, Tel. 02472/22 45, www.senfmuehle.de).

PRICKELNDE ERFRISCHUNG

Dank des vorherrschenden Vulkanismus gibt es in der Eifel zahlreiche Mineralwässer, die weltweit ihre Liebhaber haben. So sprudelt das köstliche Nass in Bad Neuenahr, in Daun oder auch Gerolstein. In Bitburg befindet sich eine der größten Premiumbrauereien. In der Bitburger Marken-Erlebniswelt (Römermauer 3, 54634 Bitburg, Tel. 06561/14 24 97) kann bei einer einstündigen Führung die Entwick-

Ein typischer Eifelbauernhof verfügt neben Ponys, Hühnern und Hund auch über Kühe (Tour 27).

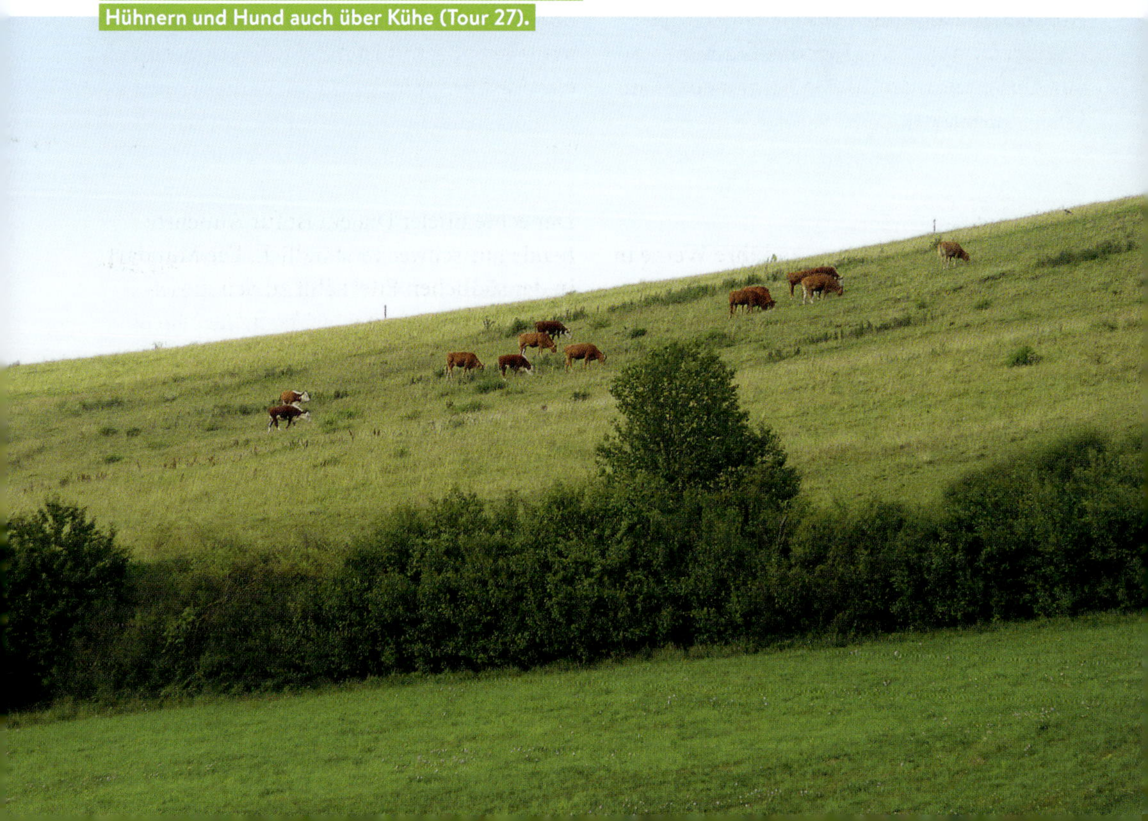

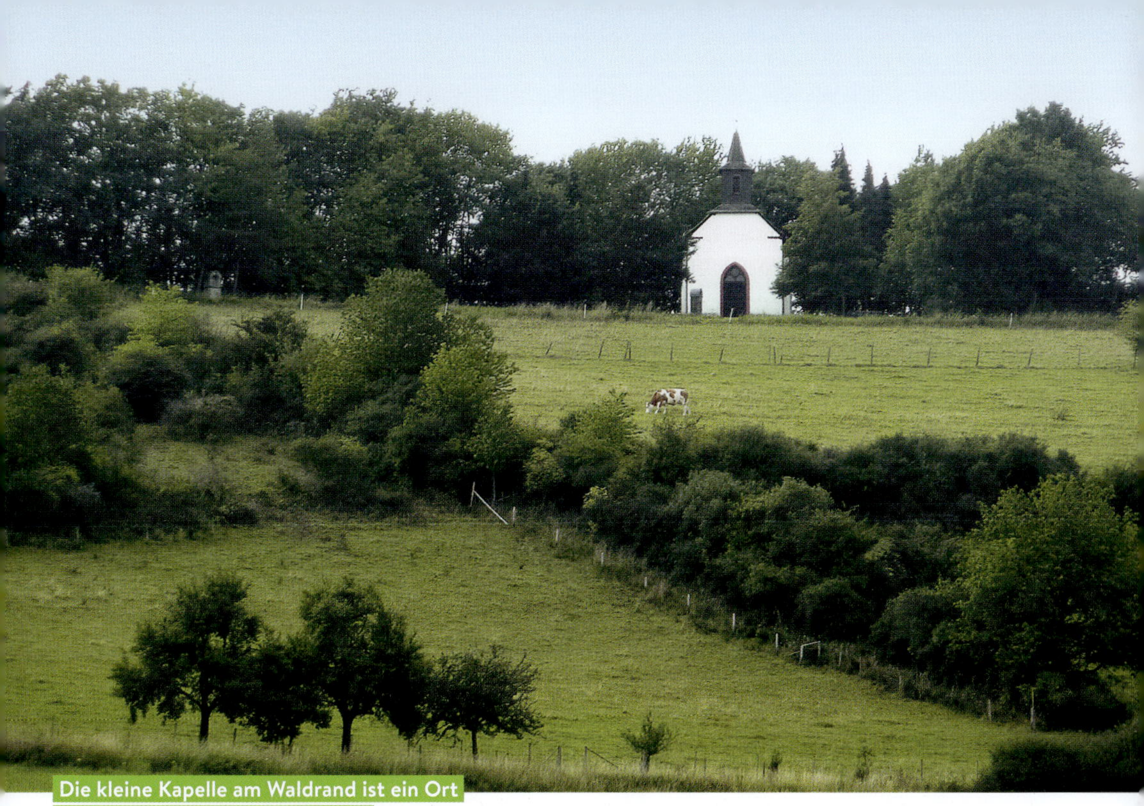

Die kleine Kapelle am Waldrand ist ein Ort mit vielen Geschichten (Tour 13).

lung der Brauerei studiert werden. Zudem wird ein Einblick in den Brauprozess bis zum Abfüllen mit anschließender Kostprobe gegeben. Im Bitburger Land wird außerdem von den Obstbauern der Edelbrand namens »Der Eifel« produziert.

EDLER TROPFEN

Die idyllischen Weinberge und ihre Weine in der Moselregion sind über die Ländergrenzen hinaus bekannt. In der ältesten Weinregion Deutschlands pflanzten schon einst Römer und Kelten die Weinreben, um sich an dem fruchtigen Tropfen zu ergötzen. In den Straußwirtschaften der Region dürfen seit der Zeit von Karl dem Großen die Winzer für 16 Wochen im Jahr ihren eigenen Wein ausschenken. Während dieser Zeit ist die Wirtschaft außen mit einem Strauß, Kranz oder Besen gekennzeichnet. Neben der Mosel als bedeutende Weinregion hat sich aber auch das Ahrtal einen Namen gemacht. Die Weinstöcke des Blauen Spätburgunders und des Blauen Portugiesers wachsen an den steilen Hängen. Auch ist der Weißwein immer ein Gläschen wert.

EIFELER MUNDART

Der echte Eifeler Dialekt ist für Außenstehende nur schwer verständlich. Die Mundart in der südlichen Eifel zählt zu den moselfränkischen Dialekten, während jene im Norden zu den nordmittelfränkischen Dialekten gehört. In Trier begrüßen sich die Leute mit »Unn?«, was so viel wie »Hallo, wie geht's?« heißt. »De Pochta« ist die Porta Nigra und die Touristenbahn »Dat Bimmelbähnschie«. Auch bei Straßenangaben könnte die Verständigung schwierig werden. Mit »Lao riewer, lao rinn unn dann lao runner« ist »Da vorne links, dann rechts und geradeaus« gemeint.

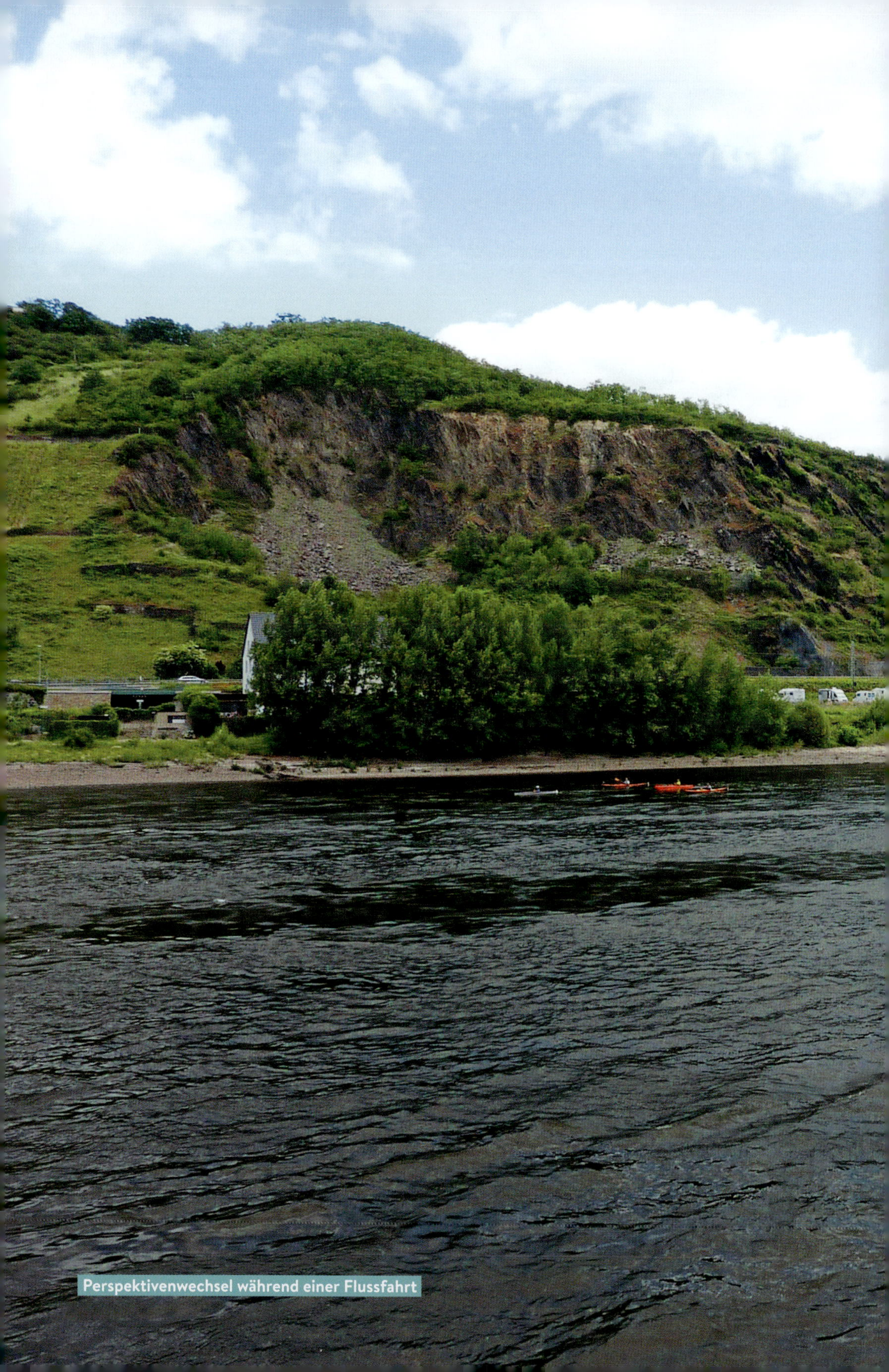

Perspektivenwechsel während einer Flussfahrt

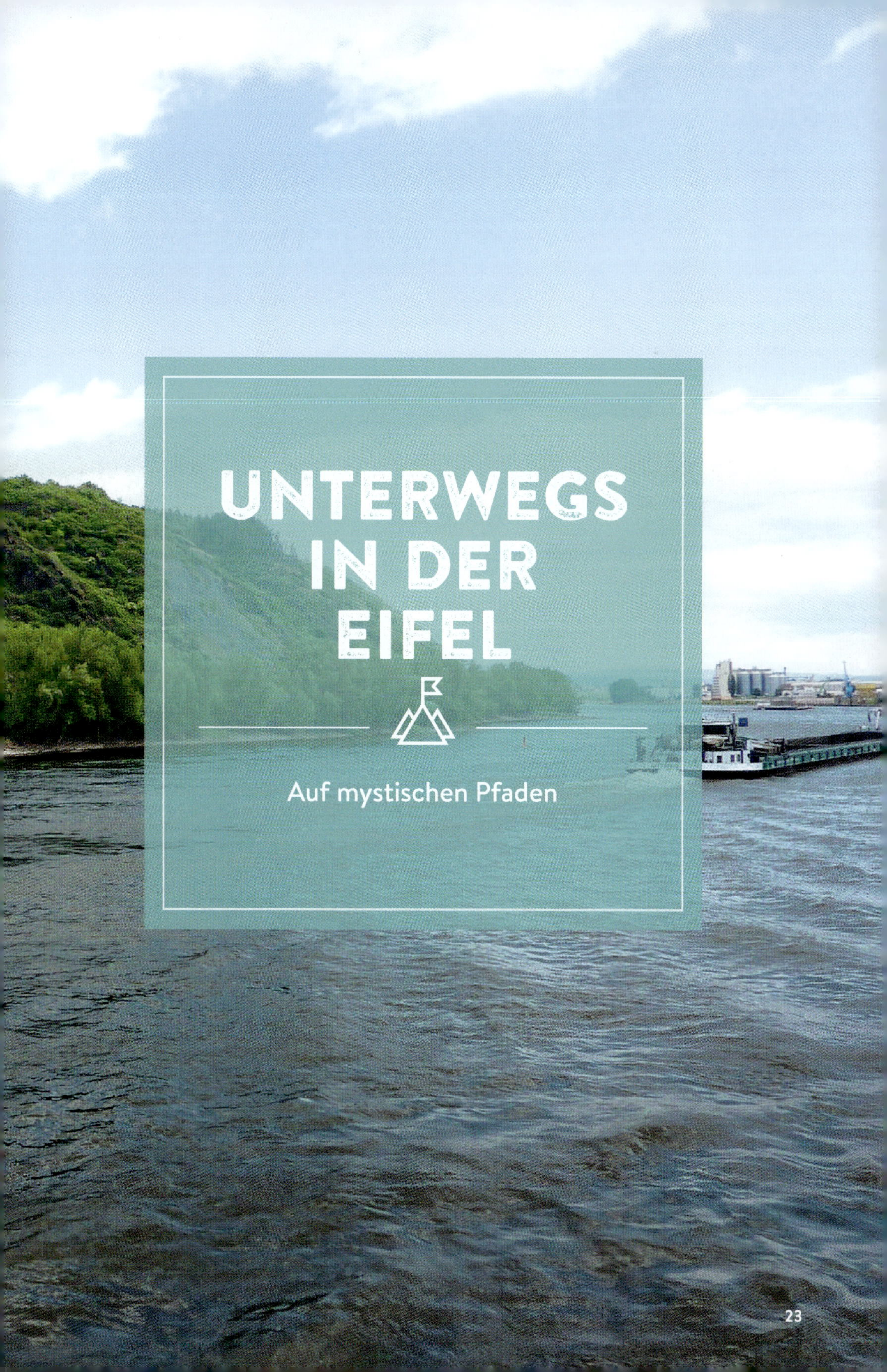

UNTERWEGS IN DER EIFEL

Auf mystischen Pfaden

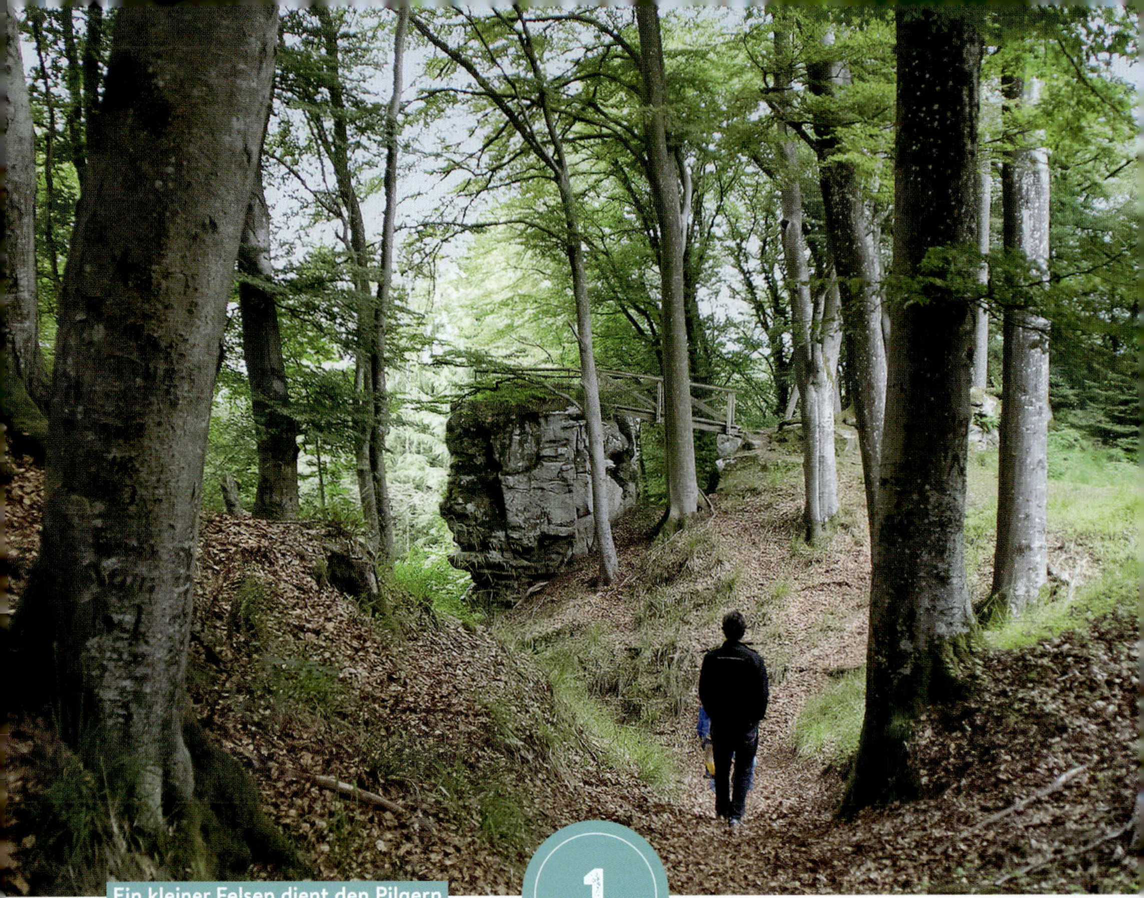

Ein kleiner Felsen dient den Pilgern als Aussichtskanzel.

1

AUF WALLFAHRT

Klausnerweg

Eine ganz besondere Eifeltour ist die Wanderung auf dem sogenannten Klausnerweg. Beeindruckende Station während dieser Tour ist die Schankweiler Klause, nach der auch die Wanderung benannt ist. Das barocke Kleinod inmitten des Waldes zieht viele Wallfahrer und Naturliebhaber an.

VERTRÄUMTER START Der **A Wanderparkplatz Schankweiler Klause** ist der Startpunkt für die heutige Wanderung auf diesem Premiumweg. Der auffällig grünen Wegmarkierung auf angenehmen Waldwegen folgend, ist das erste Highlight der Tour auch schon in wenigen Minuten erreicht. Inmitten des Waldes befindet sich die Schankweiler Klause. Die erste Kapelle an diesem Ort wurde 1648 das erste Mal erwähnt. Nach ihrem Abriss wurde die jetzige hübsche Kapelle auf dem felsigen Untergrund 1762/1763 errichtet.

PILGERSTÄTTE Die heutige **1 Kapelle** mit Klausnerwohnung zeichnet sich durch eine bezaubernde Innenausstattung aus. Die Kanzel und die Altäre stammen aus dem

Tipp

SAGE UM DIE SCHANKWEILER KLAUSE

Zur Zeit der Kreuzzüge geriet ein Ritter in die Gefangenschaft der Sarazenen. Der fromme Mann betete mehrmals am Tag zur Muttergottes um Befreiung. Er gelobte, ihr eine Kapelle zu errichten, wenn er jemals wieder gesund in seine Heimat gelangen würde. Diese Kapelle würde er dort errichten lassen, wo seine Füße den Heimatboden berühren würden. Er wurde erhört und kam wider Erwarten aus der Gefangenschaft frei. Dort, wo er zu Pferd auf dem Weg das erste Mal den Heimatboden betrat, steht nun die Kapelle. In ihrer Nähe befindet sich ein Felsen, in dem die Vertiefung eines Pferdehufs zu erahnen ist.

Der kleine Pfad führt direkt zur Schankweiler Klause.

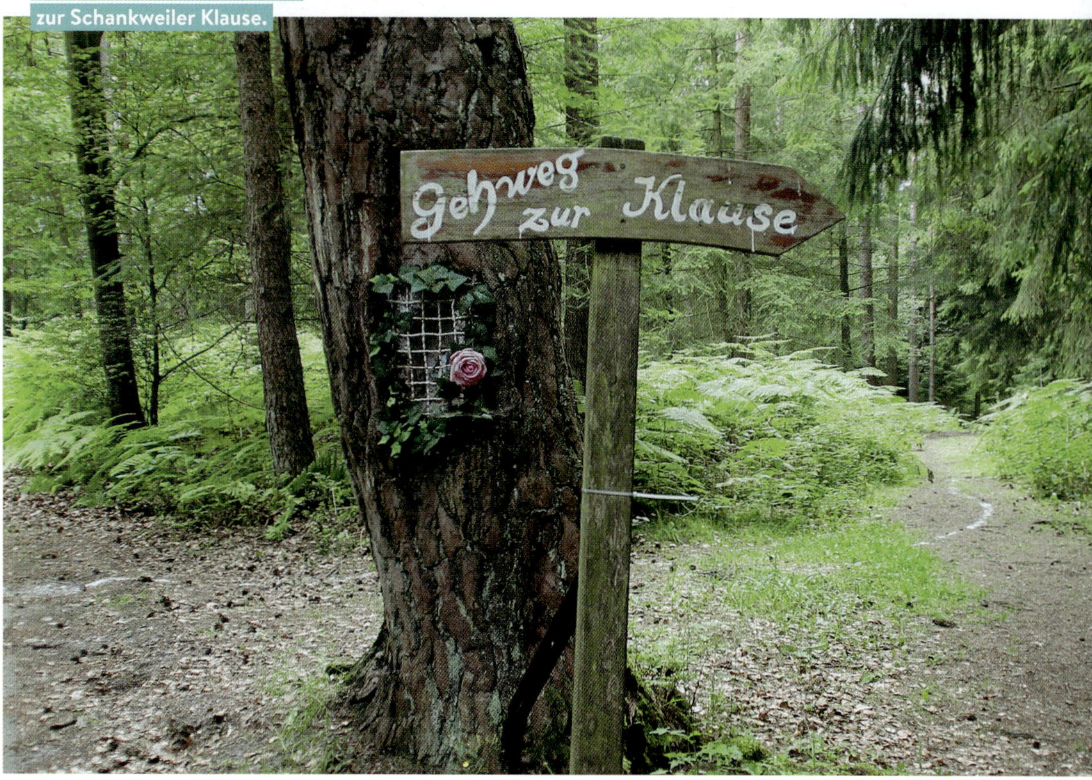

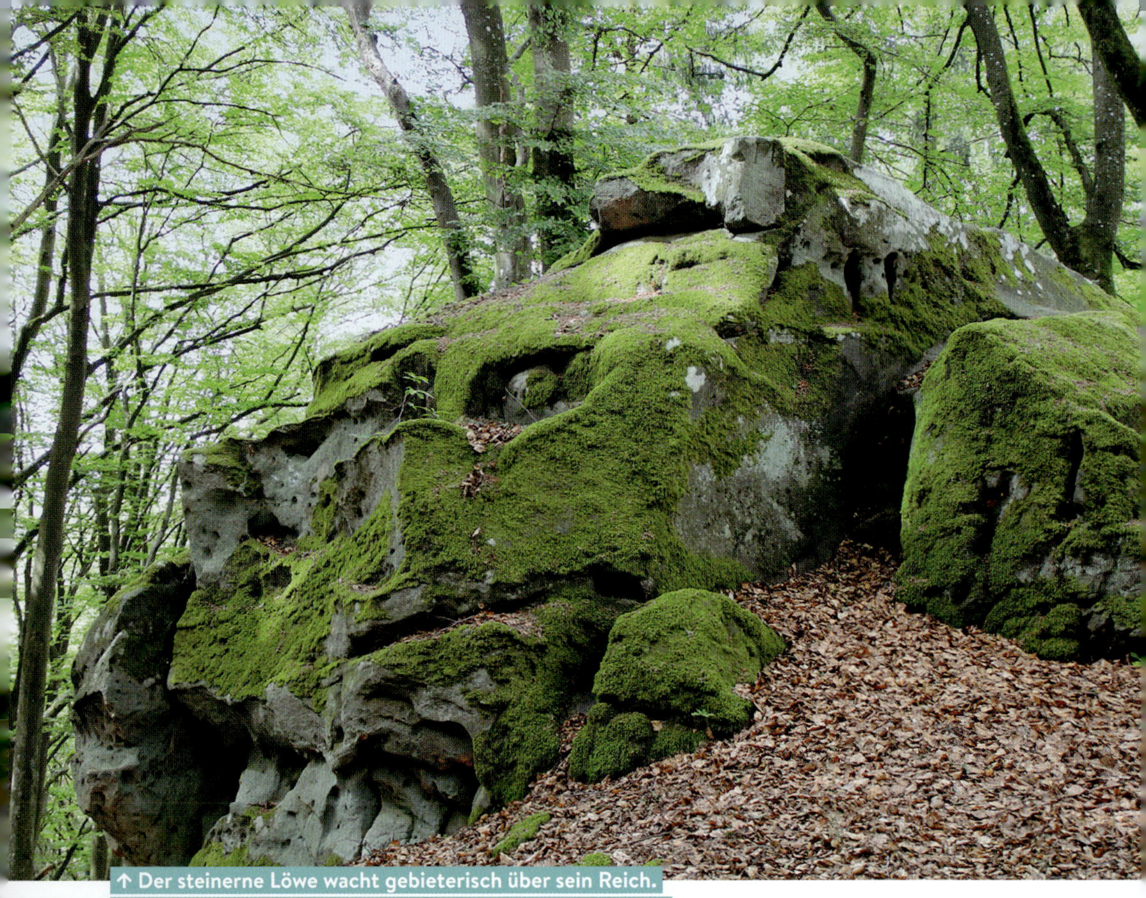

↑ Der steinerne Löwe wacht gebieterisch über sein Reich.
↓ Mitten im Wald befindet sich die kleine beliebte Kapelle.

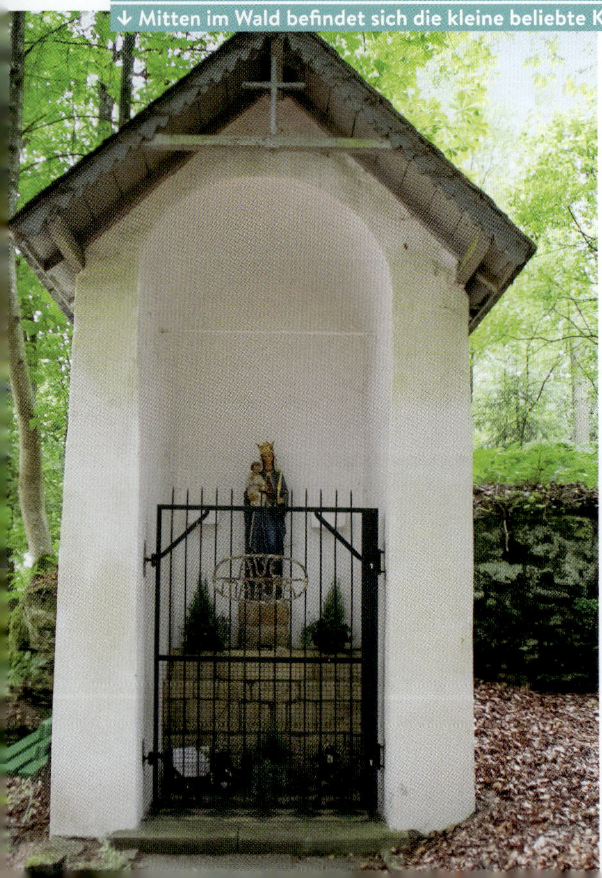

Rokoko, während die beiden Beichtstühle aus dem Barock sind. Die Schankweiler Klause, die als legendäre Pilgerstätte zur Mutter vom guten Rat bekannt ist, wird noch vom Pfarrer i. R. Walter Bongartz bewohnt, der hier seinen Ruhestand verbringt.

BIZARRE FELSEN Die Klause befindet sich an einem idyllischen Ort. Von Menschenhand unberührt, kann eine Felsformation, die einem Löwen- oder auch Drachenkopf ähnelt, bestaunt werden. Eine kleine Aussichtskanzel erlaubt zudem den Blick in das Tal. Die Wegmarkierung führt weiter Richtung Wikingerburg, von der leider nichts mehr zu sehen ist. Nach Schankweiler und dem Abschnitt durch das Enztal lockt nun der nächste Höhepunkt, das **2 Steinkistengrab**, welches mehr als 2800 Jahre alt ist.

FEUDALES HERRENHAUS Eine kleine Erholungspause lohnt sich danach wieder am **3 Schloss** in Holsthum. Das Schloss, welches unter dem Namen »Herrenhaus Laeis« bei der Bevölkerung bekannt ist, steht unter Denkmalschutz. Das Kulturdenkmal wurde 1789 im Stil des Barock erbaut. Prägnant ist das schiefergedeckte Krüppelwalmdach. Der Herrschaftsverwalter Johann Dominik Laeis und dessen Sohn Matthias Dominik Laeis mussten vor der Errichtung die Erlaubnis der Baronin Marie Therese von Schmidtburg, geb. von Eltz-Rodendorf, einholen. Danach wurde das Anwesen von der Familie von Nickenich, später den Herren von Metternich und den Freiherren Schenk von Schmidtburg übernommen. Auf dem letzten Streckenabschnitt der insgesamt 17 Kilometer langen idyllischen Tour kommt man an im Wald leider nicht sichtbaren **4 Gräberfeldern** aus der Römerzeit vorbei. Die grünen Wegmarkierungen leiten schließlich zurück zum **E Wanderparkplatz Schankweiler Klause**.

INFO

TOURENCHARAKTER
Idyllische Wanderung auf weichen Wegen

ORIENTIERUNG
Grüne Markierung des NaturWanderParks delux

HÖCHSTER/TIEFSTER PUNKT
398 m/188 m

AUSGANGS-/ENDPUNKT
Wanderparkplatz Schankweiler Klause bei Schankweiler

ANFAHRT
Auto: Von der K 19 zwischen Ferschweiler und Holsthum Richtung Schankweiler Klause (ausgeschildert) abbiegen
ÖPNV: Mit Bus 445 bis Holsthum

EINKEHR/ÜBERNACHTUNG
Haus am Berg, Kapellenstraße 15, Prümzurlay, Tel. 06523/534, www.haus-am-berg-prümzurlay.de

BESTE JAHRESZEIT
März bis Oktober

KARTE
Naturparkkarte 1:25 000, Blatt 3 Naturpark Südeifel, mit Wander- und Radwanderwegen, Landesvermessungsamt Rheinland-Pfalz

Mittel | 17 km | 450 Hm | 5.00 Std.

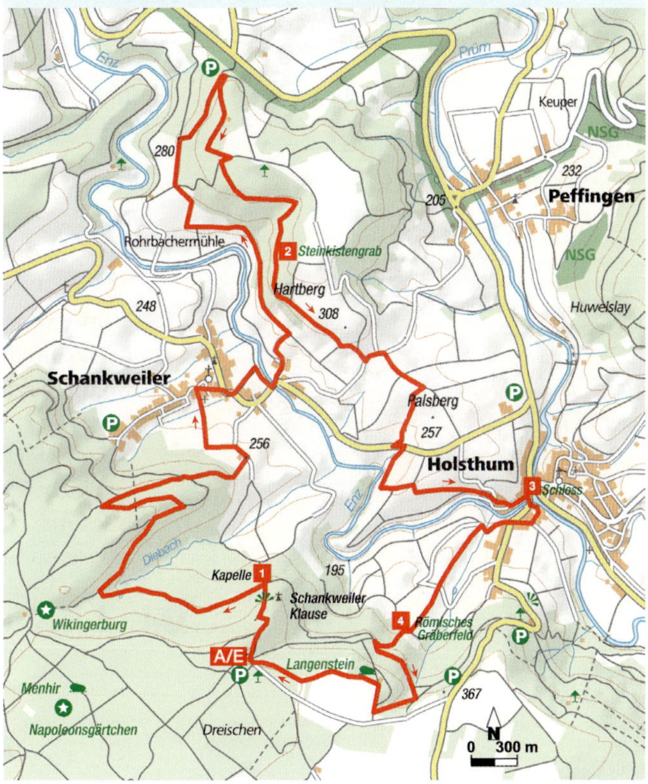

ERHABENE BURGRUINE AUF DEM PHONOLITHKEGEL

Burg Olbrück

Immer wieder ist die Burg Olbrück auf dieser Tour sichtbar. Die Burg gehört zu den größten Wahrzeichen des Brohltals und wurde um 1100 auf der Bergkuppe erbaut. Einst nutzten schon Kelten und Römer die Höhe des Bergs, um für die Sicherheit des Brohltals zu sorgen.

2

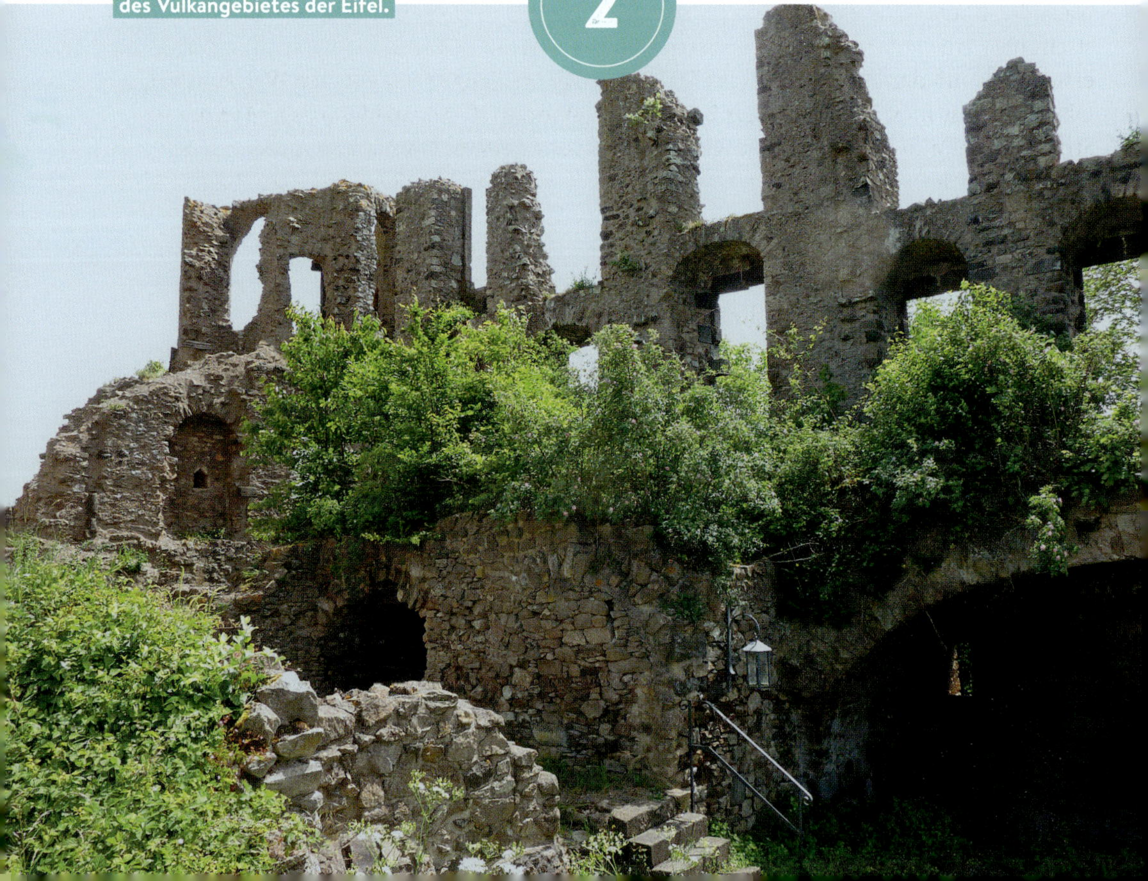

Die Burg Olbrück liegt inmitten des Vulkangebietes der Eifel.

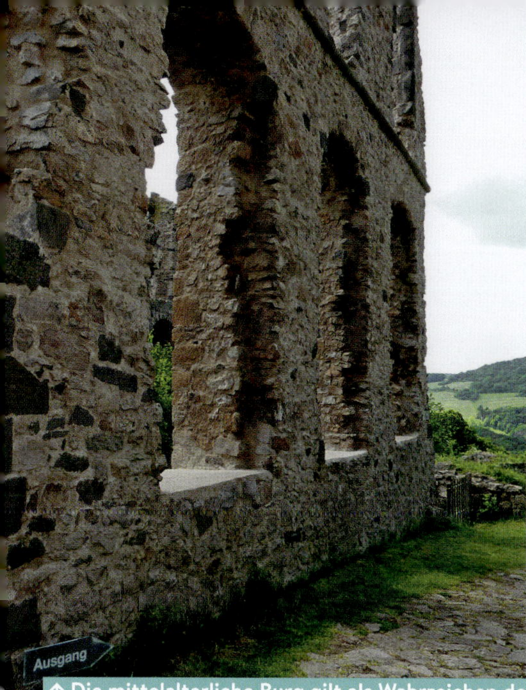

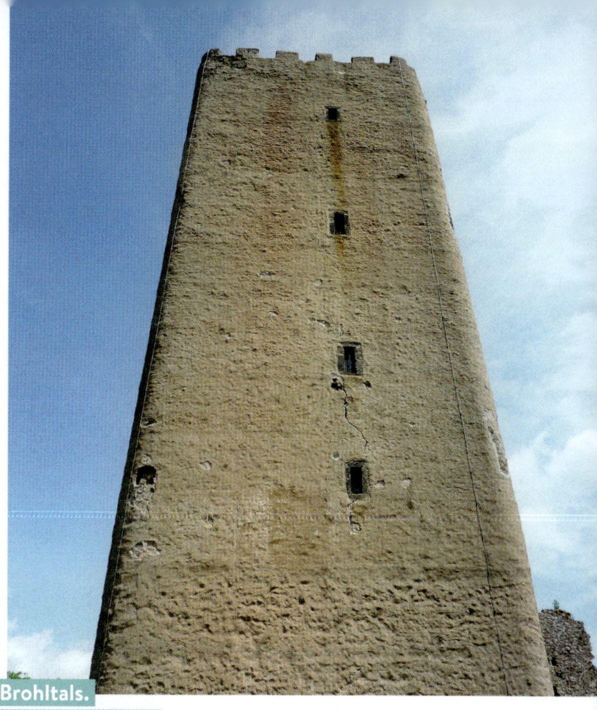

↑ Die mittelalterliche Burg gilt als Wahrzeichen des Brohltals.
↗ Auf den Turm führen 142 Stufen hinauf bis zur Aussichtsplattform.

GEMÜTLICHER BEGINN Der **A Bahnhof Engeln** ist der Startpunkt dieser Tour. Ab hier geht es auf der Brenker Straße entlang. Nach der Überquerung der Bahnschranke streift man einen Sportplatz. Bald ist das erste Schild mit der Markierung »zur Ruine Olbrück« zu sichten. Weiter auf der Brenker Straße geht es nun bis zum Ortsausgang, vorbei an der Kapelle der heiligen Odilia.

ZUM STEINBRUCH Am Ortsausgangsschild rechts abbiegend ist bald der **1 Lava-Steinbruch** erreicht, den man schnell hinter sich lässt. Hinter dem Steinbruch rechts abbiegend und wieder links wandernd, ist ein unbebautes Gelände. Hier kann man schon einen Blick auf die imposante Ruine Olbrück werfen. Kurz gilt es, ein Waldstück zu durchstreifen, bis wieder eine freie Fläche erreicht wird.

STEILER AUFSTIEG Auf dem Brohltalradweg weiter wandernd, führt der Weg durch Felder. Hier sieht man den Vulkankegel immer deutlicher vor sich. Links haltend über die Herrmann-Höfer-Allee ist der Parkplatz an der Ruine bald erreicht. Eine überdimensionierte Bank lädt an seinem Fuße zu einer längeren Pause ein, bevor der steile Anstieg zur Ruine beginnt.
Die wenigen Meter auf dem Weg zur Burg sind steil. Schon bald ist das **2 Burgtor** erreicht. Kleine Miniaturen erzählen auf Knopfdruck die Geschichte der Burg. Vorbei an dem Bastionsturm und dem Spielplatz können hier auch die alten großen Bäume bewundert werden.

HERRLICHE AUSSICHTEN Stolz erheben sich die Mauern der Ruine. Neben den Wirtschaftsgebäuden und dem Bergfried kann auch das Haupttor während einer Besichtigung ausgemacht werden. Zudem gibt es einen Wild- und Kräutergarten zu bewundern. Das Schönste bei diesem Burgbesuch sind allerdings die Aussichten auf das Umland.

ÜBER DIE FELDER Über die Hermann-Höfer-Allee und die Burgstraße geht es nun wieder hinunter bis zur Ortschaft Hain. Im

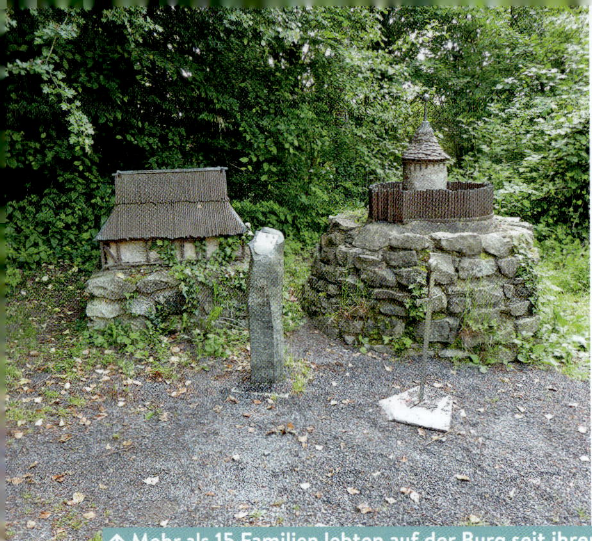

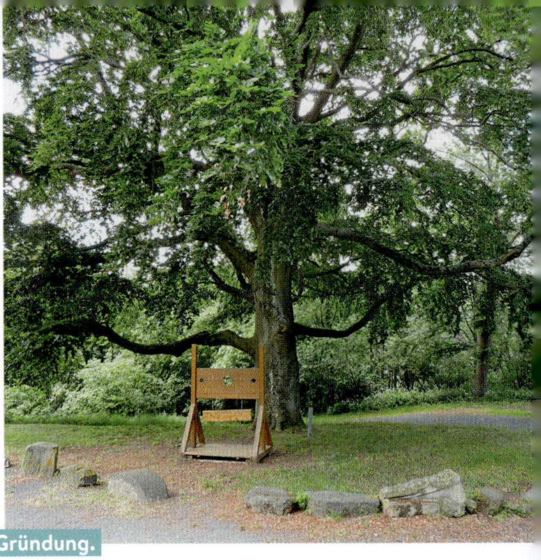

↑ Mehr als 15 Familien lebten auf der Burg seit ihrer Gründung.
↗ Um die Burg stehen riesige alte Bäume.

Tipp

BURG OLBRÜCK

Dich grüß' ich und preis' ich, du herrliches Land, vom Brohlbach durchflossen, im Eifelgewand! Wo Eifeler Kraft und des Rheines Gemüt gar biedere, muntere Menschen erzieht.
Nichts gleicht deinem See, deinen herrlichen Höh'n, mit Bilder voll Anmut, so lieblich und schön. Wie prächtig da oben, wie weit ist der Blick! Hier fröhlich zu wandern, welch glücklich Geschick!
Und eisgraue Zeiten, du schilderst sie klar, du lassest uns schauen, was früher einst war, was früher geschehen, als Vulkan erbost, mit Beben und Grollen hier schrecklich getost.
Und als sich gestillet die finstere Wut, da lagerten Schätze, so wertvoll und gut. Uns Späteren zur Freude mit Donnergewalt ward Neues geschaffen in edler Gestalt.
Drum grüße und preis' ich dich, muntere Brohl! Bei dir will ich bleiben, bei dir ist mir wohl!
Quelle: Hans Gerhards: Burg Olbrück. Wahrzeichen des Zissener Ländchens

Ort gilt es, links kurz der Dorfstraße und danach links der Dürenbacher Straße zu folgen. Immer geradeaus geht es nun bis zu einer Sackgasse. Mit Hilfe der Markierung »Geo-Pfad Mittleres Brohltal« führt die Wanderung auf einem Feldweg weiter. Gemütlich an den Feldern entlang, geleitet der Geo-Pfad den Wanderer sicher in das Tal.

KLEINE EINKEHR Immer steiler geht es bergab, bis der Brohlbach erreicht ist. Hier geht es nun über eine Brücke immer in Richtung Niederdürenbach. Nach der Brücke führt der Geo-Pfad rechts und gleich wieder links bis zum Hainer Weg. Der Hainer Weg mündet in der Hauptstraße, der es rechts zu folgen gilt. Links abbiegend in die Brohltalstraße, ist der Abzweig nach rechts in den Rodder Weg bald erreicht. Dieser führt nun bis zum **3 Maarhof**, der zur Einkehr einlädt. Auf der Terrasse oder auch im gemütlichen Gastraum kann man sich mit Blick auf die Burg Olbrück stärken. Kinder wie auch Erwachsene haben hier zudem die Möglichkeit, auf dem Maarhof Minigolf zu spielen.
Nach der Auszeit geht es nun weiter bis zu einer Kreuzung und Informationstafel. Etwa 300 Meter geradeaus liegt der Vulkansee Rodder Maar, der zu einem Abstecher ein-

lädt. Nach Oberzissen geht es rechts weiter, der Geo-Pfad leitet mit entsprechender Markierung.

ZUR SCHUTZHÜTTE MARIENKOPF Zum Bahnhof Oberzissen biegt man allerdings nach rechts ab und wandert, nun wieder mit der Markierung des Geo-Pfads, auf dem Kamm in östliche Richtung. An der nächsten Weggabelung führt die Route rechts weiter. Rechts im Wald ist die Schutzhütte am Marienkopf bald erreicht. Hier kann man einen großartigen Blick auf das Brohltal werfen. Weiter geradeaus geht es nun bis zur nächsten Kreuzung, wo man rechts abbiegt. In Kürze wird nun der **4 Margaretenhof** sichtbar. Am Gebäude vorbei geht es immer weiter geradeaus, bis die Bahngleise der Brohltalbahn in **E Oberzissen** erreicht sind. Nun ist auch schon der Bahnhof sichtbar. Mit der Brohltalbahn geht es nun wieder zurück zum Ausgangspunkt.

INFO

TOURENCHARAKTER
Leichte Tour mit Einkehrmöglichkeiten

ORIENTIERUNG
Gute Ausschilderung

HÖCHSTER/TIEFSTER PUNKT
527 m/330 m

AUSGANGSPUNKT
Bahnhof Engeln

ENDPUNKT
Bahnhof Oberzissen, von hier mit dem Vulkan-Expreß zurück zum Bahnhof Engeln

ANFAHRT
Auto: Über die B 412/Brohltalstraße Richtung Kempenich. Weiter auf der K 49 bis zum Bahnhof Engeln zum Vulkan-Expreß
ÖPNV: Mit dem Vulkan-Expreß von Brohl-Lützen bis Engeln, www.vulkan-express.de

EINKEHR/ÜBERNACHTUNG
Café & Restaurant Neuer Maarhof, Maarheiderweg, 56651 Niederdürenbach, Tel. 02636/94 10 33, www.neuer-maarhof.de

BESTE JAHRESZEIT
Januar bis Dezember

Leicht | 10 km | 240 Hm | 3.30 Std.

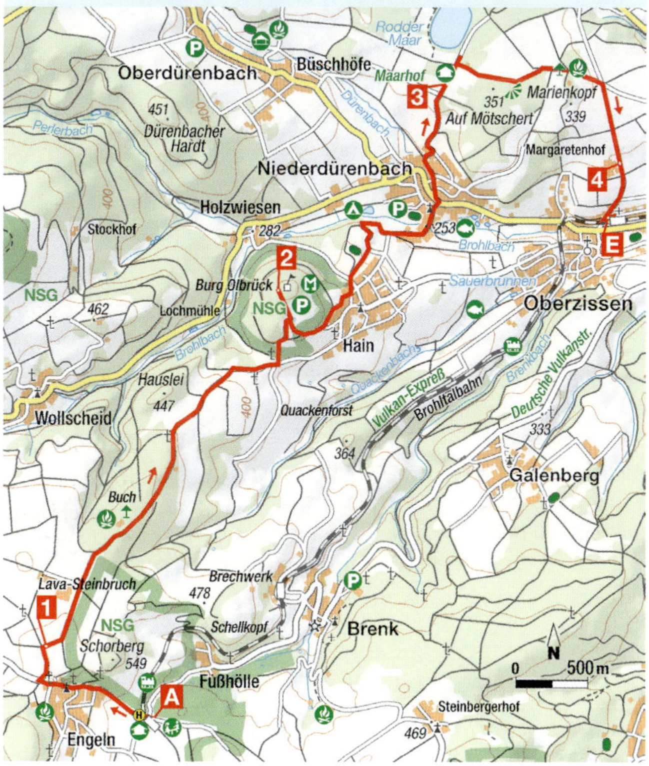

KARTEN
Wanderkarte 1:25 000, Nr. 10 Das Burgbrohl, Eifelverein e. V.

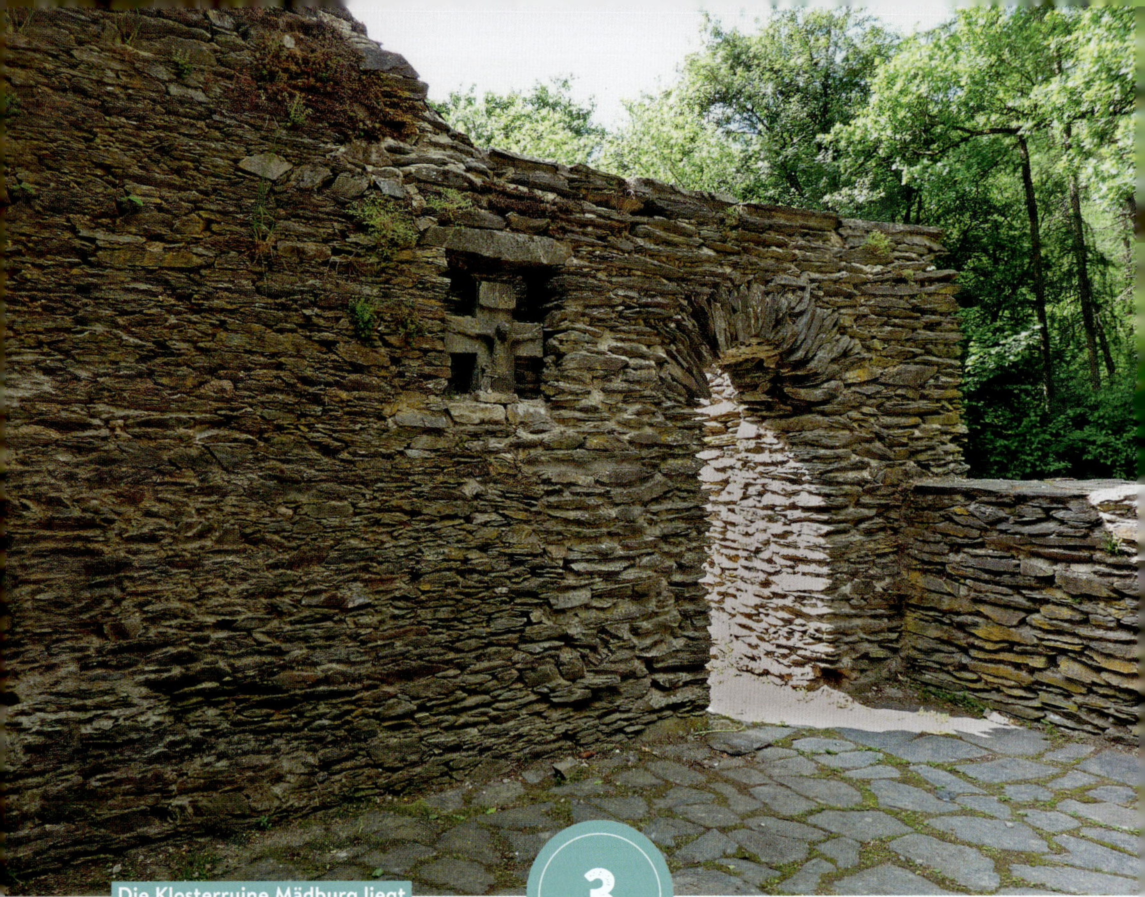

Die Klosterruine Mädburg liegt etwas versteckt im Wald an der Elz.

3

DER HISTORISCHE UND MYSTISCHE ORT MITTEN IM WALD

Klosterruine Mädburg

Schöne Aussichten, schmale Pfade und ein rauschender Bach zeichnen diese Tour aus. Der Höhepunkt ist die zauberhafte Klosterruine Mädburg mitten im Wald, die einst den Bürgern aus Kehrig als Wallfahrtskirche und den Eremiten als Ausbildungsstätte diente.

DURCH DEN ORT Der Rundwanderweg beginnt an der **A Katholischen Pfarrkirche** St. Castor und St. Katharina. Vom Parkplatz in der Brunnen-Heerbachstraße führt die mittelschwere Wanderung rechts aufwärts. Nun gilt es, der Markierung mit dem Dachdeckerhammer auf einem Holzschild zu folgen. In wenigen Minuten ist ein Landwirtschaftsweg erreicht. Dieser führt in Richtung Windkraftanlagen, die schon von Weitem sichtbar sind.

BEZAUBERNDE FERNSICHT Am Ortseingang von Kehrig gelangt man zur K 25. Hier wird die Straßenseite gewechselt. Die Strecke führt weiter über den Landwirtschaftsweg. Dabei wird die Richtung Wüsterrather Hof weiter im Blick behalten. Schon bald gibt es die Möglichkeit, die Aussicht zu genießen. Bei schönem Wetter kann man die Nürburg, die Hohe Acht, den Hochsimmer oder auch den Ettringer Bellerberg bewundern. Vorbei an den **1 Windkraftanlagen** splittet sich der Schieferwanderweg. Weiter führt die Rundtour auf der Route 1 und orientiert sich an der Markierung mit dem schwarzen Punkt.

ZUR SCHIEFERGRUBE Kurze Zeit später ist das Hardterwegkreuz erreicht. Hier führt

Der Elzbach ist ein launisches Nebenflüsschen des Rheins.

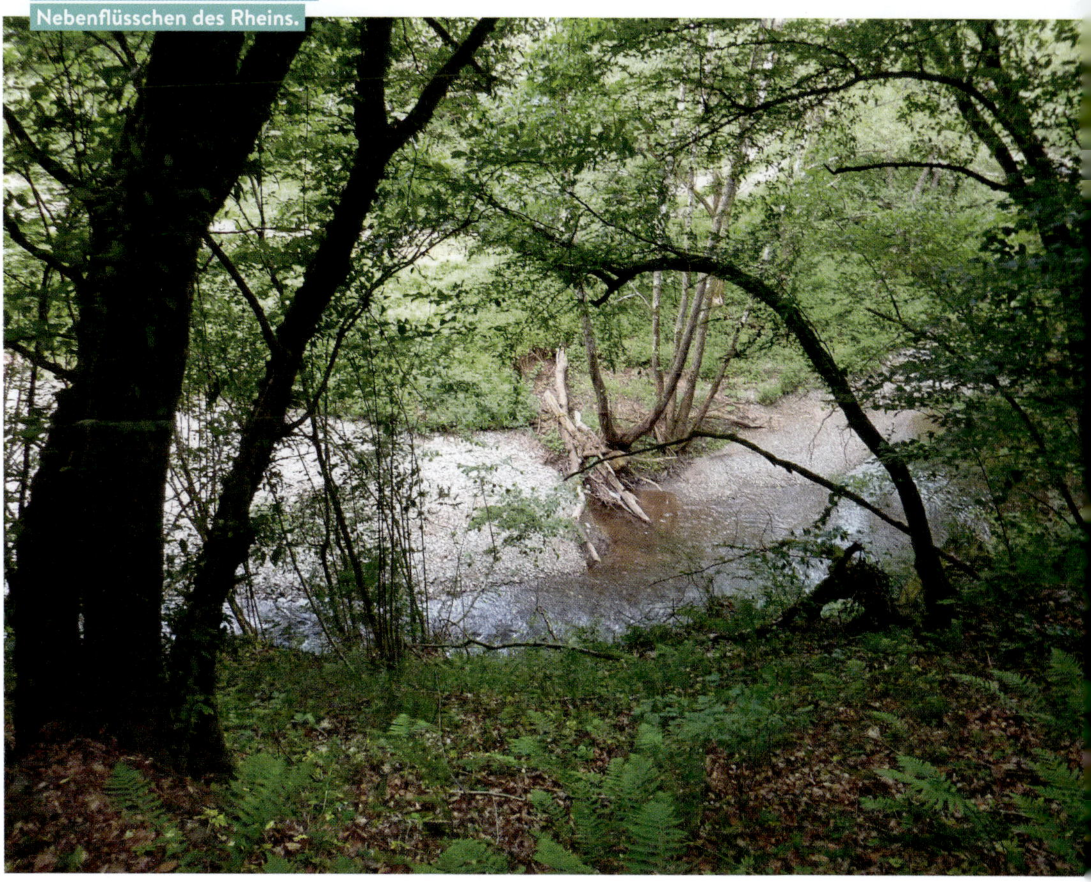

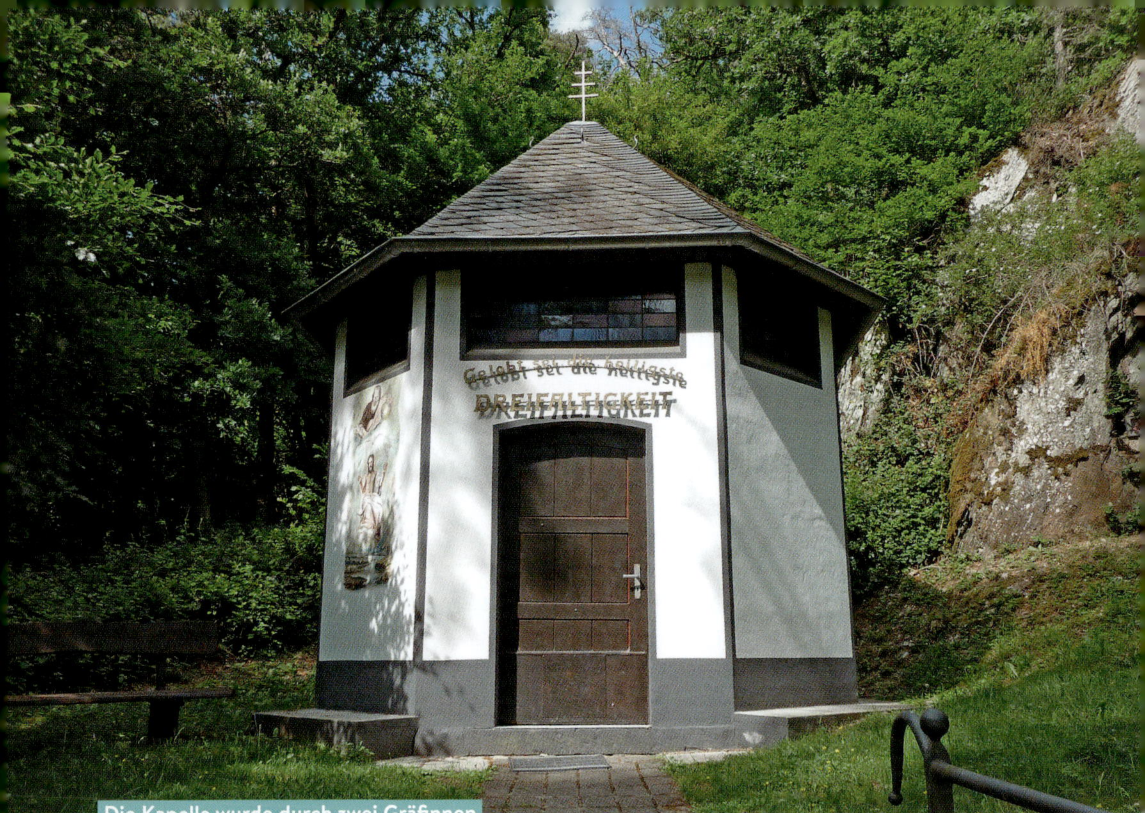

Die Kapelle wurde durch zwei Gräfinnen von Burg Monreal erbaut.

Tipp

MÄDBURG

Auf einem kleinen Plateau, in direkter Nähe der Elz, liegt mitten im Wald die Klosterruine Mädburg. Die ursprüngliche Marienkapelle wurde vor 1350 erbaut. Nach 1350 wurde sie zu Ehren der Heiligen Luzia erweitert und diente den Kehrigern als Wallfahrtskirche. Aber auch die Eremiten des Erzstifts Trier zog es hierher. Um 1715 absolvierten sie hier ihre Ausbildung. In unmittelbarer Nähe befindet sich die restaurierte Dreifaltigkeitskapelle, die einst von zwei Gräfinnen, die auf Burg Monreal lebten, erbaut wurde. Hinter der hübschen kleinen Kapelle sind die Grundmauern des Klosters sowie einzelne Grabsteine verstorbener Mönche zu sehen.

der Weg weiter am Windschutzstreifen entlang. Nach einer kurzen Abwärtsstrecke links haltend, geht es bald wieder rechts bis zum Schiefergrubengelände der ehemaligen Schiefergrube Bausberg II.
Der Wanderweg führt nun weiter über das Schieferhaldengelände. Kurze Zeit später geht es wieder etwas hangabwärts durch ein bezauberndes Tal. Die **2 Schiefergrube Bausberg I** ist jetzt nicht mehr weit und lädt zu einer Pause ein. Wer möchte, kann einen Blick auf den geöffneten Schieferbergwerkstollen werfen. Aus Sicherheitsgründen ist dieser allerdings nur von außen zu betrachten.

ZUM ELZBACH Weiter führt die Wanderroute über das Haldengelände nach rechts bis zum Elzbach hinunter. Hier erwartet den Wanderer die Elz, die gerade bei heißen Temperaturen im Sommer zu einem erfrischenden Fußbad einlädt. Nun geht es auf einer Brücke über die Elz und bis zum Schieferwanderweg der Route 2. Diesem folgt man durch das Elzbachtal bis zur Lohbrücke. Kurz vor der Lohbrücke führt die Strecke rechts bis zur **3 Klosterruine Mädburg**. Hier lohnt es sich, eine größere Pause einzulegen und die mystische Stimmung des Ortes auf sich wirken zu lassen. Zudem lädt ein Rastplatz im Schatten des großen Baums zu einem Picknick ein. Nach der Rast geht es auf dem Wanderweg aufwärts bis zum Klosterbachtal. Nach dem Streifen der Kläranlage ist in wenigen Minuten das Zentrum von **E Kehrig** erreicht.

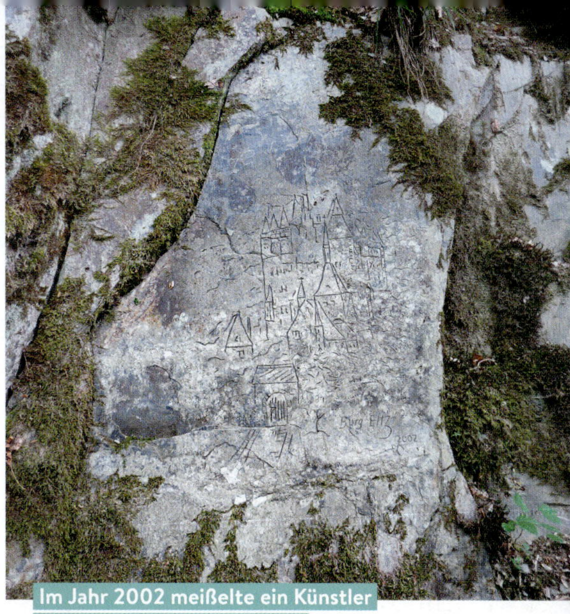

Im Jahr 2002 meißelte ein Künstler die Burg Eltz in das Gestein.

INFO

TOURENCHARAKTER
Mittelschwerer Rundweg

ORIENTIERUNG
Keine gute Wegmarkierung. Wanderkarte ist von Vorteil

HÖCHSTER/TIEFSTER PUNKT
367 m/233 m

AUSGANGS-/ENDPUNKT
Katholische Pfarrkirche, Kehrig

ANFAHRT
Auto: Von Mayen über die L98 nach Kehrig
ÖPNV: Bus 380 von Neutor Bussteig A bis Polcher Straße Kehrig

EINKEHR
Gasthaus Martini Pörsch, Polcher Straße 9, 56729 Kehrig, Tel. 02651/49 46 34, www.kehrig-eifel.de

BESTE JAHRESZEIT
Januar bis Dezember

Mittel | 12 km | 207 Hm | 3.30 Std.

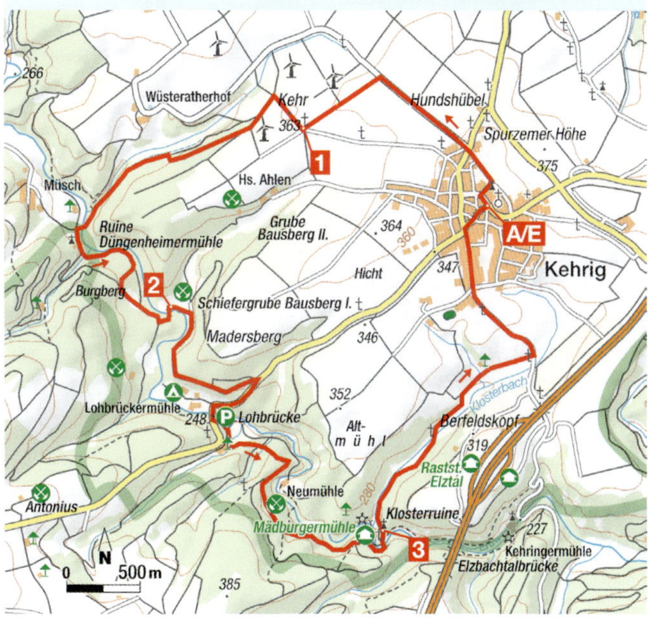

KARTEN
Wanderkarte 1:25 000, Nr. 32 Osteifel mit Laacher-See-Gebiet, Eifelverein e. V.

HARMONIE UND SCHUTZ

»Decke Tönnes«

Die Kerzen beim »Decke Tönnes«, was »dicker Antonius« bedeutet, verlöschen nie. Notleidende, Verliebte und Autofahrer suchen immer wieder die kleine Kapelle auf, um auf Beistand zu hoffen. Scheinbar hat es auch teilweise funktioniert. Ab und zu werden kleine Zettel in der Kapelle gefunden mit Aufschriften wie »Danke, Antonius!«.

4

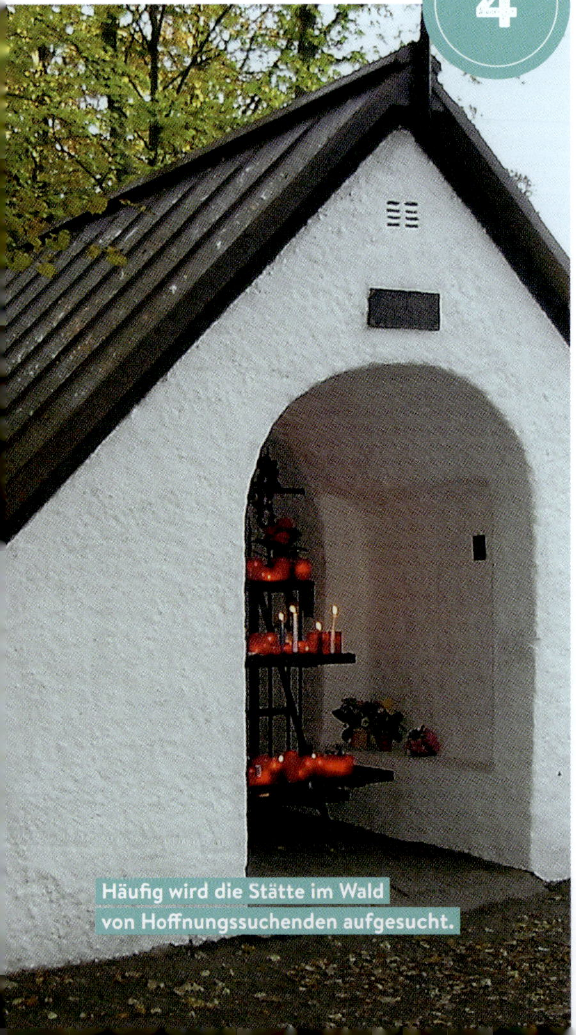

Häufig wird die Stätte im Wald von Hoffnungssuchenden aufgesucht.

GEMÜTLICHE PFADE Der A **Wanderparkplatz Schleidtal** zwischen Bad Münstereifel und Scheuerheck ist der Ausgangspunkt für diese Tour. Auf dem breiten Waldweg geht es durch den Stadtwald in Richtung Scheuren/Scheuerheck. Im Stadtwald, ca. 5000 Hektar groß, wachsen Eichen und Buchen neben Fichten. Nachdem die Straßenseite (Wegpunkt DT07) der 1 **Landstraße L498** gewechselt wurde, geht es über schmale Wege weiter durch den Wald. Zuerst wird eine Weile parallel in Straßennähe gewandert, dann führt die Route weiter am Knippberg (537 m) vorbei.

WALLFAHRTSORT INMITTEN DES WALDES Die 2 **Kapelle »Decke Tönnes«** befindet sich im Wald an der Straße L234 nahe Scheuerheck und ist ein viel besuchter Wallfahrtsort mit auffallend positiver Aura. Das Kapellchen ist dem Schutzpatron der Autofahrer und des Waldes, dem Eremiten St. Antonius, gewidmet und wurde einer Sage nach aufgrund eines Gelübdes erbaut. In der Kapelle steht hinten die große Holzfigur des heiligen Antonius von Ägypten.

Bevor das kleine Gotteshaus um 1900 errichtet wurde, befand sich die Figur autonom auf einem hohen Sockel.

HELFER IN DER NOT Antonius von Ägypten lebte bis 356 n. Chr. viele Jahre als Eremit und widerstand zahlreichen teuflischen Verlockungen. Aus diesem Grund ist auch an seinem Fuß eine Drachengestalt, die den Satan darstellt, zu finden. Als Helfer wurde er zudem im Mittelalter gegen die hochansteckende Hautkrankheit, das Antoniusfeuer, angerufen. Nach Auskunft eines Restaurators wurde die Figur des heiligen Antonius im 15./16. Jahrhundert eventuell im Kloster Steinfeld erschaffen.

Über die alte **3 Ahrstraße** führt die Route mitten durch den Wald bis kurz vor Rodert und durch das Schleidtal zum **E Wanderparkplatz** zurück. Für den Rückweg kann auch eine andere, kürzere Route genutzt werden: Über den Wanderweg A2 und später A3 lassen sich etwa zwei Kilometer Strecke einsparen.

INFO

TOURENCHARAKTER
Landschaftlich interessante Wanderung auf Wald- und Wiesenwegen

ORIENTIERUNG
Mittel

HÖCHSTER/TIEFSTER PUNKT
537 m/350 m

AUSGANGS-/ENDPUNKT
Wanderparkplatz Schleidtal bei Bad Münstereifel

ANFAHRT
Auto: Über die B 51 und die L 234 Richtung Altenahr
ÖPNV: Mit der Bahn bis Bad Münstereifel, siehe www.bahn.de

EINKEHR/ÜBERNACHTUNG
Hotel-Restaurant Wolfsschlucht GmbH, Orchheimer Straße 19, 53902 Bad Münstereifel, Tel. 02253/920 30, www.wolfsschlucht.de

BESTE JAHRESZEIT
Januar bis Dezember

KARTE
Outdoorkarte 1:35 000, Blatt 19 Nationalpark Eifel – Ahrtal, Kümmerly + Frey

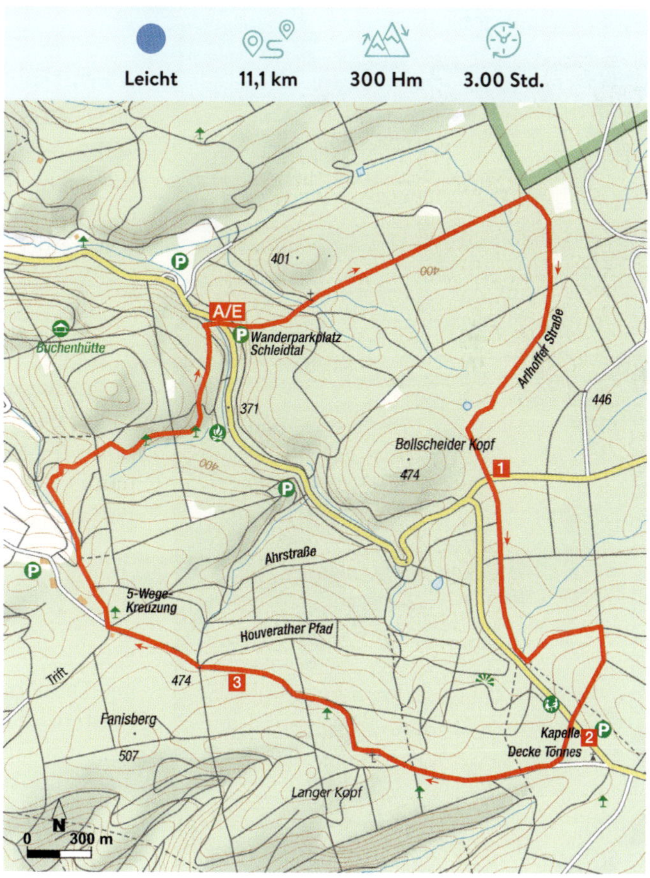

FASZINIERENDES AUS ALTER UND NEUER ZEIT

Römische Tempelanlage Bad Münstereifel

Dort, wo sich einst die Römer zum Gebet versammelten, befinden sich derzeit noch gut erhaltene Überreste der damaligen Gebäude. Ganz empfindsame Leute meinen die besondere Aura des römischen Tempelbezirks aus dem 1. bis 4. Jahrhundert n. Chr. und beliebten Wallfahrtsorts auch heute noch zu erspüren …

5

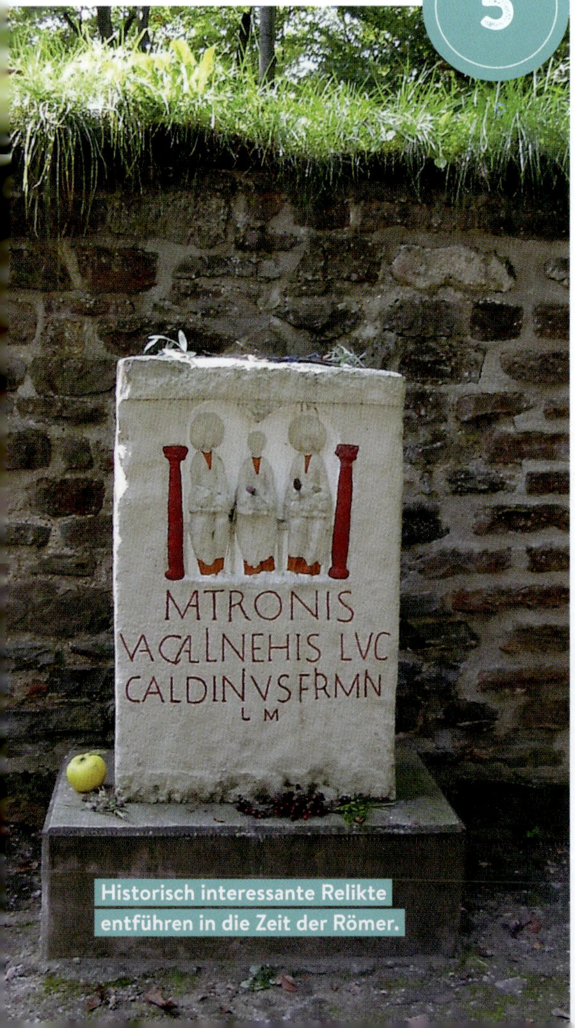

Historisch interessante Relikte entführen in die Zeit der Römer.

MATRONENTEMPEL Der **A** **Wanderparkplatz Nöthener Berg** direkt an der L 165 im Südwesten von Bad Münstereifel ist Ausgangspunkt der heutigen Wanderung. Auf bequemen Wegen geht es bis zum Nöthener Wald. Dort befindet sich der **1** **Heidentempel**, der besonders für sensible Naturen unter den Wanderern einen Höhepunkt auf der Route darstellt. Die gallo-römische Tempelanlage hat ihren Ursprung im 1. bis 4. nachchristlichen Jahrhundert und weist wegen ihrer Abgeschiedenheit inmitten des Waldes eine ganz eigene Mystik auf. Der Tempel, ein beliebter Wallfahrtsort, ist zudem unter dem Namen »Matronentempel« bekannt. Er stammt vom lateinischen »Matrona« ab, was übersetzt Mutter bzw. Ehefrau bedeutet. Auch Schutzgöttinnen wurden so bezeichnet. Dargestellt wurden die Göttinnen in der römischen, germanischen und keltischen Religion jeweils als sitzende Dreiergruppe.

FLORA UND FAUNA Nun führt die Route am Jakob-Kneip-Berg entlang, bis das Naturschutzgebiet **2** **Kalkkuppen** durchstreift wird. Hier fallen die bemerkenswerten Wacholdervorkommen auf dem Kalkhalbtrockenrasen auf. Der Baumfalke wie auch die Heidelerche haben in diesem Naturschutzgebiet ihre Heimat. Außerdem ist die Aussicht auf diesem Streckenabschnitt, an den die Gilsdorfer Heide anschließt, hervorragend. Nach dem Erreichen der **3 Nöthener Mühle** folgt man nun der Straße Teufelsloch.

TECHNISCHES DENKMAL Am Stockert, dem Berg zwischen Eschweiler und Holzheim, geht es nun weiter hinauf bis zum Astropeiler, der 1955 als erstes frei bewegliches Radioteleskop in Deutschland gebaut wurde. Es befindet sich auf der waldlosen Bergspitze des Stockert (433 m) und ist heute ein technisches Denkmal. In ihm befindet sich ein kleines Museum. Jedes Jahr von Mai bis Oktober gibt es die Gelegenheit, jeweils am Sonntag um 14 Uhr einen Vortrag und eine Führung zu erleben.

Nach einer kleinen Weile ist der Eschweiler Bach erreicht. An der anderen Uferseite führt die Strecke am Hirnberg (456 m) entlang ansteigend zum **E Wanderparkplatz Nöthener Berg** zurück.

INFO

TOURENCHARAKTER
Anspruchsvolle Strecke mit geschichtlich und technisch interessanten Höhepunkten

ORIENTIERUNG
Gute Ausschilderung

HÖCHSTER/TIEFSTER PUNKT
438 m/303 m

AUSGANGS-/ENDPUNKT
Wanderparkplatz Nöthener Berg an der L165 bei Kürrenberg-Mayen

ANFAHRT
Auto: Von Bad Münstereifel über die L165 Richtung Nöthen
ÖPNV: Bus 821 bis Nöthener Tannen

EINKEHR/ÜBERNACHTUNG
Hotel LANDHAUSZEIT, Hubertusweg 15, 53902 Bad Münstereifel, Tel. 02253/60 72 01 2, www.landhauszeit.de

BESTE JAHRESZEIT
März bis Oktober

KARTE
Outdoorkarte 1:35 000, Blatt 19 Nationalpark Eifel – Ahrtal, Kümmerly + Frey

Mittel | 16 km | 134 Hm | 3–4 Std.

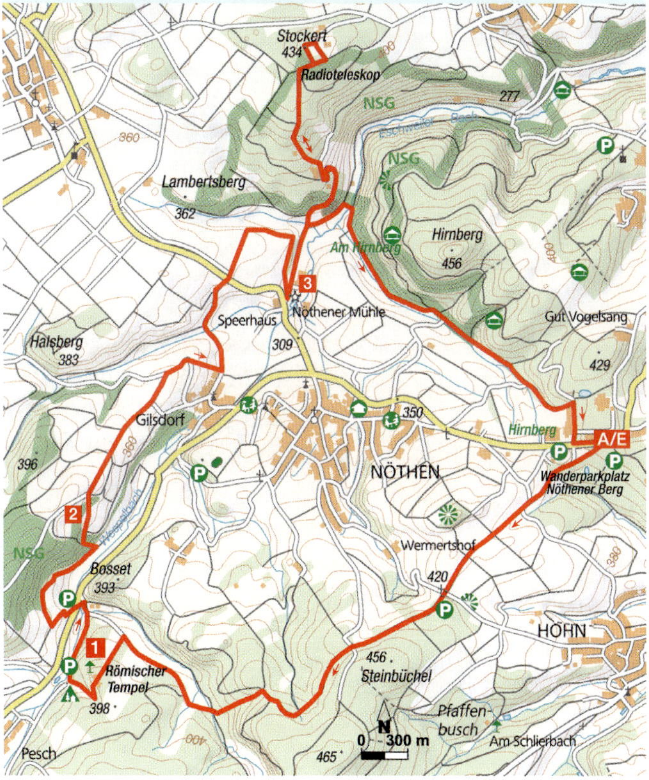

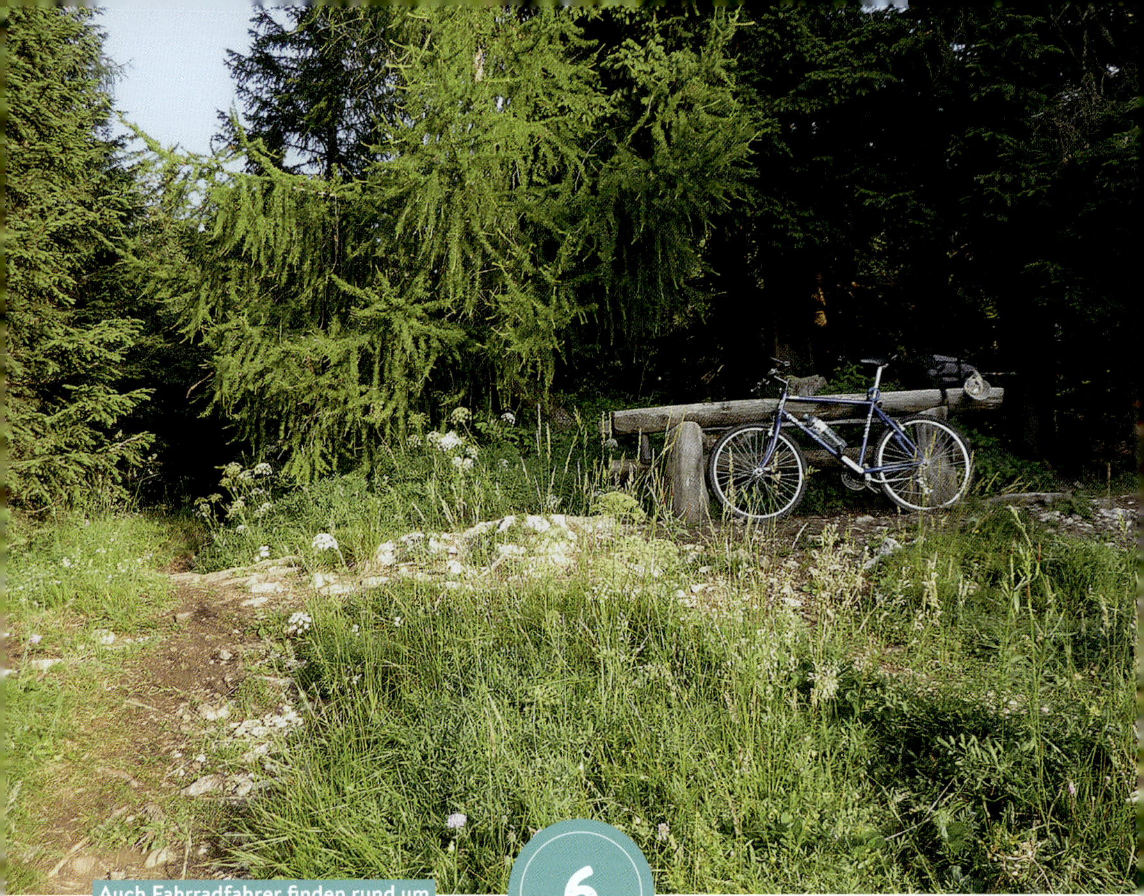

Auch Fahrradfahrer finden rund um das Kloster Steinfeld geeignete Strecken.

6

MEDITATION ZUR INNEREN EINKEHR

Kloster Steinfeld

Das Kloster Steinfeld mit seinen berühmten drei Türmen und der prächtigen Basilika ist ein besinnlicher Ort für Studium und Meditation. Der Autor Montague Rhodes James war ebenfalls von der Anlage beeindruckt und verewigte das Kloster als Schauplatz in seiner Erzählung »Der Schatz des Abtes Thomas«. Zehn fantastische Geistergeschichten lehren den Leser das Fürchten.

BESONDERE HEILQUELLE Die Wanderung zum Kloster Steinfeld beginnt im Ort Steinfeld am **A Parkplatz** und verläuft weiter entlang der Klostermauer bis zur Hauptstraße. Nach der Umrundung des Klosters ist nun der Beschilderung des Eifelsteigs zu folgen. Nach wenigen Hundert Metern ist das Tal des Kuttenbaches erreicht. Der Kuttenbach wird von der Hermann-Josef-Quelle gespeist, die aufgrund ihres heilenden Wassers bekannt ist.

ÜBER DEN EIFELSTEIG Der Markierung des Eifelsteiges links weiter folgend, ist **1 Steinfeldheistert** nicht mehr fern. Nach dem Straßenseitenwechsel über die K 60 ist die Kallerstraße das nächste Zwischenziel. Weiter auf dem Weg, erreicht der Wanderer schon bald ein kleines Tal. Nach dessen Durchquerung geht es nun auf dem Eifelsteig links Richtung Golbach weiter, begleitet vom Kallerbach.
In **2 Golbach** biegt man vom Eifelsteig rechts in den Kapellenweg ab. In der Biegung führt links neben dem Haus ein Weg hinauf. Nach einer kurzen Wegstrecke ist die **3 Rasthütte** erreicht. Ab hier ist der Wegweiser nach Rinnen als Wegkennzeichnung bindend. Der **4 Pferdekopf** mit seinen 527 Metern ist nun der nächste Rastpunkt. Nach einer kleinen Stärkung führt die Strecke an der nächsten Kreuzung weiter Richtung Rinnen und an einer Gabelung, wo die Straße nach Rinnen verläuft, auf einem Teerweg geradeaus. Nach der Überquerung der Straße gilt es dem Wegweiser »Kloster Steinfeld« zu folgen bis zum Gelände eines Schotterwerkes und weiter Richtung Kloster Steinfeld. Bequem auf einem kurvigen Weg führt die Route nun in das Tal des Kuttenbachs. An der **5 Schutzhütte** geht es über einige Stufen in die Talsohle hinab und wieder bergauf zum Kloster Steinfeld.

Tipp

DIE KLOSTERAKADEMIE

Yogakurse, biblische Wander-Wochenenden, Malkurse oder auch Workshops für Interessierte, die sich im kreativen Schreiben versuchen möchten, werden in der Akademie des Klosters angeboten. Zudem finden Orgelmeditationen, Vesperkonzerte und auch das Eifeler Musikfest in der Basilika statt. Kulinarische Genießer entdecken hingegen im Klosterladen raffinierte Köstlichkeiten wie Käse, Senf, Liköre und auch das Steinfelder Klosterbier. Keramik-, Glasarbeiten und Bücher ergänzen das Angebot.

KLOSTER DER SALVATORIANER Stolz recken sich die drei Türme des **6 Klosters** in die Höhe. Seine Geschichte kann bis zum Jahr 919–936 zurückverfolgt werden. Die dazugehörige Basilika gilt als eine der ersten

Die Weinrebe ist eine uralte und immer noch sehr beliebte Kulturpflanze.

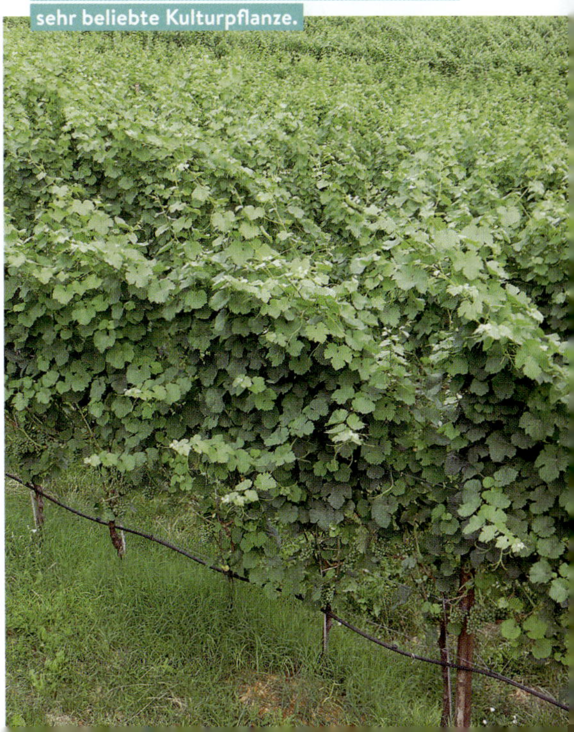

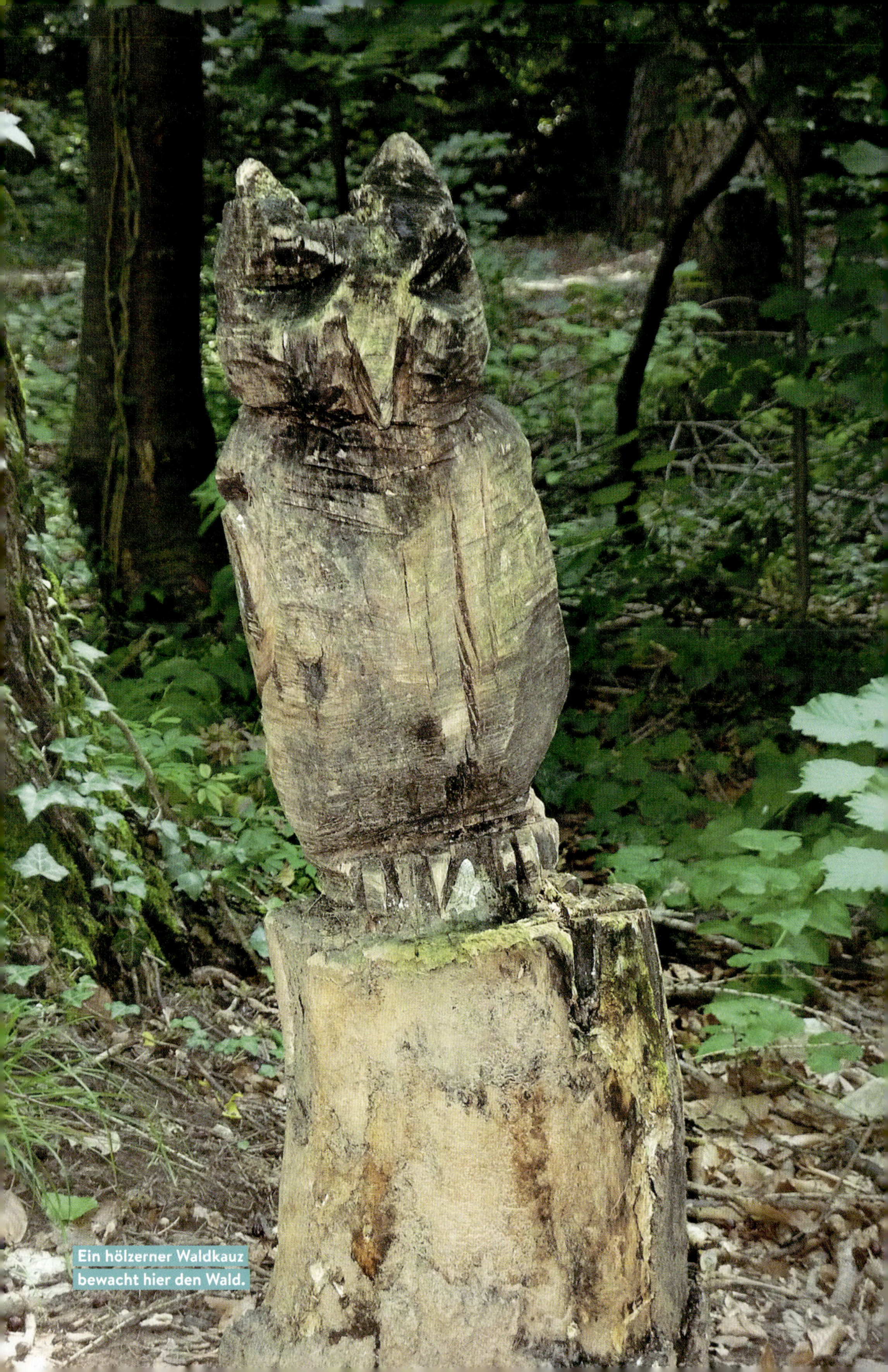

Ein hölzerner Waldkauz
bewacht hier den Wald.

deutschen Gewölbekirchen, die von Prämonstratensern zwischen 1142 und 1150 errichtet wurde. Geprägt ist die Kirche vorwiegend von der reichen Barockausstattung und den spätgotischen Gewölbemalereien des Malers Hubert von Aachen. 1923 übernahm der Orden der Salvatorianer das Kloster. Es dient mittlerweile als Gymnasium mit Internat sowie als Bildungsstätte und Akademie und ist ein bedeutendes Zentrum der Bildung und Spiritualität, Kunst und Kultur.

PILGERORT Wunderschön ist auch der liebevoll angelegte Klostergarten. In ihm befindet sich ein begehbares Labyrinth, das aus mehreren Tausend Rotbuchen besteht. Im Zentrum gibt es ein Kreuz als Zeichen der Gegenwart Gottes zu entdecken. Immer wieder legen Besucher hier Steine für ihre ganz persönlichen Bitten ab.
Auf einem kurvigen Weg führt die Route weiter in das Tal des Kuttenbachs und zurück zum **E Parkplatz**.

INFO

TOURENCHARAKTER
Entspannte Wanderung zu einer heiligen Stätte

ORIENTIERUNG
Sehr gute Auszeichnung

HÖCHSTER/TIEFSTER PUNKT
527 m/418 m

AUSGANGS-/ENDPUNKT
Wanderparkplatz 2, nahe der Hermann-Josef-Straße in Steinfeld

ANFAHRT
Auto: A1 bis Abfasheim, weiter Richtung Kall/Nettersheim und dem Abzweig zum Kloster Steinfeld folgen
ÖPNV: Mit dem Bus 835 bis zum Kloster

EINKEHR/ÜBERNACHTUNG
Wirtshaus Zur Alten Abtei, Hermann-Josef-Straße 33, 53925 Kall-Steinfeld, Tel. 02441/779 03 01, www.dieabtei.de

BESTE JAHRESZEIT
Januar bis Dezember

KARTE
Wanderkarte 1:25 000, Blatt 5 Kall, Kommern, Mechernich, Nettersheim, Eifelverein e. V.

Leicht	11,4 km	301 Hm	3.00 Std.

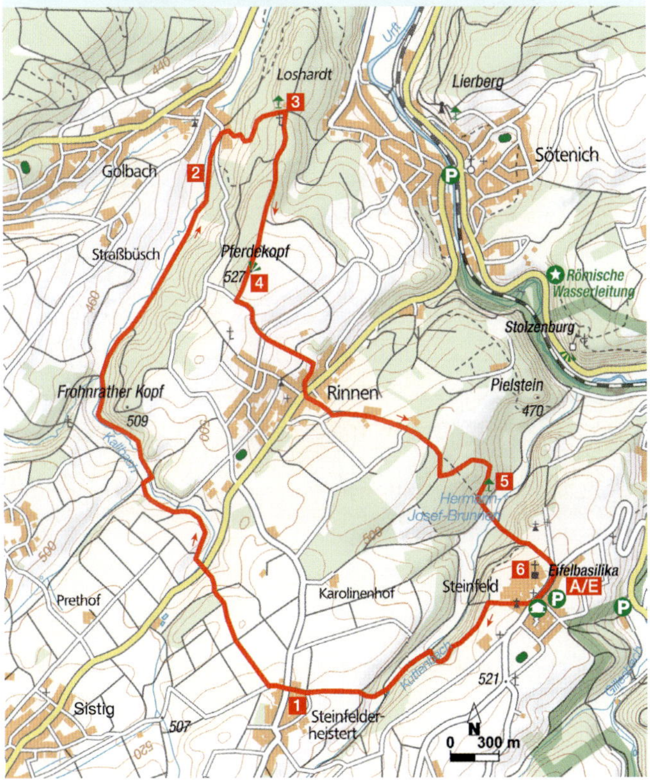

HEXEN UND TEUFEL

Neuer-Burg-Weg

Der Charme des mittelalterlichen Städtchens Neuerburg mit seinen zahlreichen Gässchen ist deutlich spürbar. Auf sehr guten Wegen wird die Geschichte des heutigen Luftkurortes inmitten des Deutsch-Luxemburgischen Naturparks wieder lebendig. Herrliche Aussichten, malerische Anlagen und magische Plätze versüßen die herausfordernde Tour.

7

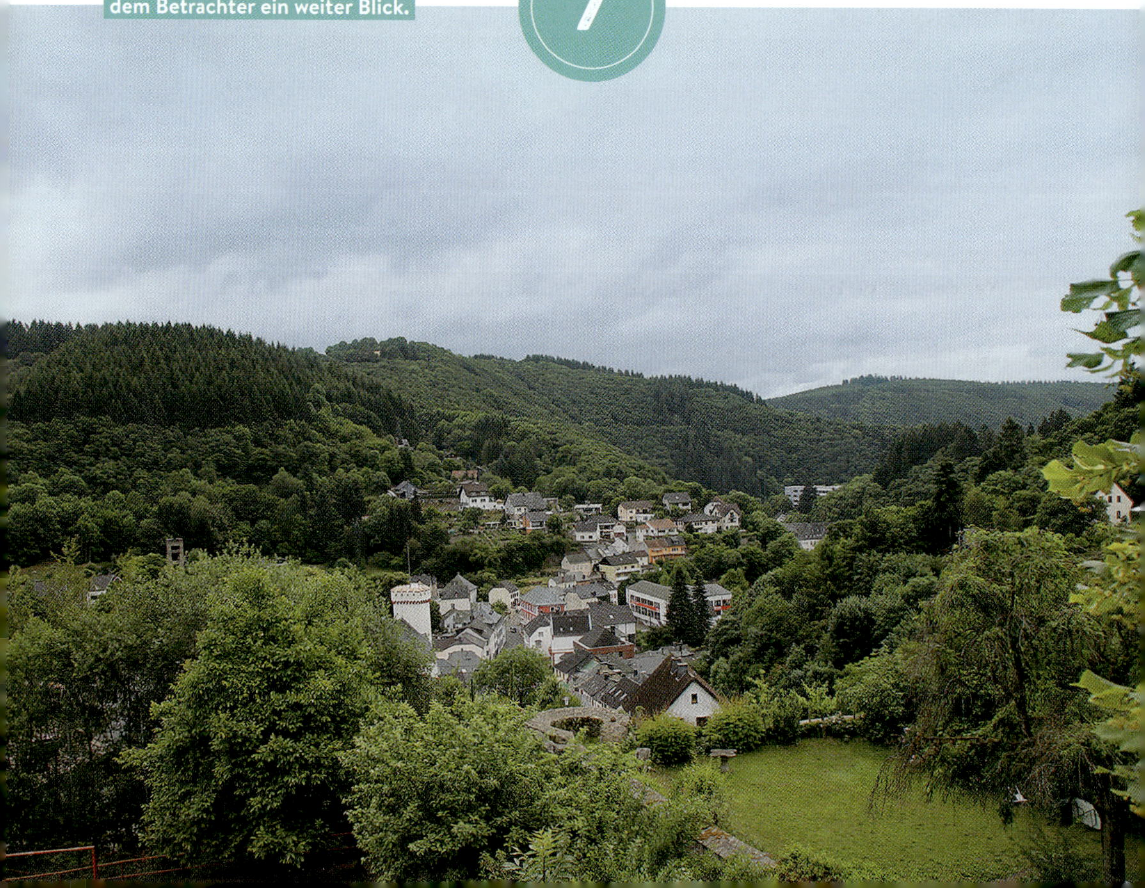

Von der Burg aus bietet sich dem Betrachter ein weiter Blick.

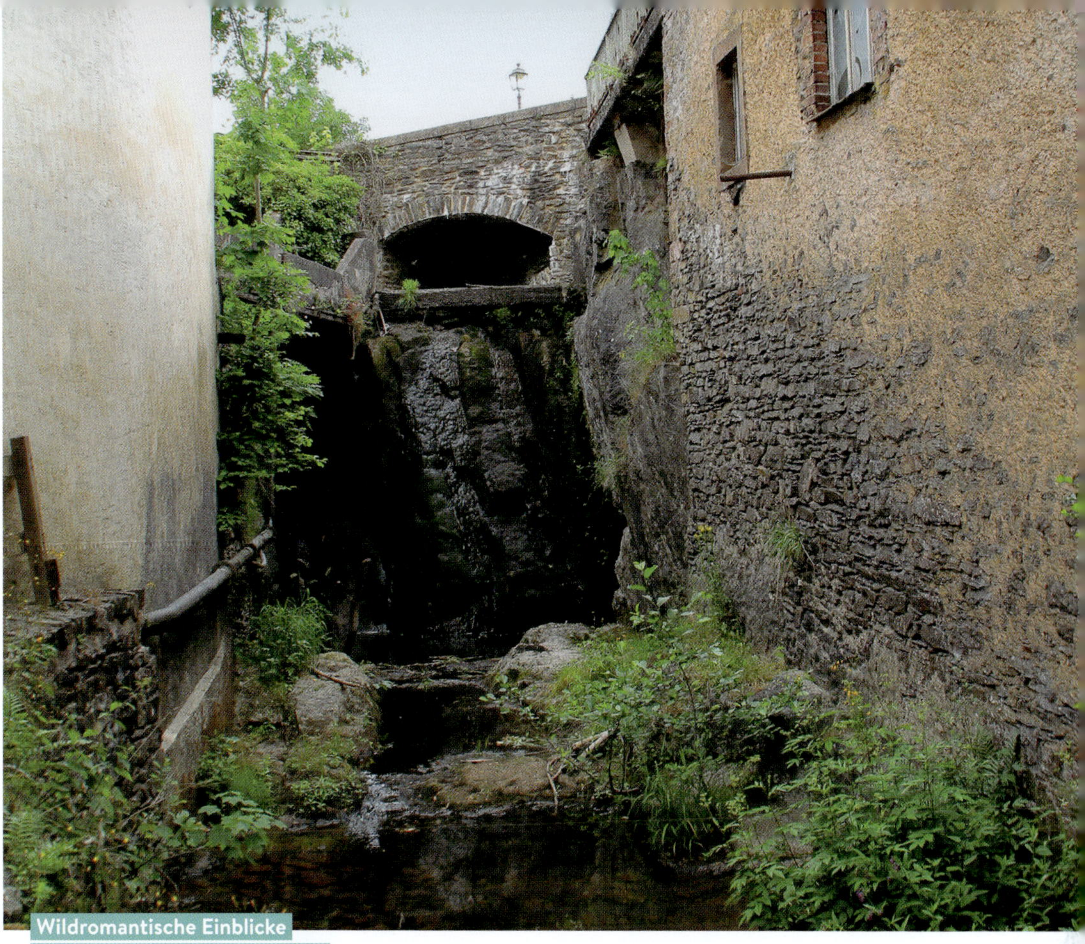

Wildromantische Einblicke faszinieren im alten Stadtkern.

AUF DEN SPUREN DES MITTELALTERS
Festes Schuhwerk ist für die geschichtsträchtige Wanderung auf dem anspruchsvollen Neuer-Burg-Weg empfehlenswert.
Der **A Wanderparkplatz** am Zinnenplatz ist der Startpunkt. Von hier aus gilt es, der auffälligen Markierung der Naturpark-delux-Plakette zu folgen. Der Rundweg führt durch den mittelalterlichen Stadtkern und als erstes Highlight zur **1 Burg Neuerburg**.
Urkundlich wurde die Burg auf dem Felssporn erstmals im Jahr 1132 erwähnt. Später waren Johann der Blinde, König von Böhmen, und die Grafen Manderscheid die rechtmäßigen Herren. Im Jahr 1930 wurde die Burg vom katholischen Bund Neudeutschland übernommen und dient nun als Jugendburg. Der Hof des Gebäudes ist zugänglich. Von hier aus bietet sich ein toller Blick über die Stadt.

HISTORISCHER TURM Der **2 Beilsturm** ist der nächste markante Punkt. Er ist 15 Meter hoch, wurde im 16. Jahrhundert erbaut und von den Bürgern der Stadt bemannt. Der Feuerwächter war hier beispielsweise zugegen. Das Vorwerk der alten Stadtbefestigung verfügt heute über vier Aussichtsplattformen.

MEHRERE KAPELLEN Vom Panoramaweg mit seinen Aussichtspunkten hat man einen fantastischen Blick weit über die Stadt hinweg. Die Eligius- und Kreuzkapelle liegen nun am Weg. Während die Eligiuskapelle, die ehemalige Hospitalkirche, mit alten

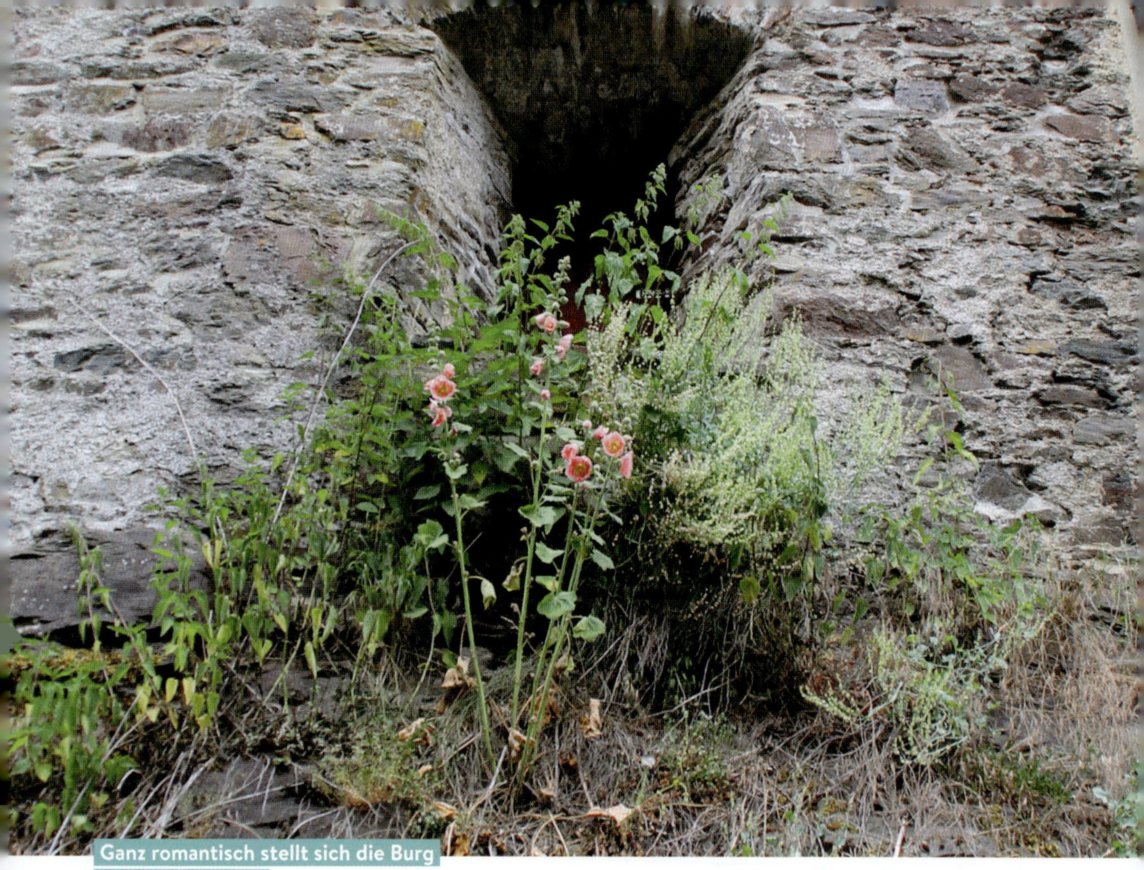

Ganz romantisch stellt sich die Burg in Neuerburg dar.

Tipp

GRAUSIGE VERGANGENHEIT

Im Mühlenwald nahe des Stadtparks befindet sich ein kleiner, besonders gekennzeichneter Platz, den vermeintliche Hexen im 17. Jahrhundert als Versammlungsort nutzten. Eine Sage berichtet von der Magd Magdalene Pirken, die des Mordes am gräflichen Fräulein Claudia von Leuchtenberg, der Braut des Grafen von Manderscheid-Virneburg, verdächtigt und schließlich verurteilt wurde. Bevor sie hingerichtet wurde, bezichtigte sie weitere 14 Personen. Ab diesem Zeitpunkt fanden in Neuerburg 57 Hexenprozesse statt. Nur eine angebliche Hexe wurde freigesprochen.

Grabdenkmälern umgeben ist, zeichnet die **3 Kreuzkapelle** im Wald eine sehr idyllische Lage aus. Sie bewahrt drei geschnitzte Altäre von Meister Hubert Litge, die zwischen 1707 und 1720 geschaffen wurden, auf. Nach einer Überlieferung stand an dem Platz der Kapelle wohl schon im Jahr 1619 ein kleines Bethaus. Ebenfalls ist die Mariensäule am Markt, die anlässlich der Stadtrechtsverleihung Neuerburgs durch Friedrich von Neuerburg und Brandenburg im Jahre 1332 errichtet wurde, eine kleine Pause wert.

SAGENHAFTE WALLFAHRTSSTÄTTE Sehr beeindruckend ist das »Schwarzbildchen«, das sich in einer 700 Jahre alten Eiche befindet. Diese Wallfahrtsstätte der Marienverehrung sieht nicht nur bemerkenswert aus, sondern es rankt sich um sie auch eine schöne Sage. Diese erzählt, wie Ritter Kuno von Falkenstein sich hier vor den viandenschen Feinden versteckte. Die heilige Maria zeigte ihm den hohlen Baum, der seinen Körper vor den Gegnern verbarg. In direkter Nähe des Enzbaches befindet sich der Stadtpark. Gerade in der warmen Jahreszeit ist der Besuch dieser wunderschönen und idyllischen Anlage empfehlenswert. Mit dem NaturWanderPark-Zeichen delux geht es nun zurück zum **E Wanderparkplatz** in Neuerburg.

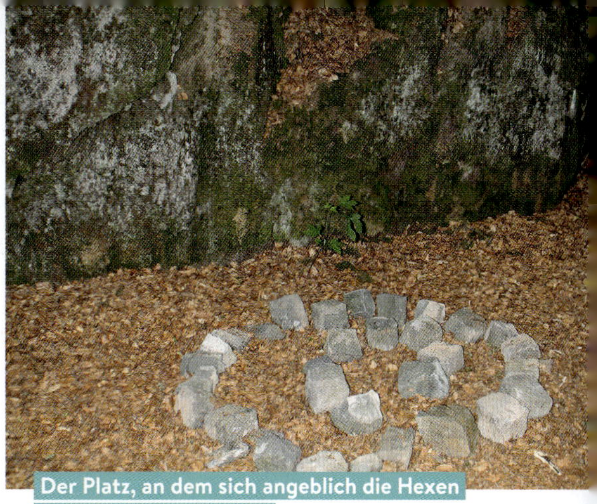

Der Platz, an dem sich angeblich die Hexen zur Besprechung trafen

INFO

TOURENCHARAKTER
Eine geschichtlich sehr interessante Tour auf guten Wegen; festes Schuhwerk unbedingt nötig

ORIENTIERUNG
Sehr gute Ausschilderung mit dem NaturWanderPark-Zeichen delux

HÖCHSTER/TIEFSTER PUNKT
442 m/301 m

AUSGANGS-/ENDPUNKT
Wanderparkplatz in Neuerburg

ANFAHRT
Auto: Von Trier über die B 51 nach Bitburg, weiter auf der B 50 Richtung Vianden/Neuerburg bis Abfahrt Sinspelt und nach Neuerburg
ÖPNV: Rhein-Mosel-Bus, siehe www.bahn.de und www.vrt-info.de

EINKEHR/ÜBERNACHTUNG
Schlosshotel Neuerburg, Bitburger Straße 13, 54673 Neuerburg, Tel. 06564/2373, www.schlosshotel-neuerburg.de

BESTE JAHRESZEIT
Januar bis Dezember

KARTE
Naturparkkarte 1:25 000, Blatt 2 Naturpark Südeifel, mit Wander- und Radwanderwegen, Landesvermessungsamt Rheinland-Pfalz

Schwer | 13 km | 597 Hm | 3.00 Std.

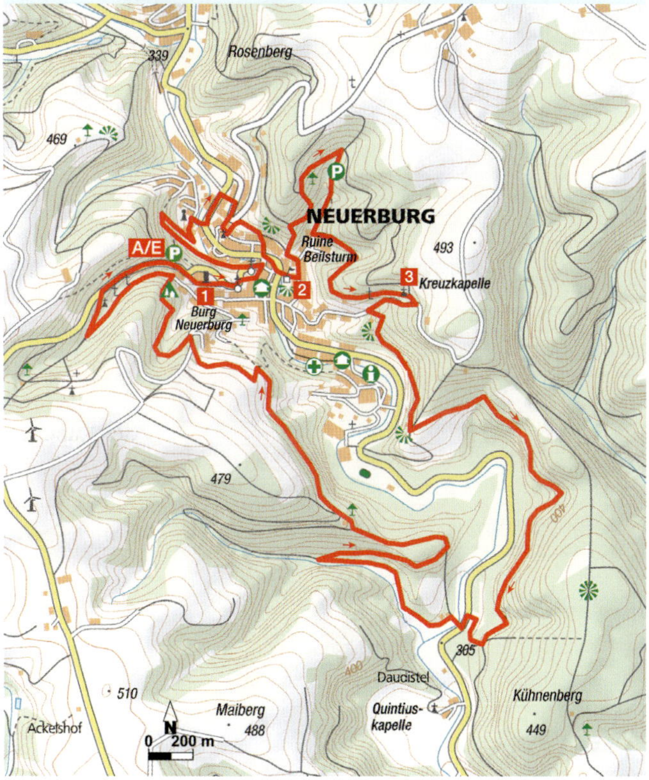

BRAUSENDES WASSER UND GRÜNER HOPFEN

Rund um die Prümer Burg

Eine Attraktion in der Südeifel sind die Irreler Wasserfälle. Kaum einer kann dem Anblick des tosenden Wassers der Stromschnellen der Prüm widerstehen. Einige lauschige Plätzchen am Ufer laden nach der reizvollen Wanderung zu ausgedehnten Picknicks und vielleicht auch einem kleinen Nickerchen ein.

8

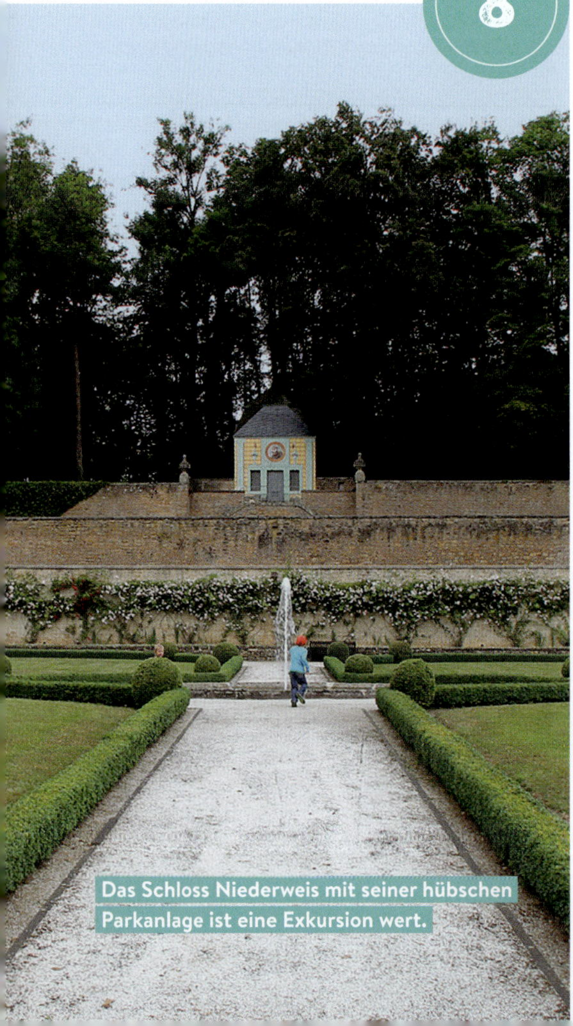

Das Schloss Niederweis mit seiner hübschen Parkanlage ist eine Exkursion wert.

VIEL FERNSICHT Die Tour beginnt am **A Wanderparkplatz Irreler Wasserfälle**. Von hier aus ist den Markierungen des Natur-WanderParks delux zu folgen. Dem Felsenweg 5 gegen den Uhrzeigersinn folgend, geht es nun über schöne Wiesenwege Richtung Irrel. Das Westwallmuseum liegt am Weg. Auf der ausgeschilderten Route gelangt man zu einem waldigen Streckenabschnitt. Alte Kiefern und auch Buntsandsteine säumen den Weg. Nach drei Kilometern ist ein Plateau erreicht, von dem sich eine wundervolle Aussicht in das Prümtal bietet. Eine Hütte bietet dort Schutz bei eventuellem Regen. Bald ist der Ort **1 Prümer Burg** erreicht. Wer möchte, kann hier einen Abstecher zur gleichnamigen Burgruine unternehmen. Über Forstwege führt die Strecke weiter an Feldern vorbei und erreicht den Holsthumerberg. Es eröffnen sich wieder schöne Ausblicke.

ROCHUSKAPELLE Wiesenwege führen nun weiter zur 1866 erbauten Rochuskapelle. Der Schutzheilige der Kapelle ist der heilige Rochus von Montpellier, der Patron der Pestkranken. Jedes Jahr findet am Kirmesmontag eine Prozession zum Gedenken an die Pestzeiten zur Rochuskapelle statt.

PROMINENTE HOPFENFELDER Nun sind auch die berühmten Holsthumer Hopfenfelder zu erblicken. Die Gegend hier bietet optimale Bedingungen für den Hopfenanbau. Feldwege führen weiter nach **2 Prümzurlay.** Hier bietet sich nochmals die Gelegenheit, die Ruine Prümer Burg zu besuchen.

WISSENSWERTES ZUR PRÜM Im folgenden Streckenabschnitt ist die Prüm, der zweitlängste Fluss der Eifel, bald zu hören und zu sehen. Moosbewachsene große Steine im Flussbett verwandeln das eigentlich ruhige Flüsslein in einen rauschenden Bach. Der Name Irreler Wasserfälle rührt von den zahlreichen Stromschnellen her. Nach nur wenigen Metern ist schließlich auch der **E Wanderparkplatz** wieder erreicht.

INFO

TOURENCHARAKTER
Eine abwechslungsreiche und landschaftlich schöne Strecke mit in Erinnerung bleibenden Aussichten

ORIENTIERUNG
Sehr gute Ausschilderung mit dem NaturWanderPark-Zeichen delux

HÖCHSTER/TIEFSTER PUNKT
373 m/180 m

AUSGANGS-/ENDPUNKT
Wanderparkplatz Irreler Wasserfälle in Irrel

ANFAHRT
Auto: Über die B 51 bis Irrel, dort im Kreisverkehr 2. Ausfahrt, dann im nächsten Kreisverkehr 2. Ausfahrt auf die L 4 (Prümzurlayer Straße) und 1 km bis zum Parkplatz
ÖPNV: Mit dem Rhein-Mosel-Bus bis Irrel, siehe www.bahn.de und www.vrt-info.de, von dort etwa 1,5 km zu Fuß bis zum Startpunkt

EINKEHR/ÜBERNACHTUNG
Hotel-Restaurant Koch-Schilt, Prümzurlayer Straße 1, 54666 Irrel, Tel. 06525/92 50, www.koch-schilt.de

BESTE JAHRESZEIT
März bis Oktober

Mittel | 17,1 km | 424 Hm | 4.30 Std.

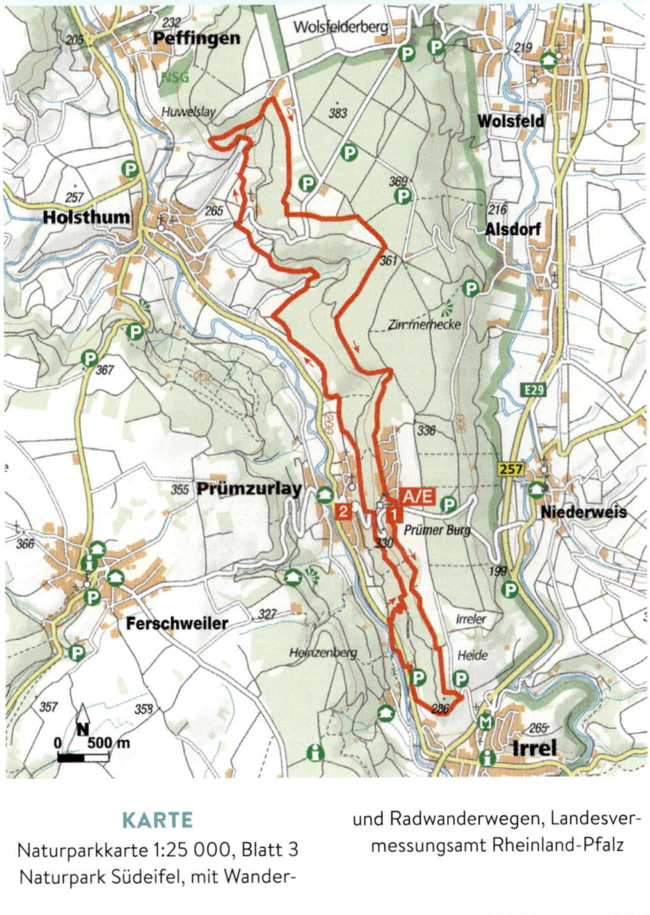

KARTE
Naturparkkarte 1:25 000, Blatt 3 Naturpark Südeifel, mit Wander- und Radwanderwegen, Landesvermessungsamt Rheinland-Pfalz

LEICHT ZU FUSS

Kakushöhle

Zahlreiche Wandermöglichkeiten bietet das Naturschutzgebiet Kartstein mit der Kakushöhle. Die Kakushöhle ist eine von zwei Höhlen im Kakusfelsen bei Dreimühlen. Die Höhlen bildeten sich vor etwa 300 000 Jahren und boten Tier wie Mensch einen geschützten Raum. Mehrere volkstümliche Geschichten berichten davon.

9

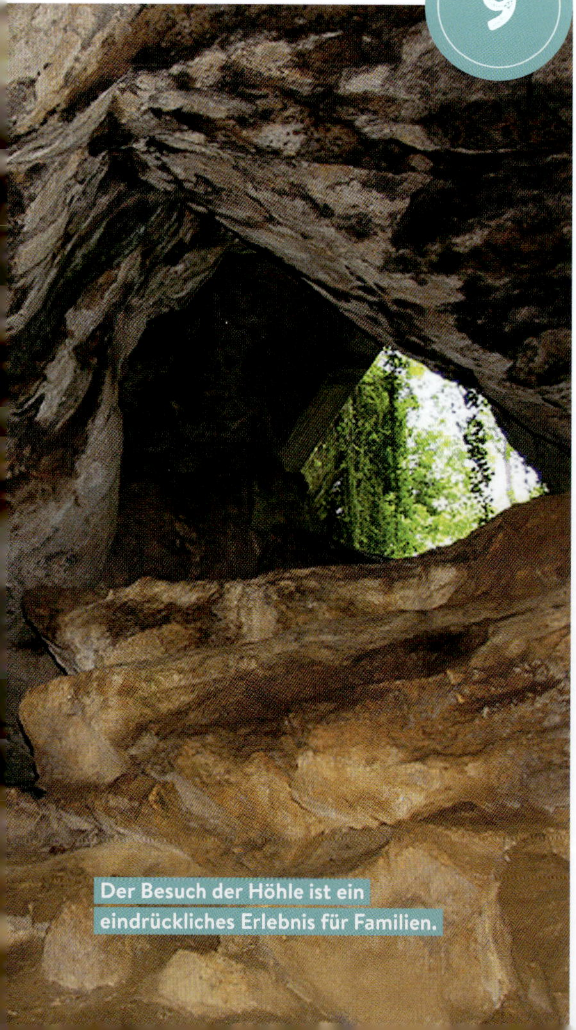

Der Besuch der Höhle ist ein eindrückliches Erlebnis für Familien.

BESONDERE HÖHLE Startpunkt für die Tour rund um das Naturdenkmal Kakushöhle ist der **A Wanderparkplatz Kakushöhle** an der B 477. Man folgt der Markierung des Rundweges »A1« und gelangt über ein paar Treppenstufen zu einem nach links verlaufenden Weg. Nach einer kurzen Weile ist der Wald erreicht. Es geht rechts auf einem festen Feldweg weiter. Nach nur wenigen Metern stößt ein Wiesenweg dazu. Immer am Wald entlang geht es etwas bergab. Nachdem die Mulde durchquert wurde, wandert man ein kurzes Stück bis zum kleinen Hain bergauf. Anschließend führt die Route wieder abwärts und am Waldrand nach rechts. Nach einem guten Kilometer verläuft bei einer Kurve geradeaus ein Grasweg. Auf der »Alten Straße« hält man sich links.

RÖMISCHE ZEICHEN Die Hauserbachstraße in Eiserfey ist das nächste Zwischenziel. Hier befindet sich das römische **1 Wassersammelbecken**, das der Wasserversorgung der Claudischen Kolonie und Opferstätte der Agrippinenser bzw. der römischen Kolonie, aus der sich die Stadt Köln entwickelte, diente. Nach einer kleinen Pause geht es wieder auf der gleichen Strecke zurück. An der Wegkreuzung am Waldrand folgt man dem bekannten Wanderweg A1 weiter. In Vollem führt die Route über einen asphaltierten Wirtschaftsweg. Nach einem kleinen Stück linker Hand bergan kann man auf einem gleichfalls asphaltierten Weg einen Exkurs zur römischen **2 Aquäduktbrücke** bei Vollem/Urfey unternehmen. Wer lieber weitergeht, erreicht nach einem kleinen Aufstieg den Ort Weyer mit der Kirche **3 St. Cyriakus**. Hier nun links weiter.

GELÖST ZUM ZIEL Nach dem Ort Weyer führt die Strecke am Friedhof vorbei in ein Wiesengebiet. Am nächsten Wegekreuz läuft man geradeaus und an der nächsten Kreuzung rechts. Nach wenigen Metern geht es links auf dem vom Hinweg bekannten Weg über die Treppenstufen wieder zum **E Wanderparkplatz** an der B 477 zurück.

INFO

TOURENCHARAKTER
Leichte familientaugliche Wanderung mit historischen und geologischen Highlights

ORIENTIERUNG
Rundweg »A1«

HÖCHSTER/TIEFSTER PUNKT
444 m/319 m

AUSGANGS-/ENDPUNKT
Wanderparkplatz Kakushöhle an der B 477 oberhalb von Dreimühlen

ANFAHRT
Auto: Über die A1 bis Ausfahrt Nettersheim; über die B 51 aus Richtung Köln bzw. Trier
ÖPNV: Taxi-Bus 830 ab Mechernich bis Dreimühlen, siehe www.rvk.de

EINKEHR/ÜBERNACHTUNG
Café Land-Genuss, Kakusstraße, 53894 Mechernich, Tel. 02484/919 82 82, https://www.eifel.info/a-cafe-zur-kakushoehle (ganzjährig geöffnet)

BESTE JAHRESZEIT
Januar bis Dezember

Leicht | 6 km | 278 Hm | 1.30 Std.

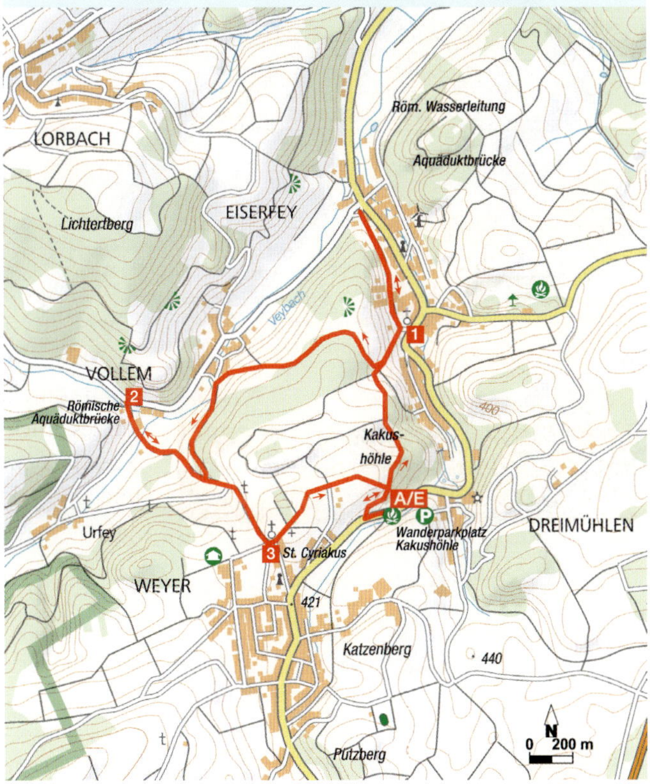

KARTE
Wanderkarte 1:25 000, Blatt 5 Kall, Kommern, Mechernich, Nettersheim, Eifelverein e. V.

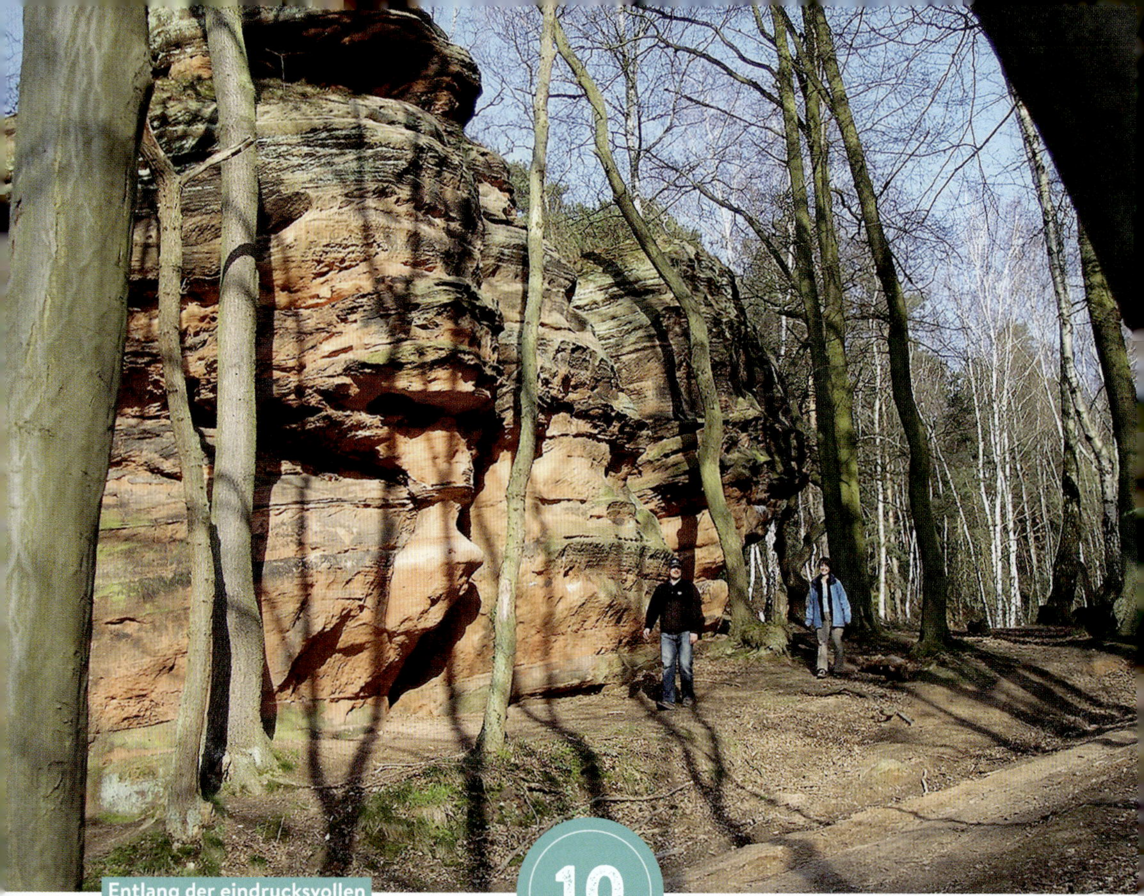

Entlang der eindrucksvollen Buntsandsteinfelsen

10

BIZARRE WEITSICHT

Katzensteine

Das Dorf Katzvey liegt im Tal des Veybachs. Neben den Resten der römischen Wasserleitungen, die bis nach Köln führten, sind der Altusknipp mit seinem Gipfelkreuz und die Katzensteine sehenswert. Die Katzensteine, eine Buntsandsteinformation, dienten in römischer Zeit als Steinbruch.

AUF WALD- UND FORSTWEGEN In der Nähe von Katzvey befindet sich der **A Wanderparkplatz**, Startpunkt für die Wanderung. An den parallel zur Bundesstraße und zum Veybach verlaufenden Waldweg schließt sich ein Forstweg an, der zielsicher wieder zur Straße hinunterführt. Nach der Überquerung von Straße und Veybach führt die Strecke an einer Kläranlage und ein paar Häusern vorbei und mündet in einen Feldweg. Am Wald entlang geht es bis zur Anhöhe weiter und an einigen Häusern von Mechernich vorbei zur kleinen **1 Barbarakapelle** am Schimmelsberg und zu einem Kreisel.

GEMÄCHLICH ZUM GIPFEL Nun hält man sich rechts – ab in den Wald; es geht stetig zum Altusknipp bzw. **2 Griesberg** bergan. Der Griesberg ist einer von 17 Bergen dieses Höhenzuges und mit einer Höhe von 375 Metern gleichzeitig der höchste. Am Gipfelkreuz sollte man ausgiebig picknicken und dabei die grandiose Aussicht genießen! Im Anschluss führt ein kleiner Sandweg auf einen Wanderweg, von dem bald rechts in einen nächsten kleinen Pfad abzubiegen ist. Über einen Waldweg nun nach Mechernich und über Dietrich-Bonhoeffer-Straße, Johannesweg und Kastanienweg auf die kleine Straße »Am Haselbusch«. Über Wiesenwege ist nun **3 Burgfey** wieder erreicht.

HAUS MIT VERGANGENHEIT Nach der Querung der bekannten L 61 führt die Route über einen Waldweg bis zum **4 Haus Hombusch**. Es wurde vom Kölner Bankier Karl Theodor Deichmann, Mitinhaber des Bankhauses Deichmann & Co., errichtet. Außerdem verbrachte hier Freya Gräfin von Moltke, Ehefrau des 1945 hingerichteten NS-Widerstandskämpfers Helmuth James Graf von Moltke, einige Zeit ihrer Jugend. Heute gehört das Anwesen Dietrich Graf von Nesselrode und seiner Frau Friederike.

Tipp

ALTE TRADITIONEN

Im Freilichtmuseum Kommern (Tel. 02443/99800, www.kommern.lvr.de) werden jedes Jahr zum Hochfest Mariä Himmelfahrt die »Krautwische« (»Krockwösch«) gesegnet. Nach dem Freiluftgottesdienst nehmen die Anwesenden ihre Sträuße aus Heilkräutern und Nutzpflanzen nach Hause. Ihre Verwendung wird von den Museumsbäuerinnen noch erklärt. Früher schützte der aus sieben bis 99 Kräutern bestehende Strauß vor Unglück und Krankheit. Zwei- und Vierbeinern wurden Tee oder Aufgüsse aus den Kräutern verabreicht, und als Schutz gegen Unwetter warf man während des Donnergrollens Teile in das Feuer am Herd. Einem neu gebauten Haus legte man den geweihten Strauß auch unter die Schwelle der Tür, um es mitsamt seinen Bewohnern zu schützen.

BEEINDRUCKENDE FELSEN Auf dem Waldweg sind in Kürze die **5 Katzensteine** erreicht. Bis zu 15 Meter hoch sind die Felsen mit ihrer auffallenden Form und roten

Über idyllische Pfade nach Burgfey

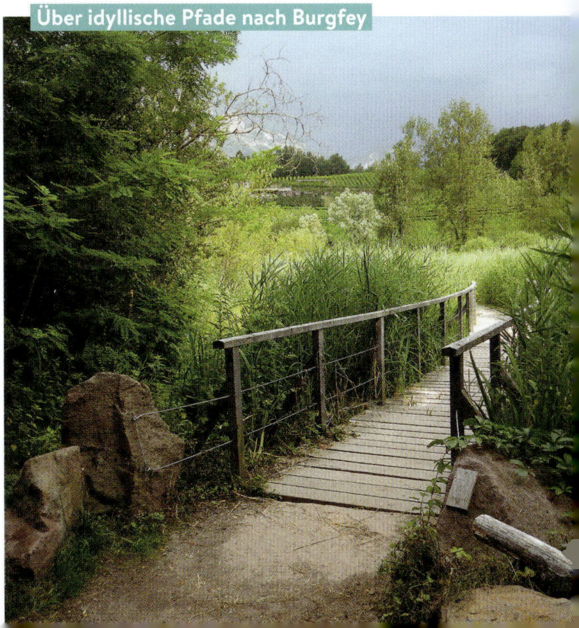

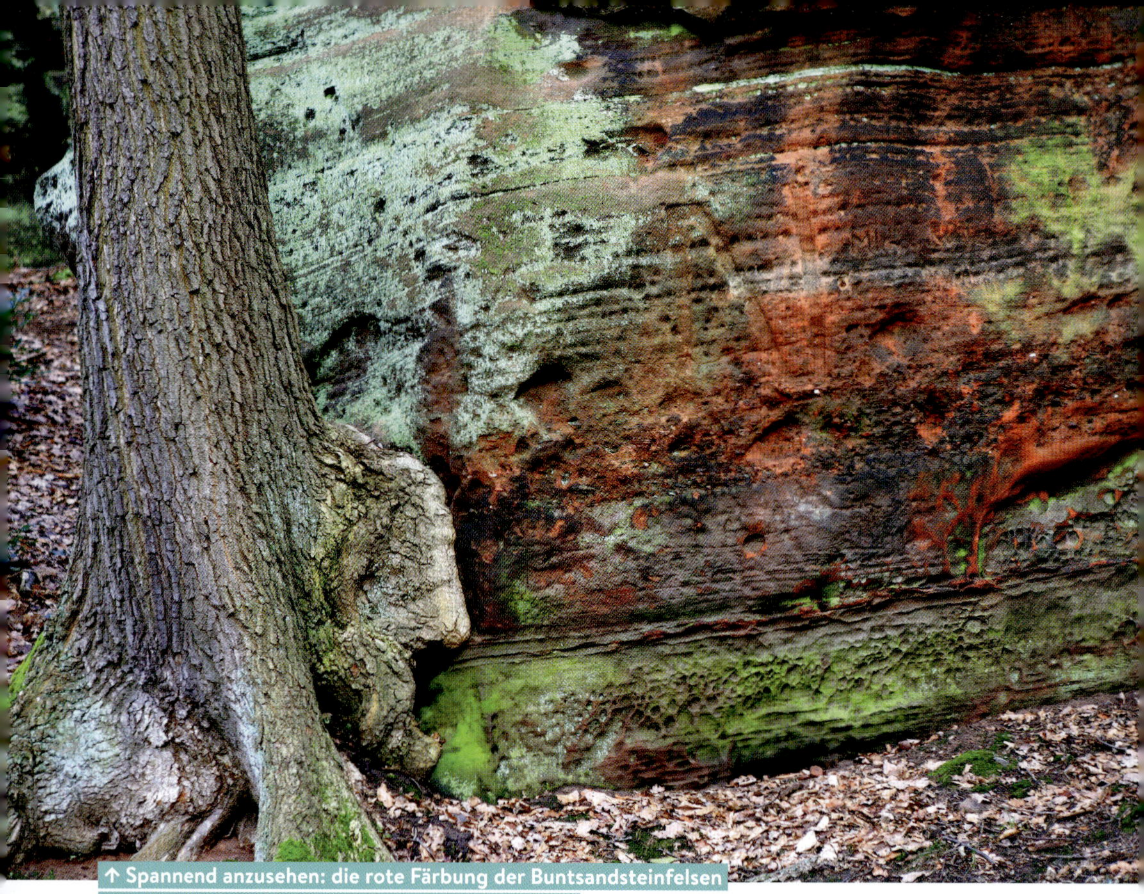

↑ Spannend anzusehen: die rote Färbung der Buntsandsteinfelsen
↓ Die Katzensteine sind ein beliebtes Ausflugsziel.

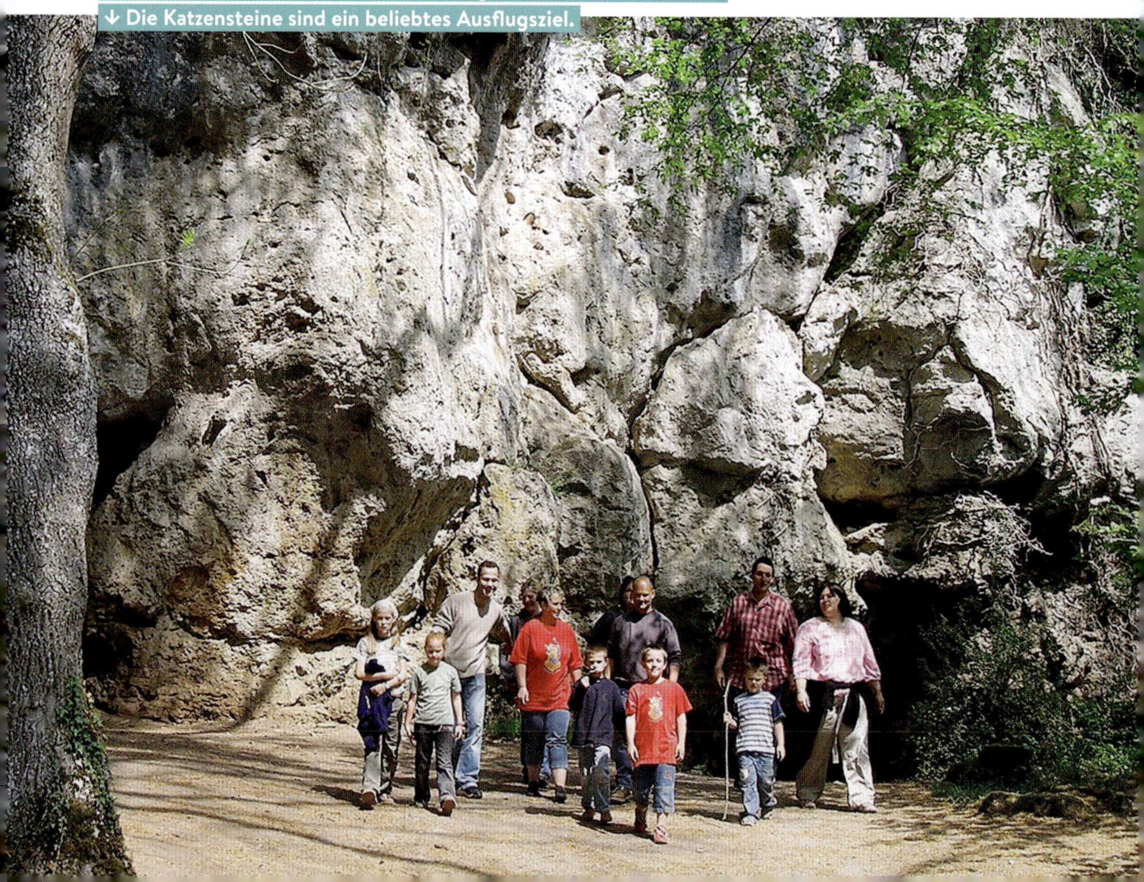

Färbung. Die Buntsandsteinfelsen entwickelten sich aus ca. 220 Millionen Jahre alten Flussablagerungen. Nur 400 Meter von den Katzensteinen entfernt wurden Reste eines Tempels aus dem 1. Jahrhundert n. Chr. gefunden. Aus dem Buntsandstein der Katzensteine waren Weihesteine für die Göttin Diana, Göttin der Jagd, des Mondes und der Geburt sowie Beschützerin der Frauen und Mädchen, hergestellt worden. Ein schmaler Weg führt nach dem Besuch direkt wieder zum E **Wanderparkplatz** zurück.

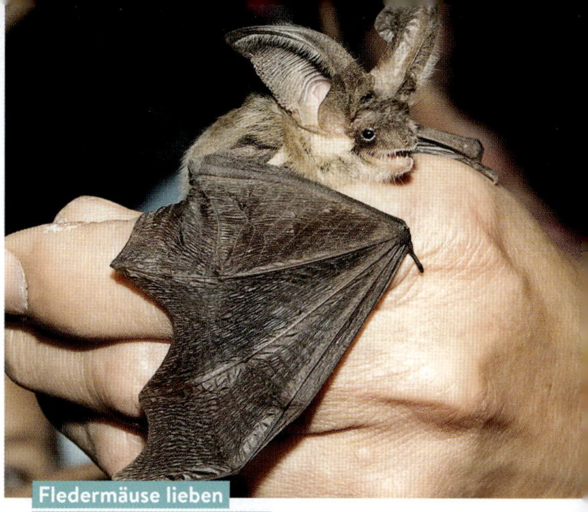

Fledermäuse lieben enge Ritzen und Wärme

INFO

Mittel | 14 km | 337 Hm | 3.30 Std.

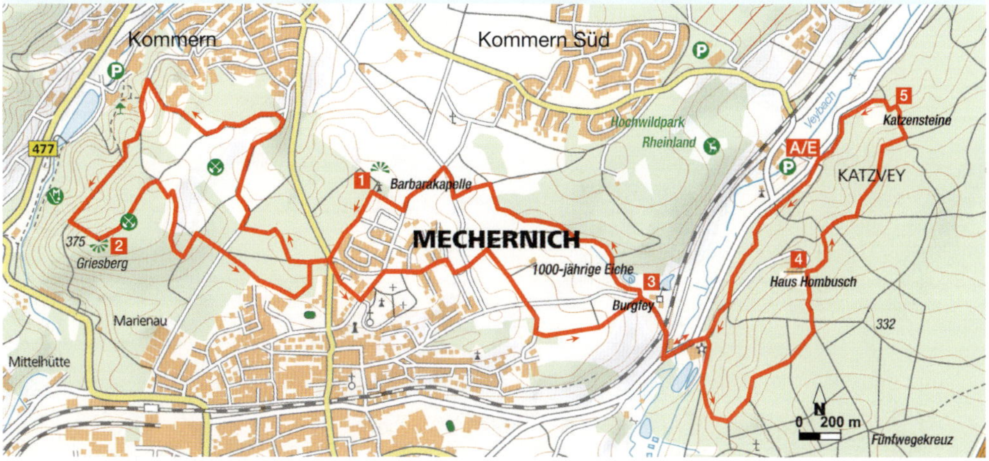

TOURENCHARAKTER
Aussichtsreiche Wanderung mit geologischen Höhepunkten – bei nassem Wetter stellenweise sehr matschig; festes Schuhwerk nötig

ORIENTIERUNG
Wanderweg A2, über Wiesen- und Feldwege, keine Ausschilderung

HÖCHSTER/TIEFSTER PUNKT
356 m/246 m

AUSGANGS-/ENDPUNKT
Wanderparkplatz bei Katzvey

ANFAHRT
Auto: Über die L 61 nach Mechernich und Katzvey
ÖPNV: Mit der Regionalbahn bis zum Bahnhof Katzvey

EINKEHR/ÜBERNACHTUNG
Magu Mechernich, Weierstraße 31, 53894 Mechernich, Tel. 02443/317961, www.magu-mechernich.de

BESTE JAHRESZEIT
Februar bis November

KARTE
Wanderkarte 1:25 000, Blatt 5 Kall, Kommern, Mechernich, Nettersheim, Eifelverein e. V.

VON QUELLE ZU QUELLE

Eifeler Quellenpfad

Der Eifeler Quellenpfad führt durch die Ortschaften Blankenheim, Dahlem und Nettersheim. Mit seiner Gesamtlänge von etwa 68 Kilometern bietet der Topwanderweg Kultur, Historie und landschaftliche Vielfalt mit Bächen, Flüssen, Seen und Maaren.

11

Eine eindrucksvolle Pflanzenwelt präsentiert sich im Nonnenbachtal.

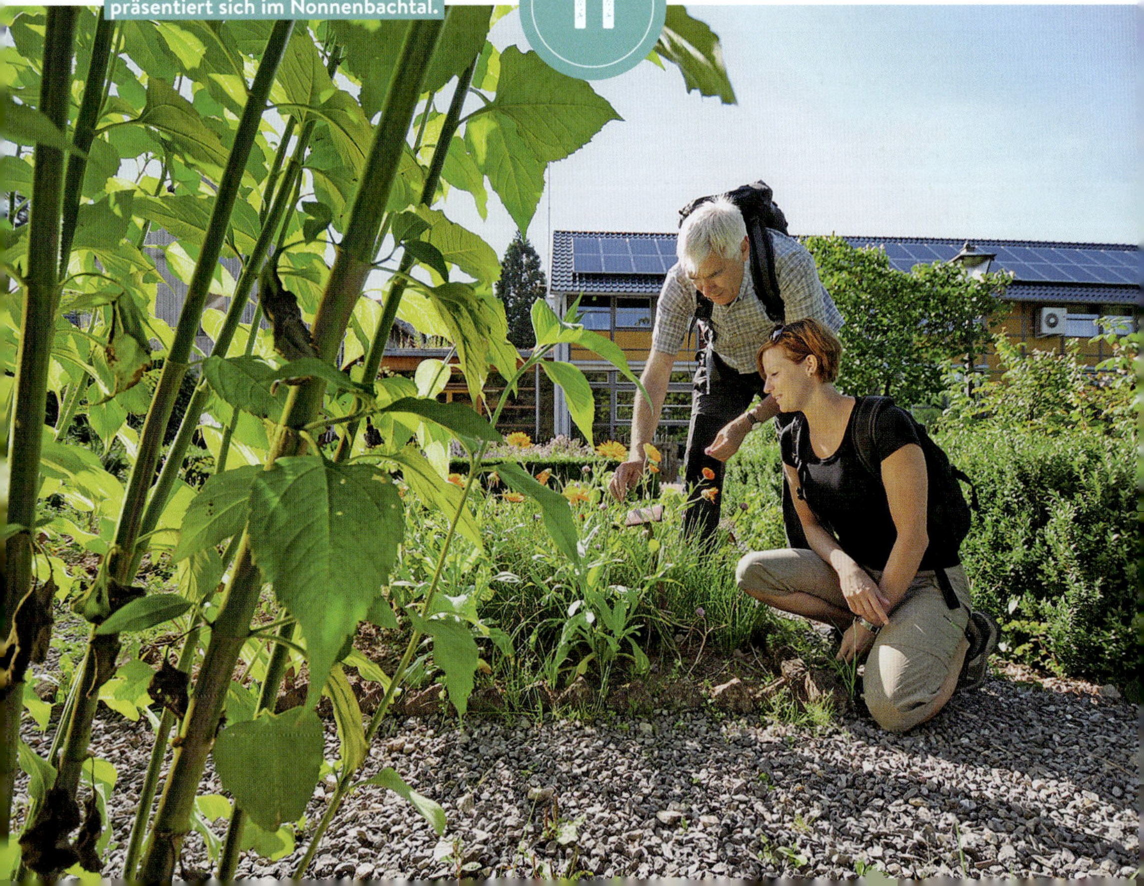

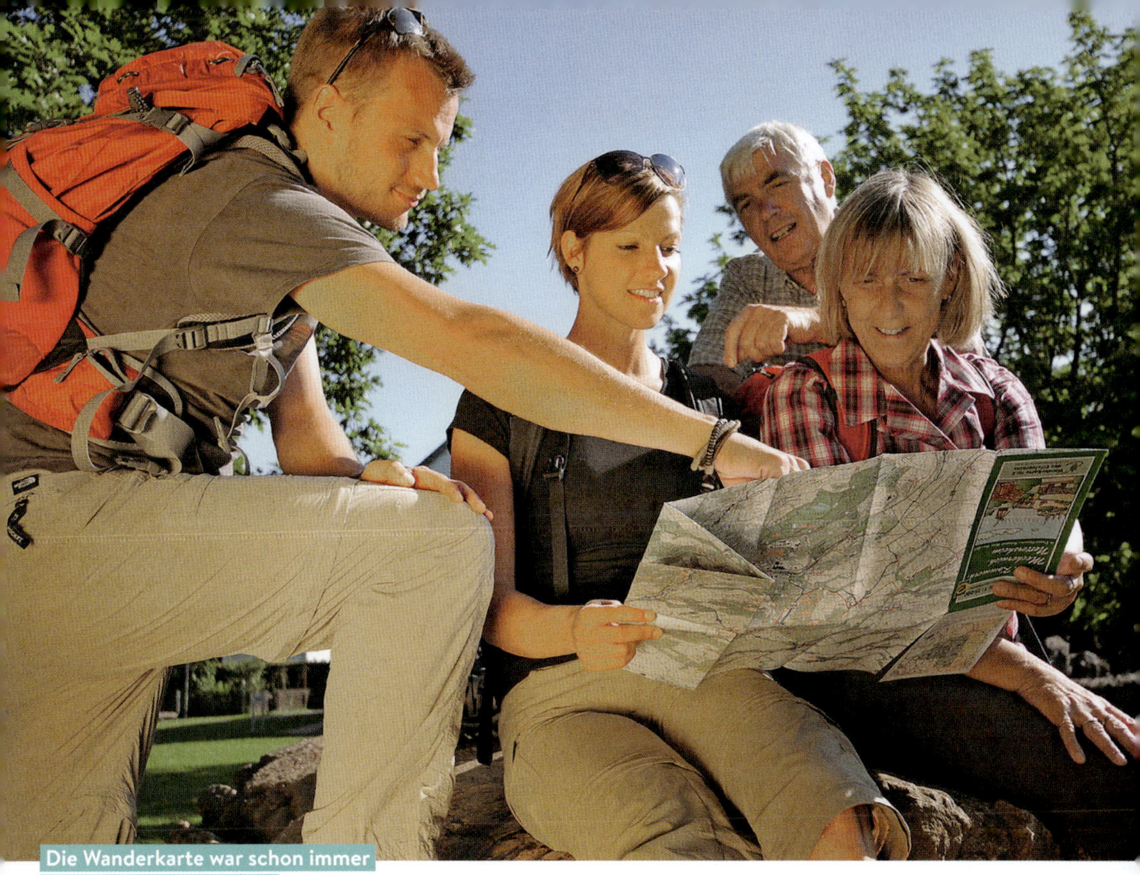

Die Wanderkarte war schon immer ein hilfreicher Begleiter.

MIT VIEL ENERGIE Der Eifeler Quellenpfad ist in drei Etappen untergliedert. Die erste Etappe von **A Kronenburg** nach Blankenheim stellt für uns die heutige Herausforderung dar. Gestartet wird im Ortsteil Kronenburgerhütte, von wo der Markierung folgend kyllabwärts zu wandern ist. Auf dem Kyllweg geht es zuerst inmitten einer idyllischen Umgebung bis zum Doppelkalkofen von Kronenburg.

HAMMERHÜTTE – EIN ORT MIT LANGER GESCHICHTE Weiter den Weg entlang, ist Hammerhütte bald erreicht. Nach dem Wechseln der **1 Straßenseite** bleibt man links auf einem Fahrweg und geht etwas aufwärts bis zur nächsten Wegkreuzung. An dieser Stelle gilt es nun der linken Abzweigung zu folgen, bis das Wiesental erreicht ist. Bei der nächsten Gabelung ist der rechte Weg die richtige Wahl. Dieser führt in ein kleines Tal weiter bergauf und mündet in einen Pfad. An seinem Ende nun links weiter.

AUF DEM PILGERWEG Nach etwa 50 Metern führt die Strecke rechts weiter bergauf bis zum Jakobsweg. Die Markierung mit der gelben Muschel auf blauem Untergrund dient der Orientierung. Von hier ist das Glaadtbachtal nicht mehr weit.

PAUSE FÜR MÜDE FÜSSE Die Schutzhütte dort bietet sich für eine ausgiebige Rast an. Man passiert nun die Obere Mühle von Dahlem und gelangt über den Jugendherbergsweg weiter bis zum Vierherrenstein. Nach dieser Station führt die Route rechts Richtung Esch. Etwa einen Kilometer vor dem Ort muss man sich links über einen bequemen Wiesenweg zum Wald hin halten. Nach etwa einem

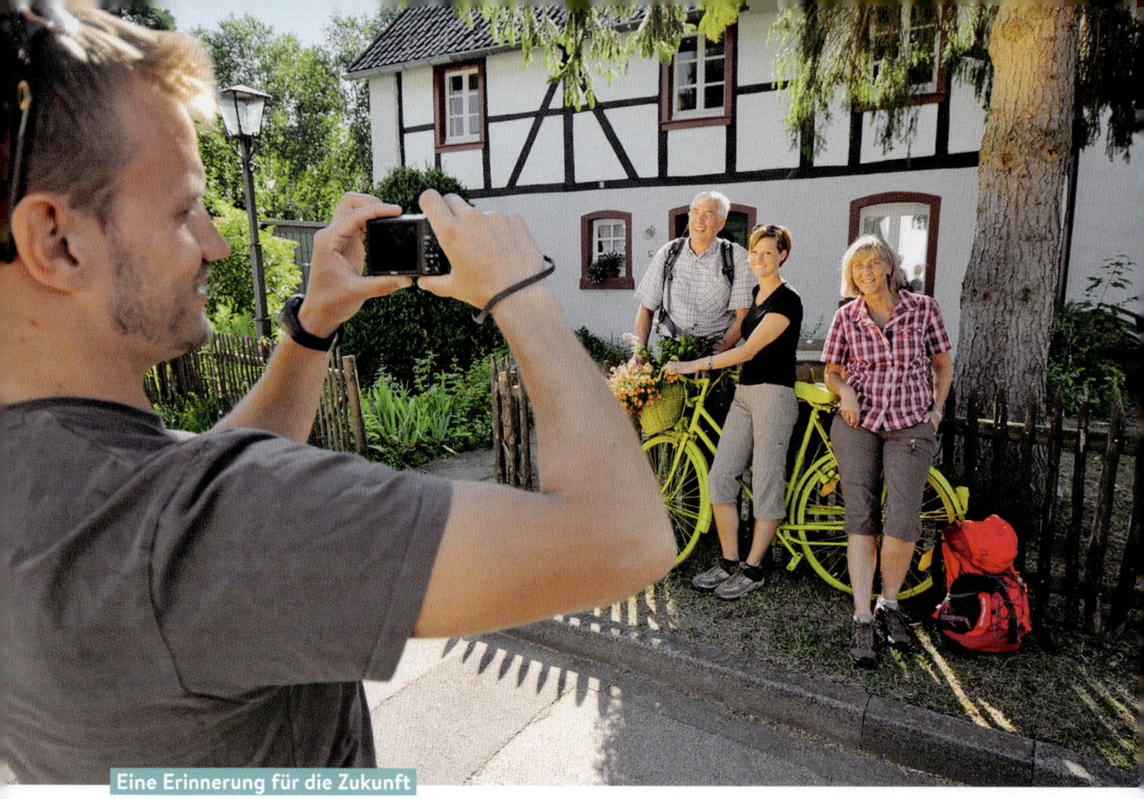

Eine Erinnerung für die Zukunft

Tipp

SPANIEN IN DER EIFEL

1277 wurde Kronenburg erstmals urkundlich erwähnt. Eindrucksvoll präsentiert sich der historische Ortskern dieses Erholungsortes. Neben einem Burgbergring mit mittelalterlichen Toren, faszinierend alten Häusern und einer Ringmauer ist die Burg einen Besuch wert. Der liebevolle Kosename »Spanisches Ländchen«, wie Kronenburg auch gern genannt wird, entstand nach der Übertragung einiger Ländereien von Kaiser Karl V. an seinen Sohn Philipp II. von Spanien. Wer etwas länger in Kronenburg verweilt, sollte sich die St.-Brigida-Kapelle ansehen. 1736 wurde mit dem Bau der Kapelle an der Kyll begonnen. Die Kapelle beeindruckt durch ihren kleinen Glockenturm und die Buntglasfenster des Eifelmalers Rolf Dettmann.

halben Kilometer geht die Strecke rechts in den Wald hinein und kurz danach links ins Wiesental. **2 Waldorf** und **3 Ahrmühle** sind die folgenden Ortschaften.

SEHENSWERTE FLORA UND FAUNA Am Schaafbach in Ahrmühle geht es rechts zur Ripsdorfer Mühle weiter. Von dort gelangt man über den Eifelsteig, links über den Bach und weiter rechts zum Hauptwanderweg 4, dem Brotpfad. Die Markierung mit dem schwarzen Dreieck auf weißem Untergrund ist nun unsere Markierung. Über das Nonnenbachtal mit seinen seltenen Tier- und Pflanzenvorkommen ist das Ziel **E Blankenheim** bald erreicht. Mit der Buslinie 834 geht es zurück nach Kronenburg.

ROMANTIK IN KRONENBURG Der Burgort Kronenburg verzaubert mit seinen verträumten Gassen in der Ortsmitte. Ein ganz besonderes Kleinod ist die Pfarrkirche St. Johann Baptist mitten im malerischen Ortskern. Der Kirchturm wurde als Wehrturm in die Wehranlage eingegliedert. Die zweischiffige spätgotische Einstützenkirche wurde aufgrund einer Empfehlung von Graf Cuno von Manderscheid-Schleiden erbaut. St. Johann Baptist mit seinen vier Gewölben ist eine regionale Seltenheit und beschäftigt immer noch die Historiker.

INFO

Mittel | **25,1 km** | **580 Hm** | **5–6 Std.**

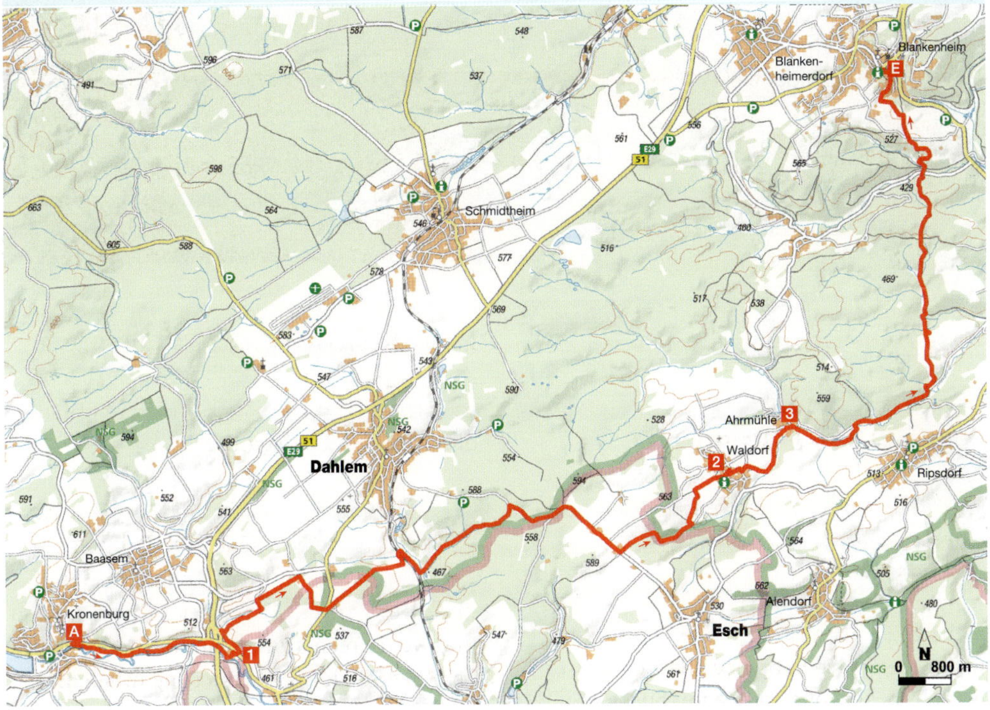

TOURENCHARAKTER
Aussichtsreiche Wanderung

ORIENTIERUNG
Wegmarkierung mit dem großen »K« auf weißem Grund, ab Ripsdorfer Mühle auf dem Eifelsteig über den Hauptwanderweg 4 (Brotpfad)

HÖCHSTER/TIEFSTER PUNKT
580 m/420 m

AUSGANGSPUNKT
Kronenburg

ENDPUNKT
Blankenheim

ANFAHRT
Auto: Über die B 421 bis Kronenburg
ÖPNV: Mit dem Bus 834 bis Kronenburgerhütte

EINKEHR/ÜBERNACHTUNG
Hotel-Restaurant Pfeffermühle, Üxheimer Straße 3, 53945 Blankenheim-Uedelhoven, Tel. 02697/14 44, www.hotelpfeffermuehle.de

BESTE JAHRESZEIT
Januar bis Dezember

KARTE
Wander- und Freizeitkarte 1:50 000, Südeifel, GeoMap

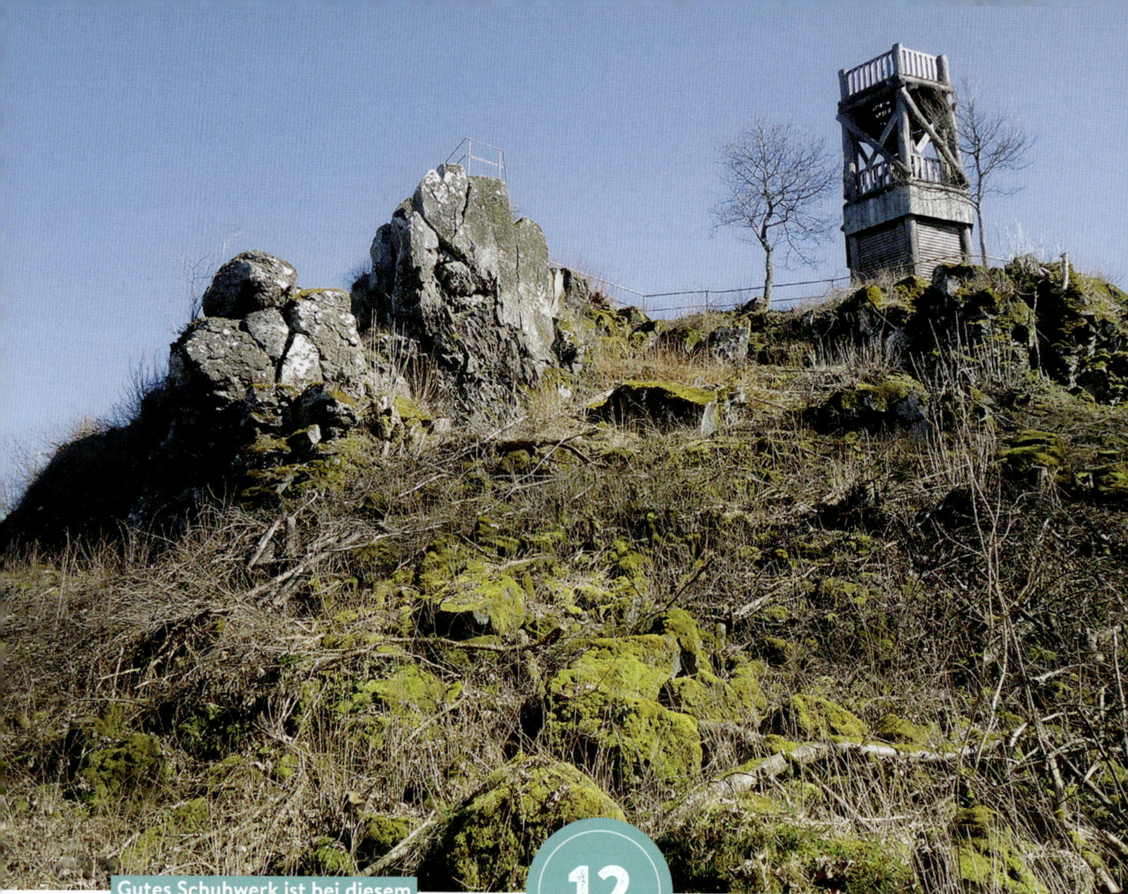

Gutes Schuhwerk ist bei diesem Untergrund notwendig.

12

EINE TOUR FÜR DIE GANZE FAMILIE

Gerolsteiner Keltenpfad

Ein wenig Geschichte, Theosophie und Vulkanismus beinhaltet diese familienfreundliche Rundwanderung. Bezaubernde Aussichten auf der Wanderroute sind nicht nur auf der Teilstrecke des Eifelsteigs zu erleben. Auch der höchste Berg – die Dietzenley – bietet den Gipfelstürmern einen herrlichen Rundumblick.

ETWAS HISTORIE Diese Rundwanderung auf den Spuren der Vergangenheit beginnt in **A Gerolstein** an der Kreuzung Mossweg/An der Burg. Mit dem roten »G« auf weißem Grund und der Bezeichnung »Keltenburg Dietzenley« beschildert, führt die Route über 100 Steinstufen durch den ehemaligen Burg- und Rosengarten Gerolsteins zur Ruine der Löwenburg. Die Löwenburg, auch als Burg Gerhardstein bekannt, ist eine Höhenburg, die um 1100 bis 1200 entstand. Von hier bietet sich ein weiter Ausblick auf das Umland. Gerhard von Blankenheim errichtete auf der Wehrburg über dem Tal der Kyll seinen Herrschaftssitz. Auf der Vorburg wurden die Wachen untergebracht, die Hinterburg diente als Herrensitz. Zuletzt residierten auf der Burg Gerhardstein Gräfin Augusta und Graf Phillip-Christian von Sternberg. Das Paar flüchtete 1794 vor den Franzosen nach Böhmen. Neben der Ruine des Bergfrieds können u. a. Reste der Burgmauer bestaunt werden. Die Vorburg befindet sich in Privatbesitz.

Tipp

GEROLSTEINER WASSER

Inmitten von Gerolstein befindet sich die Helenenquelle. Am Kyllweg, mitten im Kurpark von Gerolstein, sprudelt das kostenlose Mineralwasser. Fünf Liter Wasser pro Minute bringt die Quelle rund um die Uhr hervor. Calcium, Magnesium, Natrium und viel Kohlendioxid beinhaltet das flüssige Nass. Das Gerolsteiner Besucherzentrum in Gerolstein bietet kostenlose Besucherführungen an. Der einstündige Rundgang erläutert, wie das Wasser letztendlich in die Flasche kommt. Außerdem werden verschiedene Produkte verkostet. Nur nach vorheriger Anmeldung finden die Besucherführungen Montag bis Donnerstag um 11 Uhr oder um 14 Uhr statt. (Gerolsteiner Brunnen GmbH & Co. KG, Vulkanring, 54567 Gerolstein, Tel. 06591/142 38, www.gerolsteiner.de)

EIN SAGENHAFTER ORT Die **1 Büschkapelle** lädt als Nächstes auf dieser Erlebniswanderung zum Verweilen ein. Das neugotische Marien-Wallfahrtskirchlein steht an einem Ort mitten im Wald, wo sich zuvor eine vom Domherrn gelobte Kapelle befand.

Der weiche Waldboden lädt zum entspannten Wandern ein.

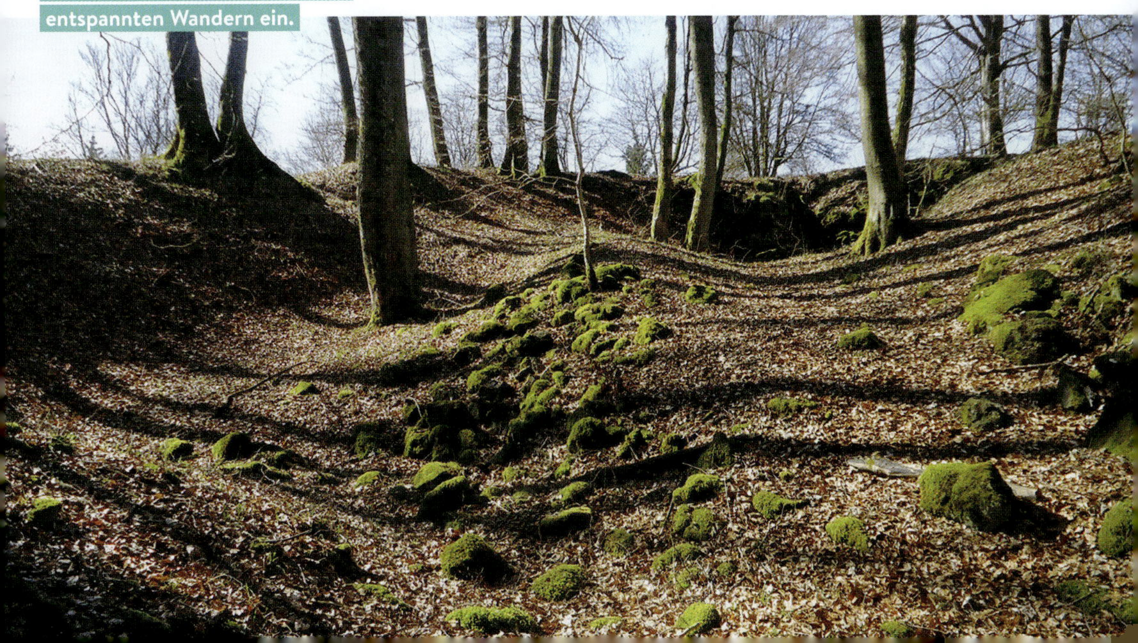

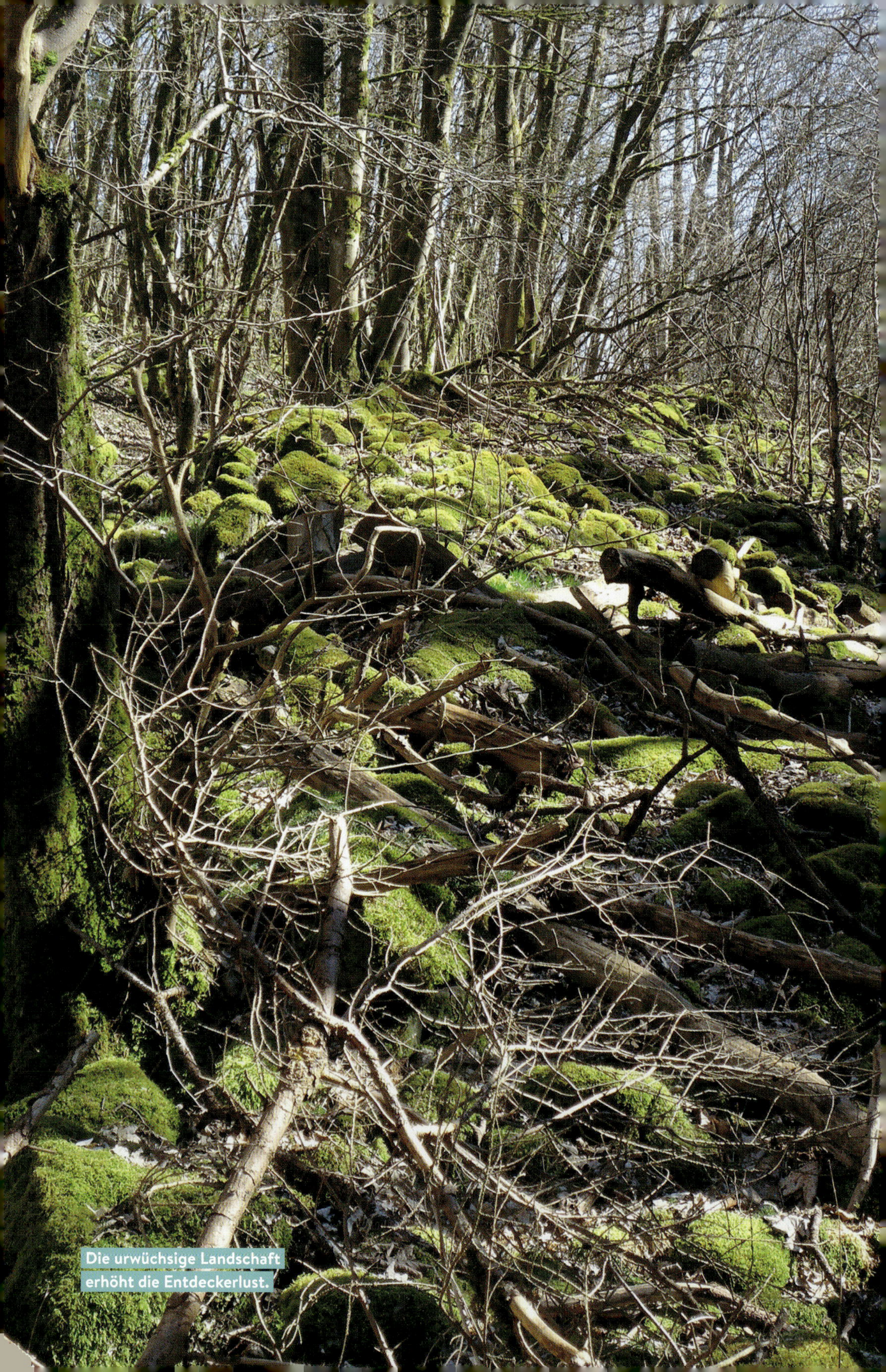

Die urwüchsige Landschaft erhöht die Entdeckerlust.

Diese wurde 1681 gebaut und verfiel im Laufe der Zeit. Die Familie Daubach in Gerolstein ließ sie später neu errichten.

HÖCHSTER BERG DER VULKANEIFEL
Über den bekannten Eifelsteig erreicht man schon bald die Dietzenley (618 m). Die **2 Dietzenley** gehört zu einer Kette vulkanischer Kegelberge. Reste eines noch zu sehenden Ringwalls stammen von den Kelten. Damals wurden Ringwälle zur Verteidigung, aber auch als Versammlungsorte oder religiöse Stätten genutzt. Auf der bewaldeten Bergspitze befindet sich der etwa zehn Meter hohe hölzerne Aussichtsturm. Von der hohen Plattform genießt der Betrachter einen herrlichen Rundblick.

IMPOSANTE FELSFORMATION Mit der Markierung des **3 Eifelsteigs** führt die Strecke weiter durch den Wald zum Heiligenstein (506 m). Stolz ragen seine Felsen in die Höhe. Insgesamt ist der Felsenzug etwa 750 Meter lang. Dem Eifelsteig weiter folgend wird der Ausgangspunkt in **E Gerolstein** wieder erreicht.

INFO

TOURENCHARAKTER
Familientaugliche Wanderung mit interessanten Höhepunkten

ORIENTIERUNG
Einfach

HÖCHSTER/TIEFSTER PUNKT
598 m/407 m

AUSGANGS-/ENDPUNKT
Straße An der Burg in Gerolstein

ANFAHRT
Auto: Über die B 410 nach Gerolstein, weiter in die Hauptstraße, Burgstraße und Graf-Karl-Ferdinand-Straße
ÖPNV: Mit der Regionalbahn bis zum Bahnhof Gerolstein, siehe www.bahn.de

EINKEHR/ÜBERNACHTUNG
Landhaus Müllenborn, Auf dem Sand 45, 54568 Gerolstein, Tel. 06591/958 80, www.landhausmuellenborn.de

BESTE JAHRESZEIT
Januar bis Dezember

KARTE
Wander- und Freizeitkarte 1:50 000, Südeifel, GeoMap

Mittel | 7 km | 191 Hm | 2.30 Std.

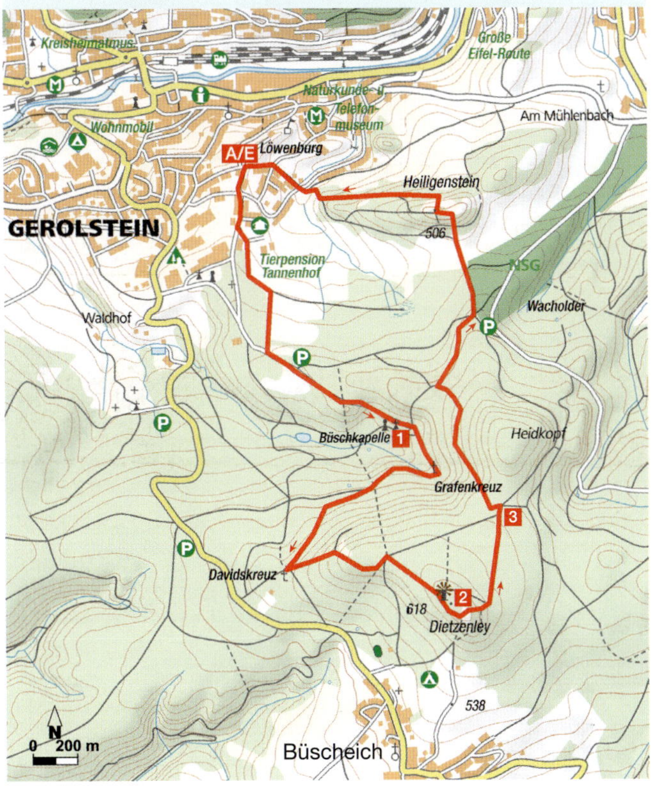

DIE PERLE UNTER DEN BURGEN

Burg Eltz

Geschichtlich interessante Stationen, alte Burgmauern und pure Natur verspricht die Wanderung zu einer der schönsten Burgen in der Eifel. Im gemütlichen Heubett auf einem ehrwürdigen Anwesen kann zwischendurch gern übernachtet werden.

13

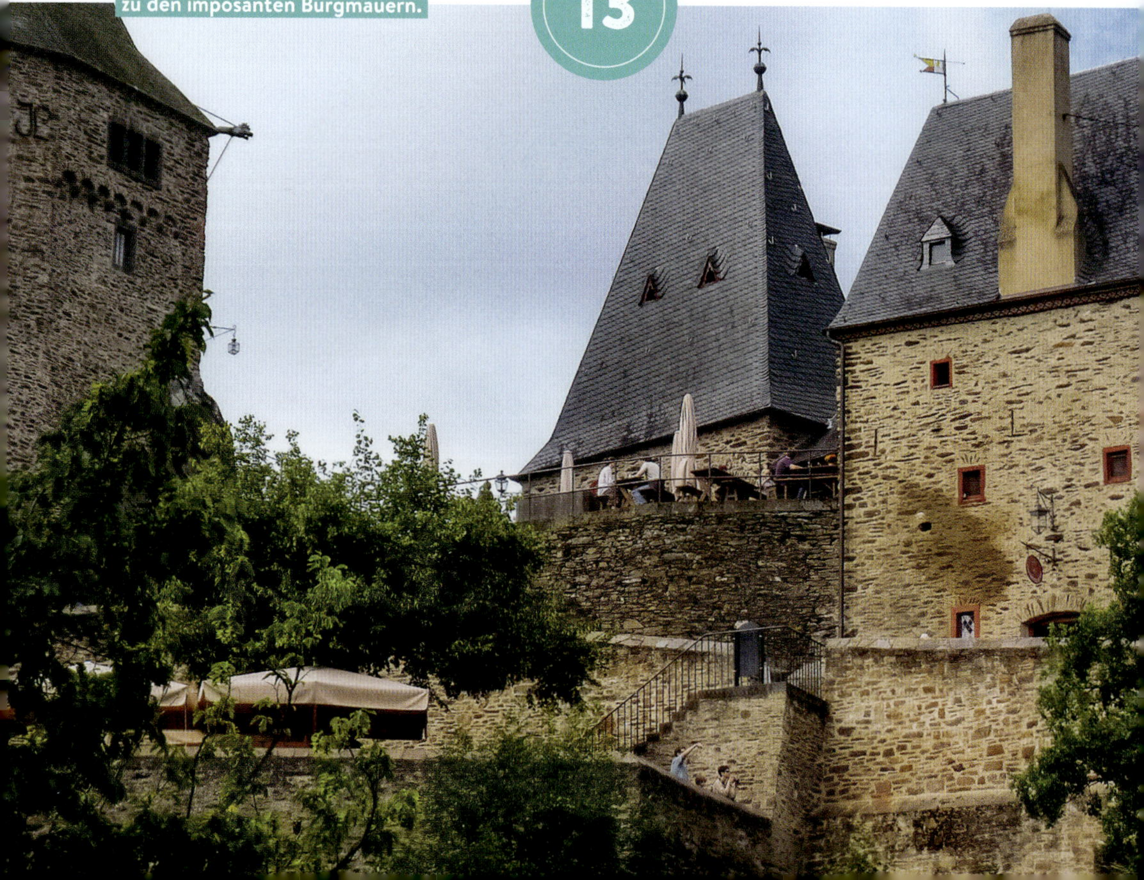

Mehrere Wanderwege führen zu den imposanten Burgmauern.

DOMIZIL DES PROPSTES Gutes Schuhwerk ist bei der Wanderung zur Burg Eltz unbedingt empfehlenswert. Die **A Touristinformation in Treis-Karden** im Kreis Cochem-Zell bildet dabei den idealen Startpunkt. Von hier aus ist der erste Höhepunkt, das **1 Haus Korbisch**, in der St.-Castor-Straße 1 nicht mehr weit. Das Gebäude, welches direkt an der Bahnlinie steht, ist eines der ältesten genutzten Wohngebäude Deutschlands romanischen Ursprungs. Das Korbischhaus, welches vom »Chorbischof« abstammt, wurde im 12. Jahrhundert erbaut und diente als Domizil des Propstes. Das Kulturdenkmal befindet sich heute in Privatbesitz und wird als Wohnhaus weiterhin genutzt. Linker Hand führt die Kernstraße bis zum Burg-Eltz-Weg, dem man folgt, bis ein schmaler Weg links abzweigt, mit den Zeichen des Buchsbaum-Wanderweges und Moselhöhenweges markiert.

HERRLICHE AUSSICHTEN An der nächsten Wegkreuzung zeigen das »M« des Moselhöhenweges und der Schoppenstecher-Wanderweg die Richtung an. Von einer **2 Aussichtsplattform** bietet sich eine wunderschöne Aussicht auf die Mosel und das Umland. Auf dem bekannten Weg geht es nun weiter und an der nächsten Weggabelung links.

BETT IM HEU Wer möchte, kann an dieser Kreuzung einen kurzen Abstecher zur Pilgerherberge Klickerterhof unternehmen. Der Hof, der 1567 das erste Mal urkundlich erwähnt wurde, bietet Übernachtungen in Ferienwohnungen oder auch im Heu an. Eine Limousin-Rinderherde liefert frisches Fleisch. Wanderer, die lieber gleich weitergehen, werden links die **3 Windhäuser Höfe** mit den fünf Gehöften bemerken. Danach wird die Hofkapelle aus dem Jahr 1873 passiert. Im Inneren sind fünf Tafeln – eine

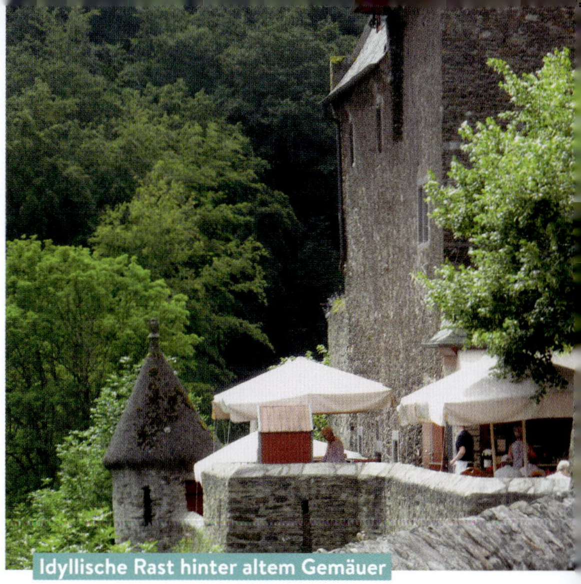

Idyllische Rast hinter altem Gemäuer

Tipp

DIE ELZ

Die Elz bzw. der Elzbach ist ein Zufluss der Mosel, der sich durch rastlose Strömungen auszeichnet. Der Römer Ausonius (4. Jh. n. Chr.) erzählt in seinem Gedicht »Mosella« von »Alisontia«, was aus dem Lateinischen übersetzt für Nebenfluss der Mosel, die Elz, steht. So schreibt der Dichter:

»Nec minor hoc, tacitum qui per sola pinguia labens stringit frugiferas felix Alisontia ripas. Mille alii, prout quemque suus magis impetus urget, esse tui cupiunt: tantus properantibus undis ambitus aut mores. Quod si tibi, dia Mosella ...«

»Nicht wohl bist du geringer, die still du durch fettes Gefilde, Alisontia, wallst und gesegnete Ufer befruchtest. Tausend verschiedene noch, wie jedem Drang seinen Weg weist, Wünsche mögen dir eigen zu sein: so groß ist der eilenden Wogen Ehrgeiz oder Gesittung. Ja hätte dir, hehre Mosella ...«

Quelle: Die Mosella des Decimus Magnus Ausonius: mit beigegebenem Grundtext/übertr. von Rich. Eduard Ottmann, erschienen Trier: Lintz, 1895

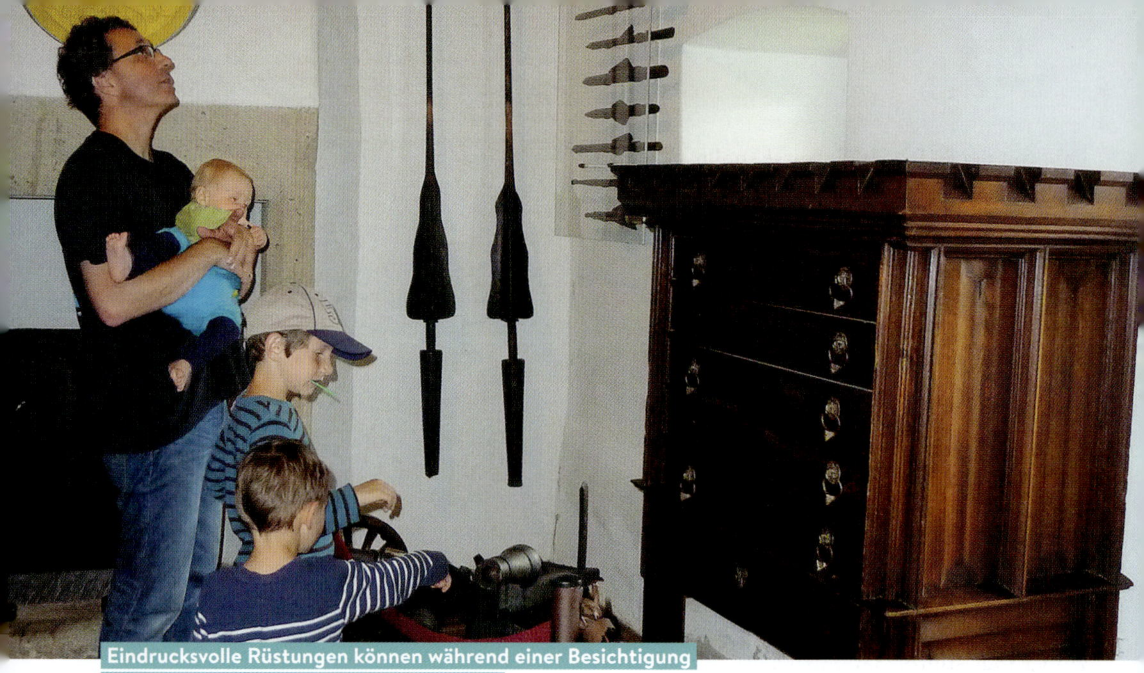

Eindrucksvolle Rüstungen können während einer Besichtigung näher in Augenschein genommen werden.

steht für jedes Gehöft – mit den Namen der einstigen Bewohner angebracht. Auf dem bequemen Wanderweg geht es nun rechts in Richtung der Burg Eltz und an der nächsten Straße nach rechts und wieder links in den Wald weiter. Der Weg zieht leicht abwärts, bis man auf dem Forstweg eine Lichtung und das Forsthaus Rotherburg erreicht.
Hinter dem Forsthaus erst links abbiegen und anschließend rechts zum Elzbach, wo man die Bachseite wechselt.

MÄCHTIGE BURGMAUERN Stetig geht es nun aufwärts zur 4 **Burg Eltz**. Die große Burg, um die sich die Sage rankt, dass dort die verkleidete Jungfer Agnes von ihrem Verehrer getötet wurde, wirkt sehr imposant. Eine Führung ist sehr lohnenswert. Eine Waffenkammer mit Stich-, Hieb- und Schusswaffen aus dem 14. bis 17. Jahrhundert, der Wohnraum der Familie Eltz-Rübenach, der Rübenacher Obersaal mit seinen burgundischen Wandmalereien, der Rittersaal oder auch das Engels- bzw. Jagdzimmer sind herausragende Besichtigungspunkte. Ein ganz besonderes Highlight ist die Eltzer Rüst- und Schatzkammer mit ihren ausgefallenen Schmuckstücken.

DEFTIGES ZUR STÄRKUNG Zum Abschluss lädt die Gastronomie der Burg zu einer ausgedehnten Pause ein. In der »Unterschänke« an der Linde und in der romanischen Säulenhalle oder in der »Oberschänke« am Burgbrunnen und im Goldschmiedehäuschen kann aus einem reichhaltigen Angebot gewählt werden. Neben einfachen belegten Brötchen stehen Flammkuchen Elsässer Art, Spieß- und Krustenbraten oder auch Wildgulasch aus eigener Jagd auf der Speisekarte. Nach dem Besuch der Burg geht es über den Burghof über eine Treppe wieder abwärts.

PLÄTSCHERNDES BÄCHLEIN Der Elzbach wird abermals überquert. Links führt die Route weiter, bis die Abbiegung rechts nach Müden erreicht ist. Über einen breiten, nicht ausgeschilderten Forstweg geht es bald rechts zum 5 **Österhof** und von hier aus auf einem asphaltierten Weg bis zur Kreisstraße. Dort leitet die rechte Abzweigung nach Müdenerberg mit der **6 Dreifaltigkeitskapelle** auf dem Müdener Berg aus dem 18. Jahrhundert. Links weiter über den Kreuzweg Richtung Müden wandernd, ist ein **7 Friedhof aus der Völkerwanderungszeit** aus dem 5./6. Jahrhundert die nächste Station.

SELTENE PFLANZENART Der Buchsbaum-Wanderweg befindet sich oberhalb von Müden. Er vermittelt viel Wissenswertes über diese südländische Pflanze, die aufgrund des hier vorkommenden milden Klimas gut wächst. Über einen mit Stahlseilen gesicherten Wanderpfad gelangt man an eine vom Hinweg bekannte Kreuzung und bald zur **E Touristinformation** zurück.

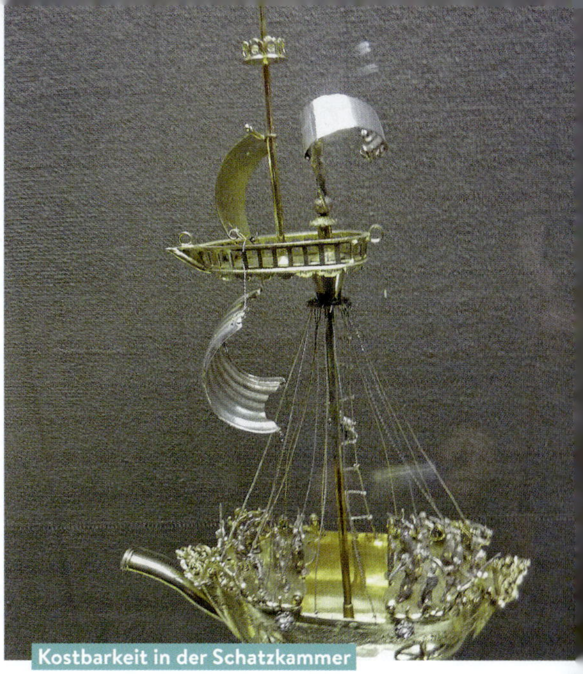

Kostbarkeit in der Schatzkammer

INFO

TOURENCHARAKTER

Tour mit historischen und botanischen Highlights

ORIENTIERUNG

Mittel

HÖCHSTER/TIEFSTER PUNKT

283 m/82 m

AUSGANGS-/ENDPUNKT

Touristeninfo in Treis-Karden

ANFAHRT

Auto: Über die A 48 bis Ausfahrt Kaifenheim, weiter nach Treis-Karden
ÖPNV: Mit der Regionalbahn bis Treis-Karden

EINKEHR/ÜBERNACHTUNG

Gräflich Eltz'sche Kastellanei, Burg Eltz, 56294 Wierschem, Tel. 02672/95 05 00, www.burg-eltz.de (1. April bis 2. November täglich 9.30–17.30 Uhr geöffnet)

BESTE JAHRESZEIT

März bis Oktober

Mittel | 12,9 km | 544 Hm | 4.30 Std.

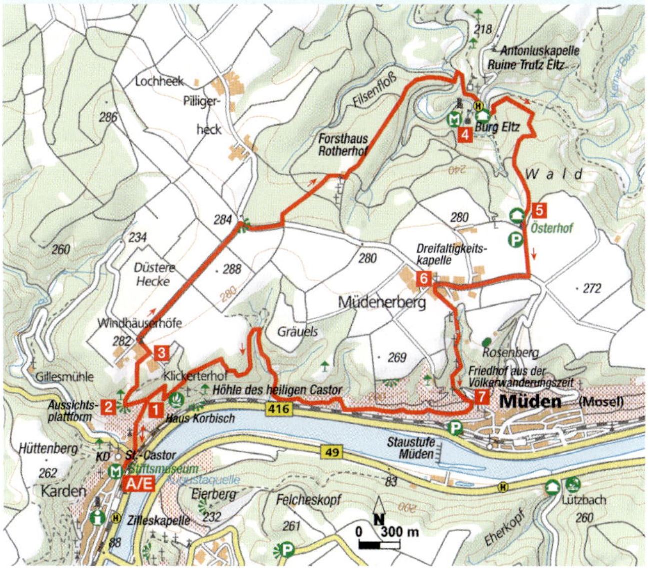

KARTE

Outdoorkarte 1:35 000, Blatt 21 Untermosel – Cochem bis Koblenz, Kümmerly + Frey

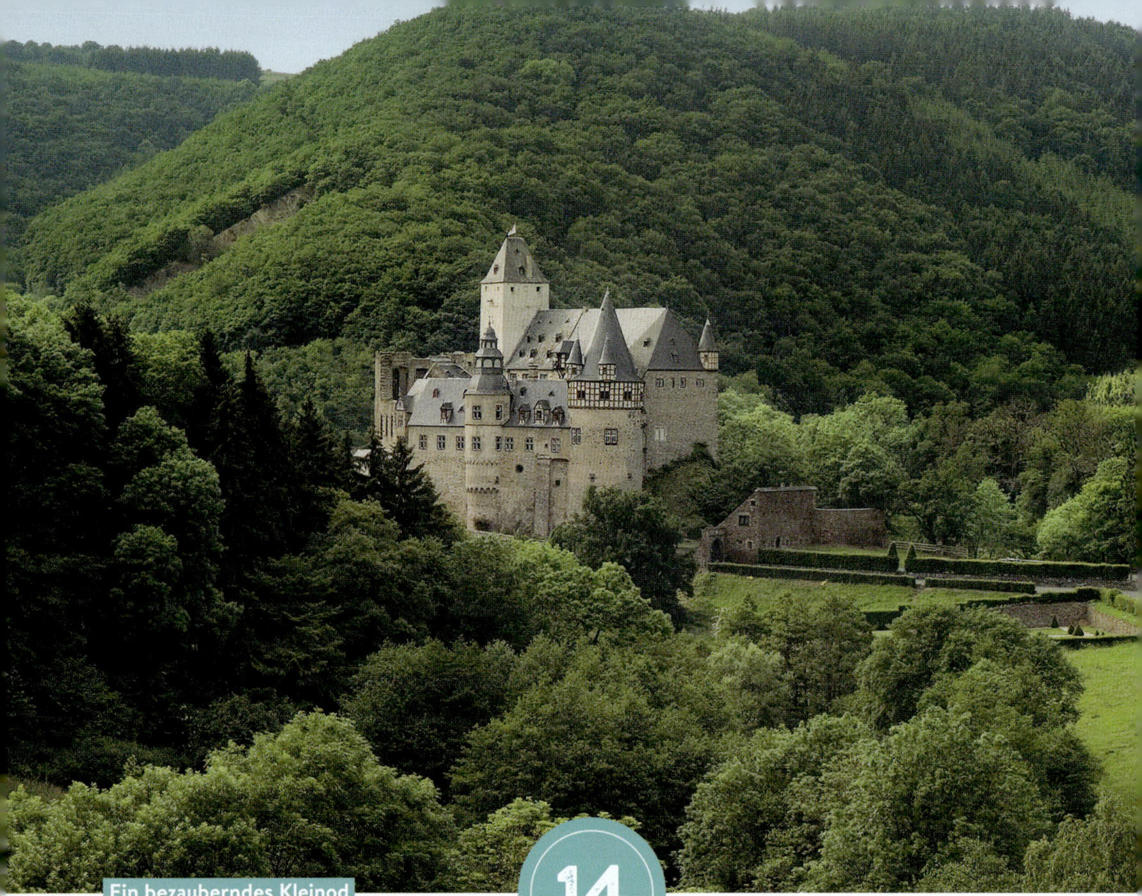

Ein bezauberndes Kleinod inmitten von viel Grün

14

ROMANTIK UND HISTORIE

Traumpfad Förstersteig

Der Traumpfad führt auf märchenhaften Waldwegen mit fesselnden Panoramablicken durch die fantastische Landschaft der Eifel. Für die Tagestour werden etwa sechs Stunden benötigt. Zwischendurch verwöhnt die Hammesmühle mit Eifeler Spezialitäten, die man sich nicht entgehen lassen sollte.

BEQUEME PFADE Etwa 17 Kilometer lang ist die Strecke des Traumpfads Förstersteig. In **A Mayen-Kürrenberg** ist der Startpunkt. Autofahrer navigieren am besten den Parkplatz des Kletterparks an der B 258 an. Von hier aus sind es nur noch knapp 700 Meter bis zum Traumpfad im Oberen Ruppental. Auf einem bequemen Waldweg geht es nun durch das Ruppental bis zum Eiterbachtal. Der **1 Eiterbachweiher** mit seinen Sitzbänken ist lohnenswert für einen ersten Halt. Bei schlechtem Wetter steht eine Schutzhütte zum Unterstellen zur Verfügung. Über einen angenehmen Weg ist danach die **2 Luisenplatzhütte** bald erreicht. Der Ausblick über die umliegenden Ortschaften wie Mayen ist faszinierend. Gern werden die vielen Sitzbänke für eine eingehende Betrachtung der Gegend genutzt. Die **3 Schutzhütte Altener Tempelchen** ist nun die nächste Station mit Blick auf die vielen Basaltsäulen des Steinbruchs auf der anderen Seite.

STETER AUFSTIEG Ein breiter Weg geht in den »Steil- und Schleifenpfad« über. Einige Höhenmeter müssen nun überwunden werden, bis der Fünfkantstein (mit Schutzhütte) erreicht ist. Der **4 Fünfkantstein** ist eine historische Wegemarke, bei der sich fünf Waldbezirke treffen. Die bekannte Markierung führt direkt weiter zum Fluss Nette und zur L 83, der kurz zu folgen ist. Die historische **5 Hammesmühle** ist die nächste Zwischenstation.

Tipp

DER HEXENTURM

Der romanische Bergfried des Schlosses stammt aus dem 12. Jahrhundert und wird auch Hexenturm genannt. Es rankt sich um ihn diese Legende: Einst ließ der Burgherr Diether von Breitbach seine Tochter Irmgard in den Bergfried einsperren, weil sie sich weigerte, den Sohn von Wolf von Virneburg zu ehelichen, da sie den Ritter Georg von Kempenich liebte. Dieser suchte sie heimlich auf, bis das Paar vom Vater erwischt wurde. Georg wurde von Irmgards Vater mit einer Waffe niedergestreckt. Im Anschluss feierte er mit seinen Kumpanen weiter. Die Kempenicher wollten Rache und drangen mit den Eltzern in die Burg ein. Der Burgherr versuchte zu fliehen und stürzte aus dem Fenster. Die Burg wurde auf das Bitten von Irmgard hin verschont. Sie selbst trat in ein Kloster ein. Der Geist des Burgherren Diether von Breitbach soll seitdem jede Nacht gegen Mitternacht im Bergfried erscheinen.

Immer wieder gibt es Schönes in der Natur zu entdecken.

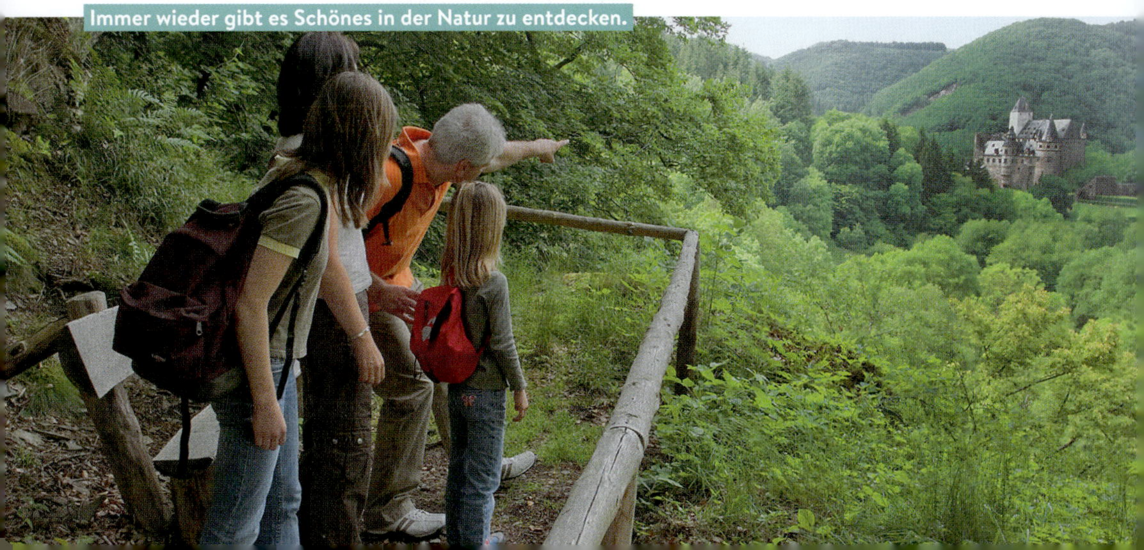

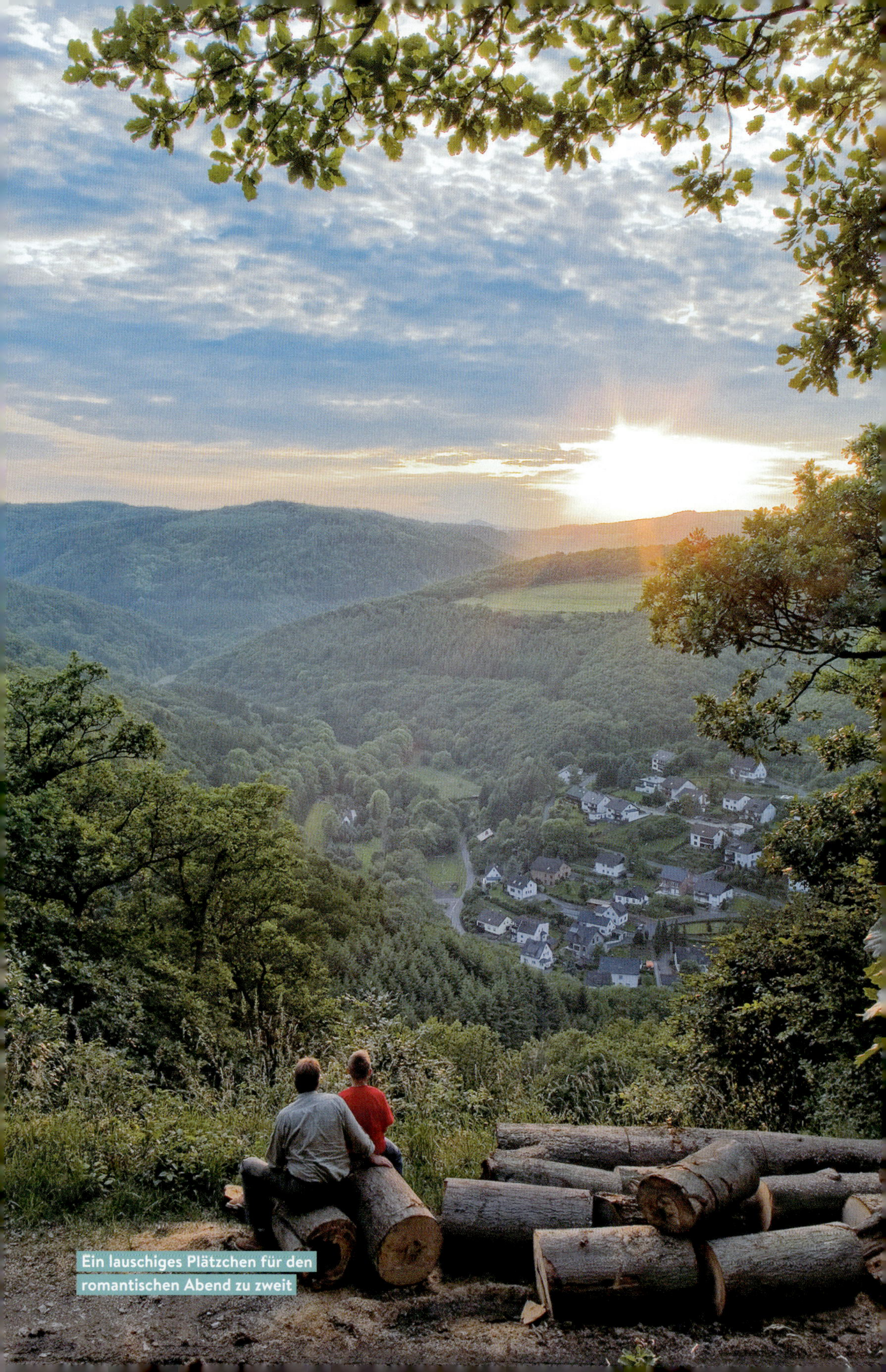

Ein lauschiges Plätzchen für den romantischen Abend zu zweit

ROMANTISCHES ANWESEN In direkter Nähe befindet sich das **6 Schloss Bürresheim**, welches Interessierte besichtigen können. Die mittelalterliche Wohnburg wurde bis 1921 bewohnt und ist im Originalzustand erhalten. Neben einem Barockgärtchen ist das bunte Fachwerk des Burghofs sehenswert. Außerdem können eindrucksvolle Möbel vom 15. bis zum 19. Jahrhundert und Porträts von Familienmitgliedern und Fürsten längst vergangener Zeiten betrachtet werden.

AUF DEM SCHEIDKOPF Auf idyllischen Waldwegen erreicht man nun den Ort Kürrenberg und den **7 Scheidkopf**, mit 527 Metern die höchste Stelle der Tour. Danach führt die Strecke über Wiesen- und Waldwege wieder nach **E Mayen-Kürrenberg** zurück.

INFO

Schwer | 15,5 km | 509 Hm | 5.30 Std.

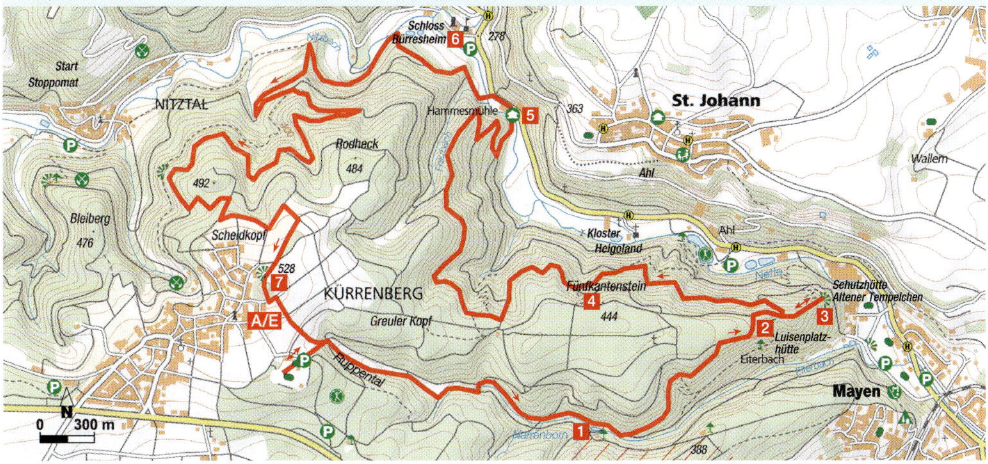

TOURENCHARAKTER
Mäßig schwere Wanderung über unebenes Gelände

ORIENTIERUNG
Leicht

HÖCHSTER/TIEFSTER PUNKT
524 m/264 m

AUSGANGS-/ENDPUNKT
Parkplatz Am Leichenweg in Mayen-Kürrenberg

ANFAHRT
Auto: Über die B 258 Richtung Nürburgring, hinter der General-Delius-Kaserne in Richtung Kürrenberg, nach ca. 700 m rechts auf den Parkplatz an der B 258 (Schild »Eifel Adventure Forest«)
ÖPNV: Bus 343 (Mo–Sa) Mayen Ost Bf.–Boos–Kelberg oder mit der Linie 344 (Mo–Sa) Mayen Ost Bf.–Adenau bis Kürrenberg Kriegerdenkmal, siehe www.bahn.de und www.bahn.de/rheinmoselbus

BESTE JAHRESZEIT
März bis Oktober

EINKEHR/ÜBERNACHTUNG
Hotel Maifelder Hof, Polcher Straße 72, 56727 Mayen, Tel. 02651/960 40, www.maifelder-hof.de; Restaurant Caravella, Stehbach 39, 56727 Mayen, Tel. 02651/7 778 41, www.restaurant-caravella.de

KARTE
Outdoorkarte 1:35 000, Blatt 21 Untermosel – Cochem bis Koblenz, Kümmerly + Frey

BEZAUBERNDES EIFELÖRTCHEN

Monrealer Ritterschlag

Der mittelalterliche Fachwerkort Monreal, der 1229 erstmalig urkundlich erwähnt wurde, hat einen ganz eigenen Charme. Die »Fachwerkperle der Eifel« mit ihren ca. 900 Einwohnern, den stolzen Burgruinen, dem Löwendenkmal und der aufschlussreichen gotischen Kirche ist ein bekanntes Ausflugsziel.

15

Gemeinsames Genießen der Wanderpause auf der Wiese

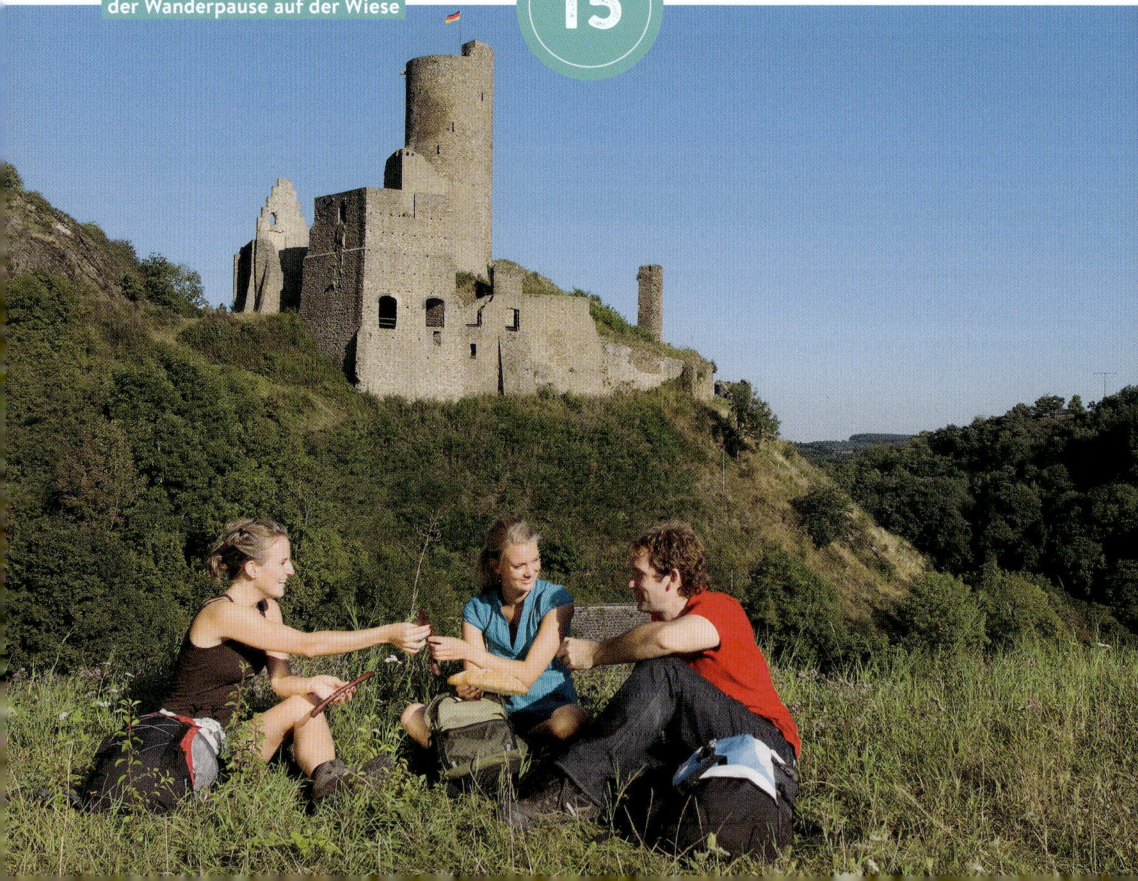

EHRWÜRDIGE MAUERN Das **A Alte Pfarrhaus** ist der Startpunkt für diese ca. fünf Stunden lange Wanderung. Wer bequem mit der Bahn nach Monreal reist, nutzt am besten den Zugangsweg zum Alten Pfarrhaus. Von dem alten Gebäude aus führt die Route durch die historische Ortsmitte bis zur Unteren Schlossbrücke. Nun geht es parallel an der Elz weiter durch Monreal hindurch. Ein schmaler Weg führt dann leicht aufwärts. Von oben bietet sich dem Betrachter ein fantastischer Blick auf die Burgen.

HOF MIT GESCHICHTE Schon bald lädt der **1 Schnürenhof** zu einer kleinen Pause ein. Seine Ursprünge lassen sich bis 1275 verfolgen. Täglich lockt er heute mit seinen frischen Waren wie Milch, Eiern, Nudeln, Marmelade, Obst und Rindfleischprodukten viele Käufer an. Uschis Hofladen hat Freitag von 10 bis 18 Uhr und Samstag von 9 bis 12 Uhr geöffnet. Weiter führt nun die Strecke durch das Elztal. Nachdem der kleine Anstieg gemeistert wurde, breitet sich eine großzügige Wiesenlandschaft aus.

GIPFELSTURM MIT AUSSICHT Nach einer Kurve geht es noch mal bergauf zum 435 Meter hohen **2 Juckelsberg**. Der bekannten Markierung weiter folgend, wird bald die L98 zum Wald hin überquert. Nach einer Weile wird der Wanderer für seine Mühen mit traumhaften Ausblicken belohnt. Von hier aus sind der Hochbermel (570 m) wie auch das **3 Thürelztal** sichtbar. Schmale Pfade winden sich nachfolgend den Hang hinunter. Wieder im Tal, führt der Weg weiter durch eine Unterführung und als Steig bis zum Felskamm hin.

KÜNSTLERSTÄTTE Anschließend ist der Abstieg zur **4 Augstmühle** zu bewältigen. Das über 300 Jahre alte Fachwerk- und

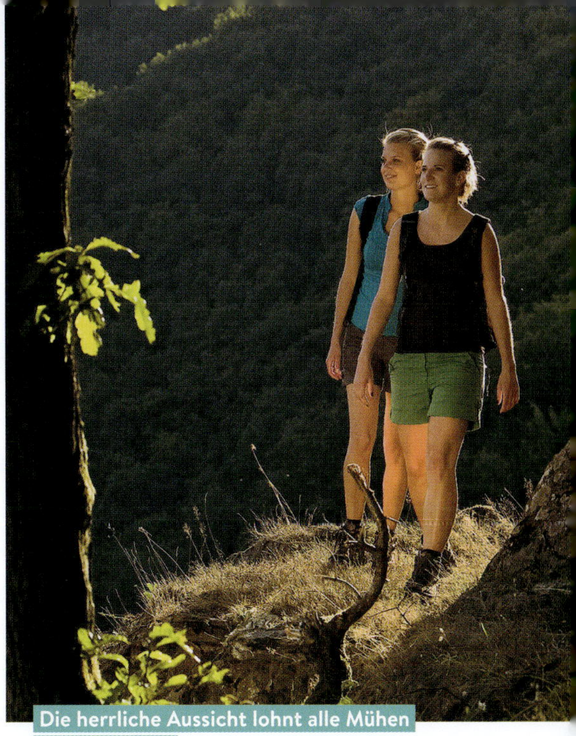

Die herrliche Aussicht lohnt alle Mühen des Aufstiegs.

Tipp

MONREAL

Das Städtchen Monreal, auch als »Fachwerkperle der Eifel« bekannt, ist schon öfter Drehort und Kulisse für Fernsehkrimis und Actionserien gewesen. Der beliebte Touristenort mit seinen beiden Burgruinen und hübschen Fachwerkhäusern regt die Fantasie an. Das romantische Eifelörtchen beherbergt auf der mittleren Elzbrücke einen ganz besonderen Kunstgegenstand – das Löwendenkmal. Die vier in Basalt gehauenen Löwen stammen aus dem 15. Jahrhundert und gehören zu den bedeutendsten Kulturschätzen des Rheinlandes. Ebenfalls ein echtes Kleinod ist die spätgotische Monrealer Pfarrkirche. Gebaut im 15. Jahrhundert, zeichnet sie sich durch den neugotischen Altar, die barocken Figuren, die Barockorgel und die über 500 Jahre alten Glocken aus.

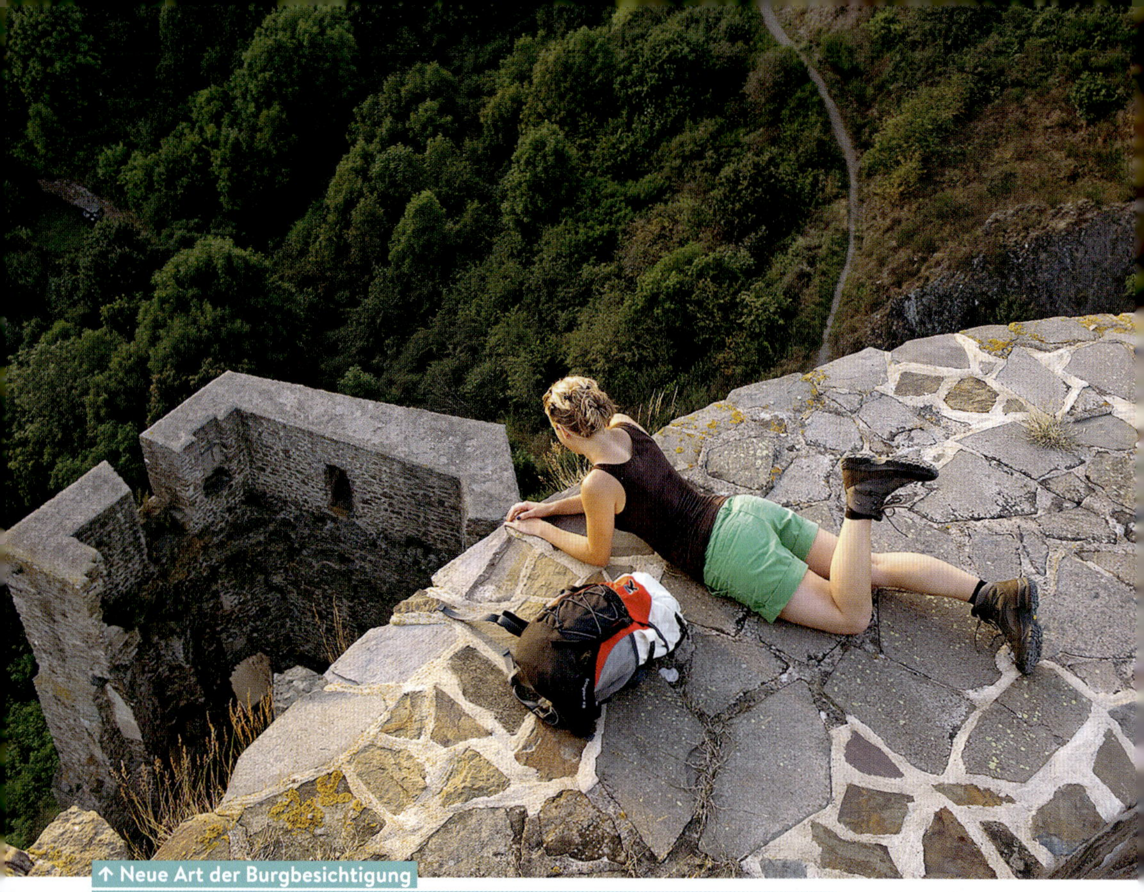

↑ Neue Art der Burgbesichtigung

↓ Am Startpunkt jeder Wanderung lohnt sich das Überprüfen der Ausrüstung.

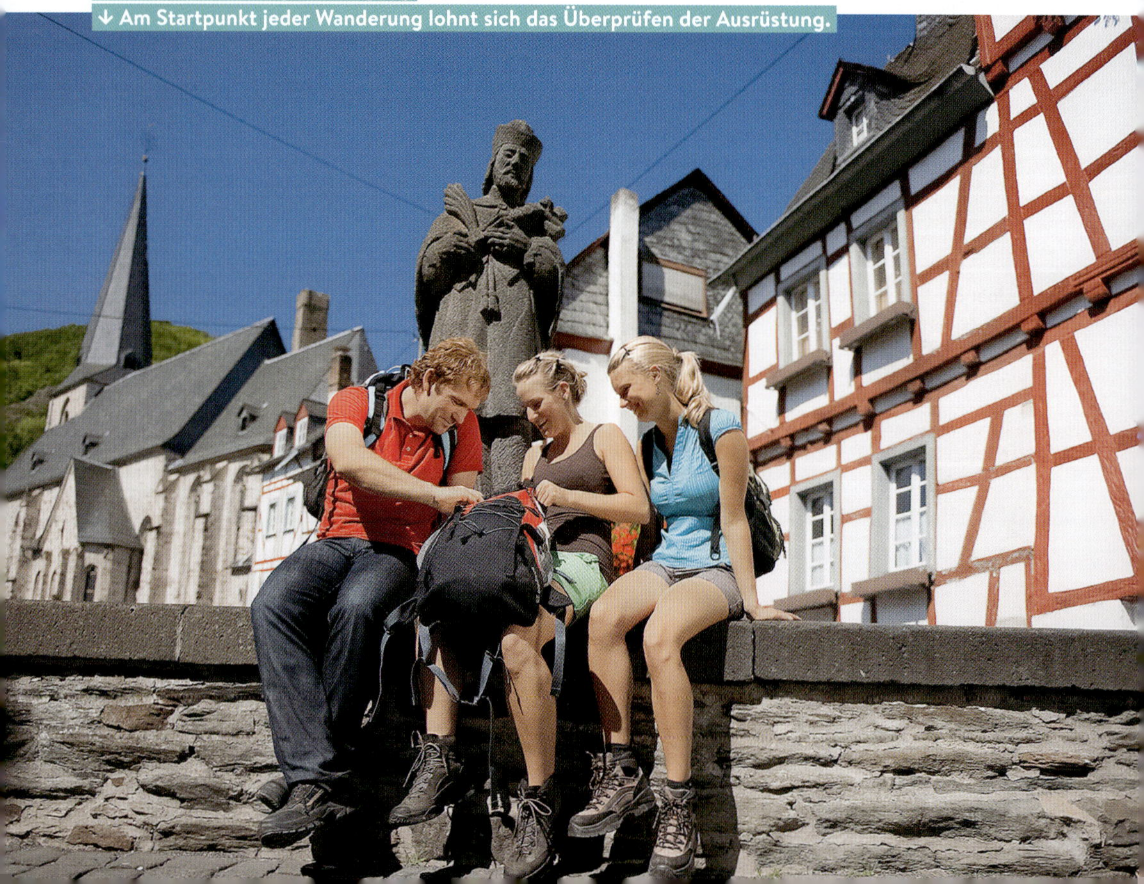

Bruchsteingebäude war über 30 Jahren lang der Sitz der Künstlergemeinschaft Augstmühle e. V. Beim Zusammenfließen der zwei Bäche wird die Elz überquert. Nach dem Sportplatz von Monreal erwartet den Wanderer ein signifikanter Aufstieg über 100 Höhenmeter.

STREIT UNTER BRÜDERN Ziel sind die herrlichen, schon von Weitem zu sehenden Monrealer Burgen: Philippsburg und Löwenburg. Die Strecke über die Wiese führt zu einem Felssporn, von wo sich der nächste wunderbare Blick auf die Burgen bietet. Eine kurze Weile später trifft man auf den Zuweg zur **5 Ruine Philippsburg**. Diese Burg wurde anscheinend wie ihre Schwesterburg im 13. Jahrhundert erbaut. Nach der Überlieferung wurde sie, die auch »das Rech« (Reh) genannt wird, von Philipp als »Antwort« auf den eigenmächtigen Bau der **6 Löwenburg** durch seinen Bruder Graf Hermann III. von Virneburg erbaut. 1229 wurde die Löwenburg, an der man nun bald vorbeikommt, das erste Mal urkundlich erwähnt. Nach ihrer Besichtigung führt ein schmaler Weg direkt nach Monreal und zum **E Alten Pfarrhaus** hinunter.

INFO

TOURENCHARAKTER
Anspruchsvolle Wanderung auf abenteuerlichen Pfaden

ORIENTIERUNG
Einfach, die Traumpfad-Markierung entlang

HÖCHSTER/TIEFSTER PUNKT
459 m/272 m

AUSGANGS-/ENDPUNKT
Altes Pfarrhaus oder Bahnhof in Monreal

ANFAHRT
Auto: Über die A48 bis Abfahrt Mayen, über die B262 Richtung Mayen, rechts B258 Richtung Nürburgring, L98 bis Monreal, L96 Richtung Uersfeld/Kelberg und zum Parkplatz am Bahnhof Monreal
ÖPNV: Mit der Pellenz-Eifel-Bahn (Andernach–Kaisersesch), mit dem Bus 334 (Mo–Sa) Mayen Ost Bf.–Ulmen Bf., siehe www.bahn.de

EINKEHR/ÜBERNACHTUNG
Restaurant und Weinschänke im alten Bahnhof Monreal, Am Bahnhof 5, 56729 Monreal, Tel. 02651/777 67, www.stellwerk-monreal.de

Schwer	13,7 km	508 Hm	5.00 Std.

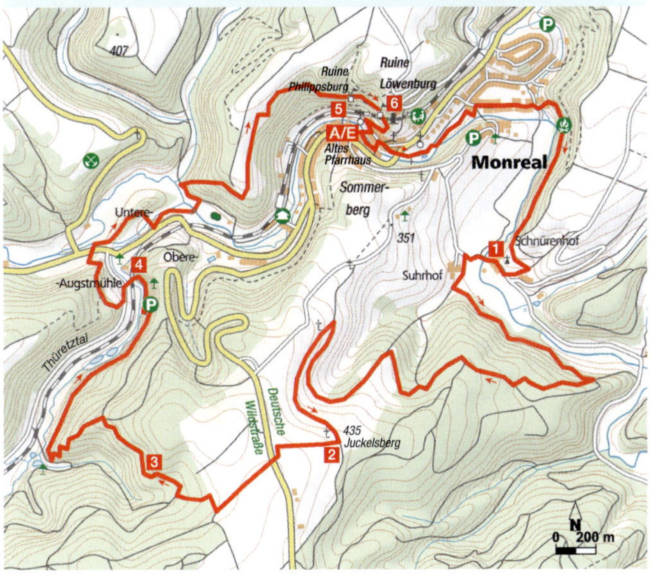

BESTE JAHRESZEIT
März bis Oktober

KARTE
Outdoorkarte 1:35 000, Blatt 21 Untermosel – Cochem bis Koblenz, Kümmerly + Frey

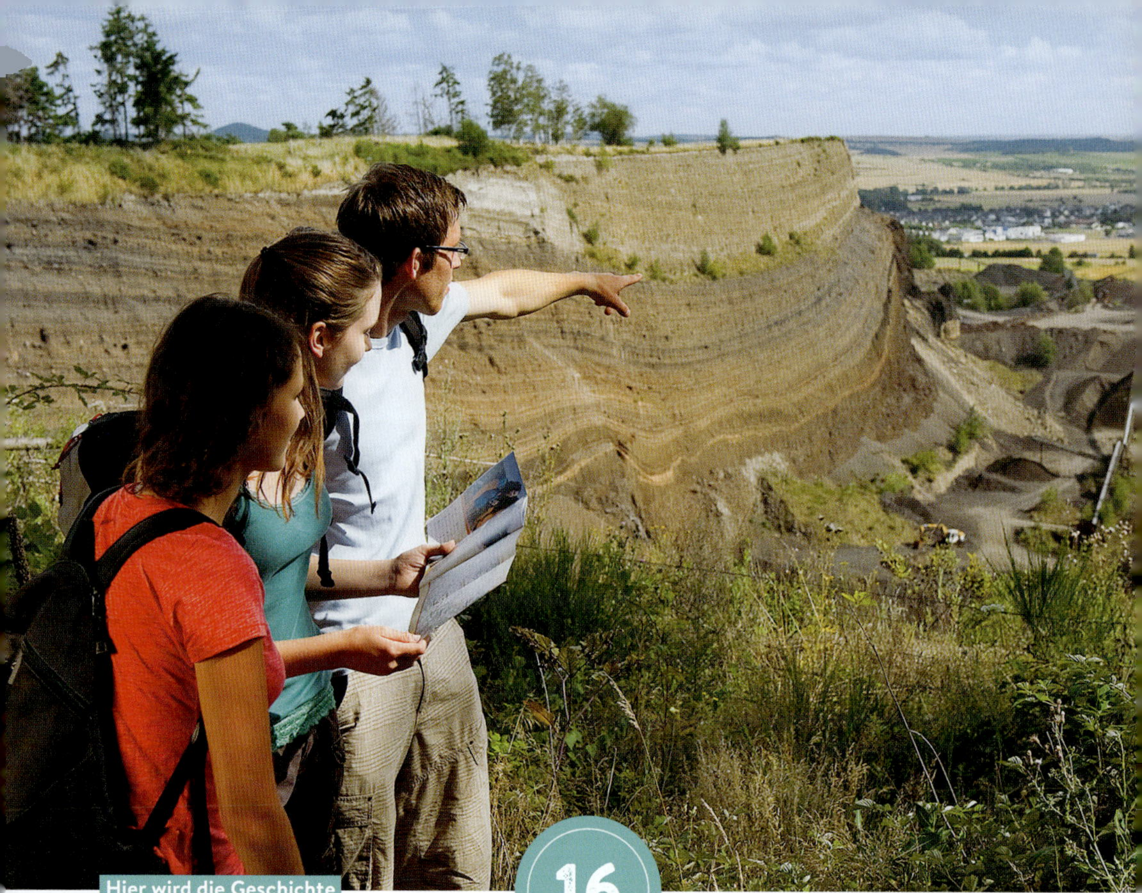

Hier wird die Geschichte wieder lebendig.

16

DEM VULKANISMUS AUF DER SPUR

Pellenzer Seepfad

Faszinierende Aussichten auf den Krufter Waldsee und die Pellenz, der eindrucksvolle Laacher See mit der bedeutenden Abtei und auch der anspruchsvolle Aufstieg zum Krufter Ofen zeichnen diese Wanderung aus. Der Eifel-Traumpfad gibt zudem Einblicke in den heutigen und vergangenen Vulkanismus.

RÖMISCHE GRABKULTUR Am **A** **Parkplatz am Stelengrab** bzw. dem römischen Tumulus in Nickenich beginnt diese Wanderung. Das Baumaterial stammt vermutlich aus dem Römerbergwerk Meurin. Im Inneren des Tumulus wurde nur Lavagestein gefunden. Eine Grabkammer gibt es nicht. Allerdings kann die folgende Inschrift auf einem Stein bewundert werden: »CONTVINDA ESSVCONIS F[iliae] SILVANO ATEGNISSA F[ilio] H[eredes] EX TES[tamento] F[ecerunt].« Dies lautet übersetzt: »Der Cotuinda, der Tochter des Esucco [und] dem Silvanus Ategnisa, ihrem Sohn, [haben] die Erben aufgrund testamentarischer Bestimmung [dieses Grabmal] errichtet.«

FEUERSPUREN Nachdem das Tal umrundet wurde, geht es bergauf zur Schwarzen Wand. Der Ausbruch des Laacher-See-Vulkans vor 13 000 Jahren ist für das Aussehen der schwarzen Aschewand verantwortlich.

Der Laacher See ist ein Ort für Sagen und Legenden.

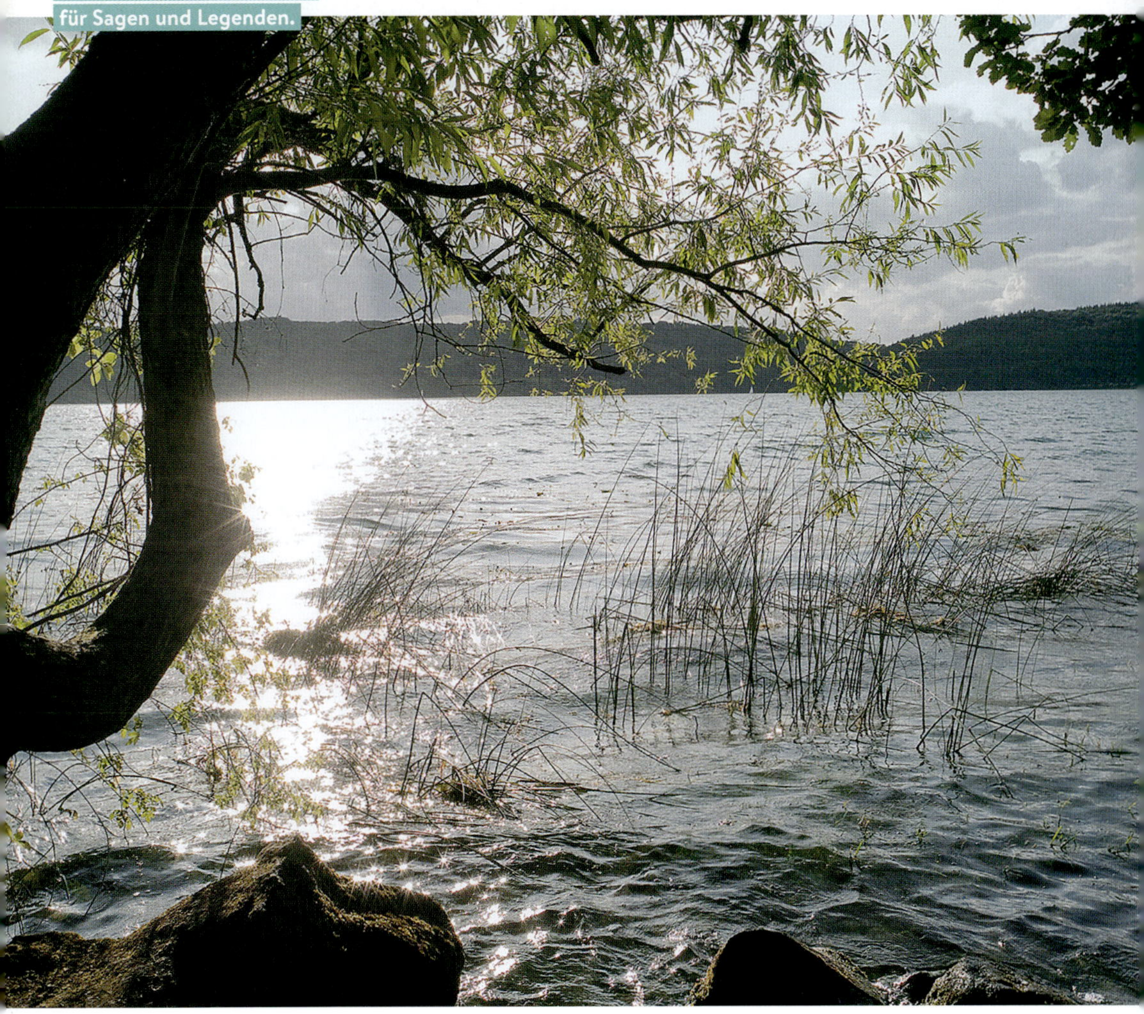

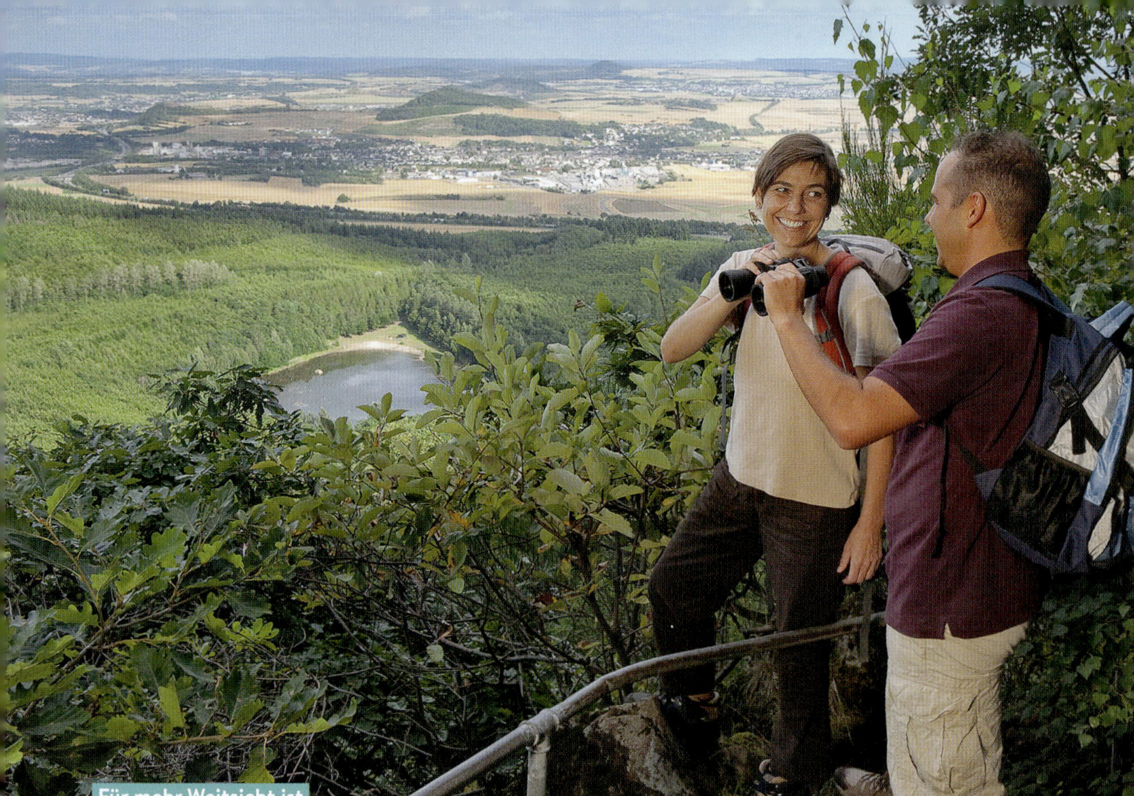

Für mehr Weitsicht ist ein Fernglas ratsam.

Tipp

DER LAACHER SEE

Der Laacher See ist in Besitz der dortigen Benediktinerabtei Maria Laach und mit seinen etwa 330 Hektar das größte Eifelmaar. »Laach« kommt aus dem althochdeutschen »lacha« und dem lateinischen »lacus« (See). Der Name des Sees wurde auch später zum Namen des Ortes. Erst 1863 benannten die Jesuiten ihr Kloster in »Maria Laach« um. In dem etwa 11 000 bis 13 000 Jahre alten Gewässer liegen bis heute Wrackteile aus dem Zweiten Weltkrieg. Im August 1942 schoss ein deutscher Nachtjäger einen mit sieben Männern besetzten britischen Halifax-Bomber ab. Noch heute ist das Gewässer aufgrund der Gefahr durch eventuelle Bomben für Taucher gesperrt.

GEMÜTLICHE RAST Weiter aufwärts bietet sich die Gelegenheit, die **1 Hermann-Hütte** aufzusuchen und den wunderbaren Ausblick auf das Umland zu genießen. Die Strecke führt auf dem gemütlichen Weg weiter bis an den Rand des Tagebaus am Eppelsberg und durch den Wald weiter bis zum Rastplatz am Krufter Waldsee. Die nächste Station ist der Felsvorsprung **2 Teufelskanzel** mit einem schönen Blick auf Kruft. Anschließend geht es auf dem Höhenweg zur Schutzhütte Am Krufter Ofen und danach bergab aus dem Buchenwald heraus. Nun führt ein Feldweg zum Laacher See, wo sich in direkter Nähe das Kloster Maria Laach befindet.

VULKANISCHE AKTIVITÄTEN Am **3 Seeufer** sollte man die berühmten Mofetten bestaunen. Das Wort Mofetten stammt von »mofeta« und dem lateinischen »mephitis« ab, was »schädliche Ausdünstung der Erde«

bedeutet. Direkt in Ufernähe steigen die Gasbläschen auf und zeugen von der vulkanischen Aktivität im See. Immer wieder wird gern gesagt, dass der Laacher-See-Vulkan nur »schläft« und noch nicht erloschen ist. Mit Geofonen versuchen Wissenschaftler herauszufinden, ob der Vulkan eines Tages wieder ausbrechen könnte. Jetzt steigt man den steilen Pfad rechts hoch, wobei die Wadenmuskeln mächtig gefordert werden. Eine Erholung ist der nachfolgende Forstweg bis zur L 116.

BAUMHOROSKOP Nach Überquerung der L 116 geht es durch den Wald bis zum Keltischen Baumkreis, in den 1970er-Jahren eine Erfindung der französischen Journalistin Paule Delsole. Hier kann ein jeder seinen persönlichen Baum anhand des Baumhoroskops ermitteln. Der bekannten Wegmarkierung folgend, führt die Strecke schließlich über den Sportplatz zurück zum Ausgangspunkt, dem **E Parkplatz am Stelengrab**.

INFO

TOURENCHARAKTER
Aussichtsreiche, mittelschwere Tour

ORIENTIERUNG
Einfach, die Traumpfad-Markierung entlang

HÖCHSTER/TIEFSTER PUNKT
420 m/246 m

AUSGANGS-/ENDPUNKT
Laacherstraße in Nickenich

ANFAHRT
Auto: Über die A 61 bis Ausfahrt Kruft, über die B 256 nach Kruft und die L 119 nach Nickenich
ÖPNV: Mit der Pellenz-Eifel-Bahn (Andernach–Kaisersesch)
Mit dem Bus 310 Andernach Bf.–Maria Laach, siehe www.bahn.de und www.vrminfo.de

EINKEHR/ÜBERNACHTUNG
Hotel Burgklause, Hauptstraße 78, 56645 Nickenich, Tel. 02632/983 30, www.hotel-burgklause.de

BESTE JAHRESZEIT
März bis Oktober

KARTE
Wanderkarte 1:50 000, WK 838 Hohe Eifel – Osteifel, Kompass

Mittel | 16 km | 594 Hm | 6.00 Std.

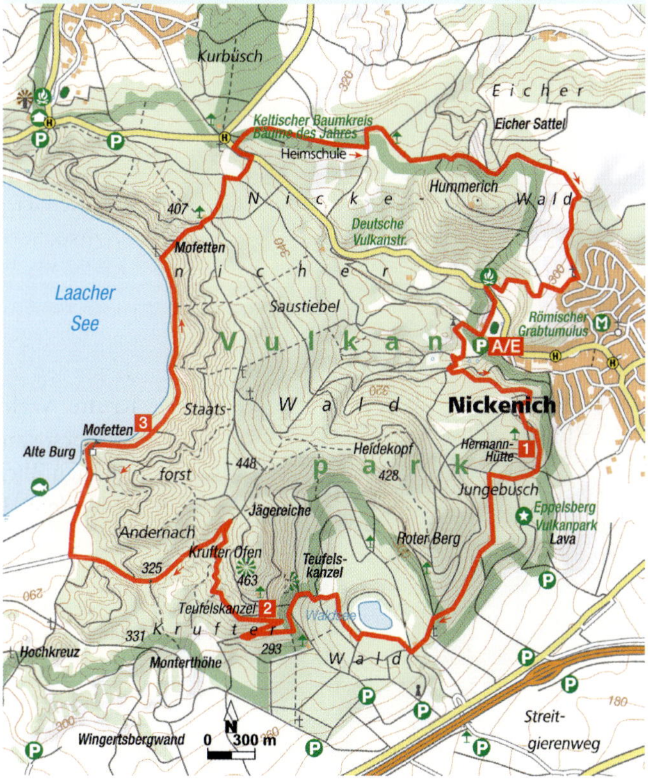

AUF DEM NATURFREUNDEWEG

Kloster Maria Laach

Der größte See in Rheinland-Pfalz im Osteifelvulkangebiet hält mehrere Geheimnisse verborgen. Sichtbare vulkanische Aktivitäten wie auch das Flugzeugwrack eines britischen viermotorigen Halifax-Bombers in der Tiefe des bezaubernden Gewässers locken Interessierte immer wieder zu ihm hin. Nicht zuletzt ist einfach die Szenerie mit der Abtei im Hintergrund atemberaubend schön.

17

Die berühmte Abtei ist direkt am Laacher See gelegen.

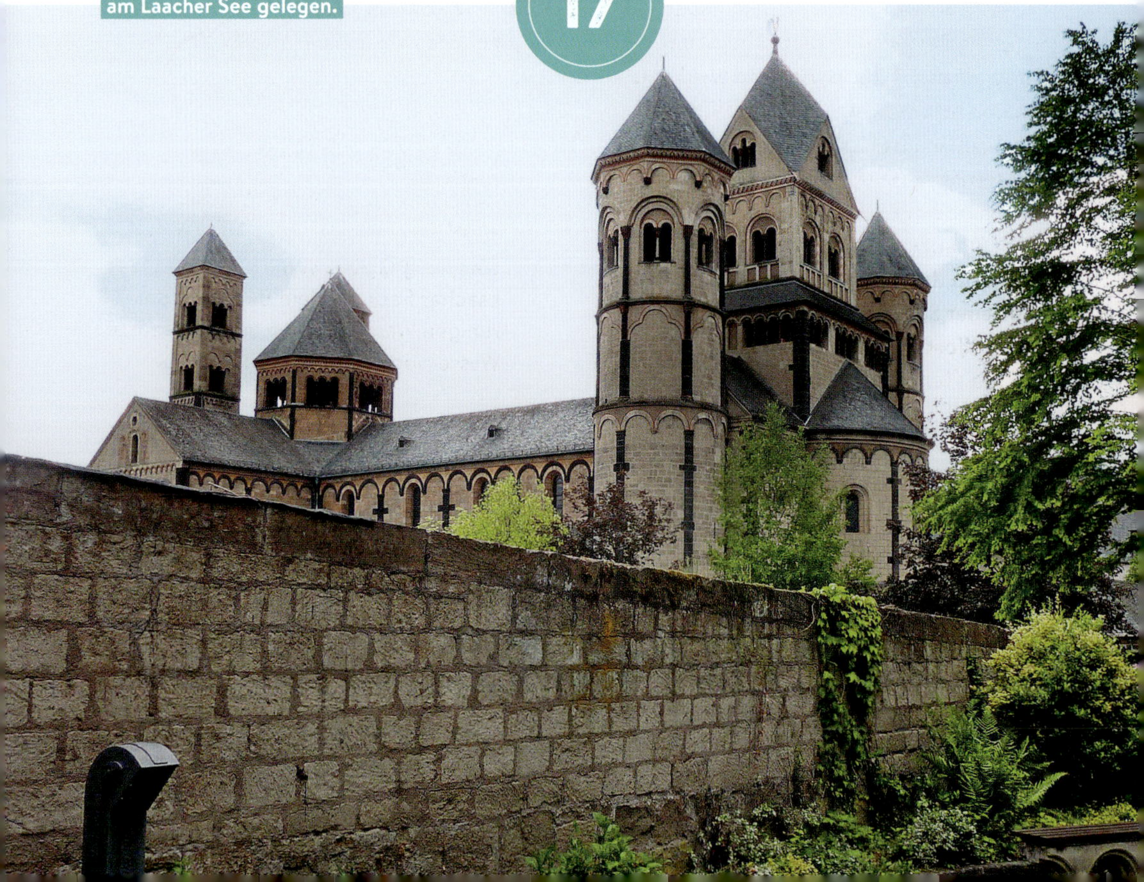

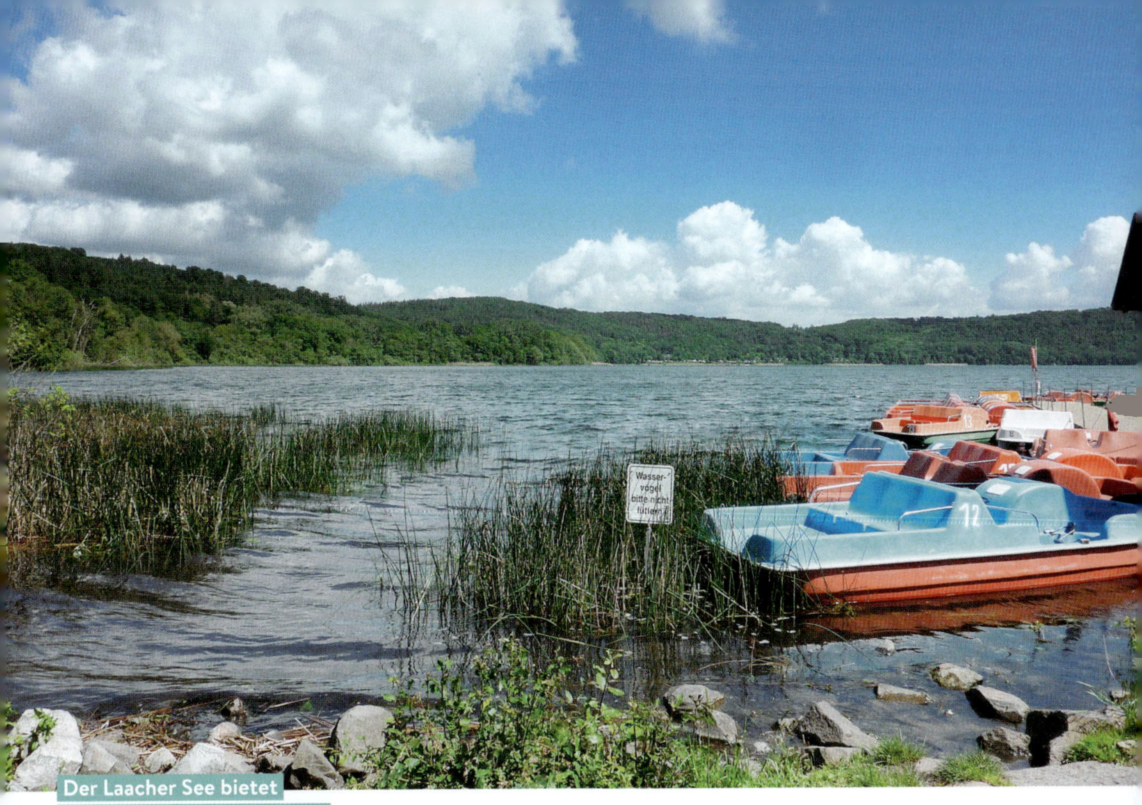

Der Laacher See bietet viele Wandermöglichkeiten.

GEHEIMNISVOLLES GEWÄSSER Der Laacher See ist der größte See in Rheinland-Pfalz. Er ist ca. 51 Meter tief und wird von Grundwasser gespeist. Dieses größte Maar der Vulkaneifel ist ein Einbruchskrater. Aufgrund seiner geologischen und morphologischen Besonderheiten und den vielen bedrohten Pflanzen- und Vogelarten wurden der See und die Gegend als Naturschutzgebiet Laacher See ausgewiesen. Der A **Parkplatz am Kloster Maria Laach** ist der Startpunkt für diese idyllische Wanderung, die mit der Markierung »N« ausgeschildert ist. Eine Straße, die bald in einen Weg übergeht, führt direkt zum See. Nach etwa drei Kilometern ist der Campingplatz erreicht, wo der Weg vom Ufer wegleitet und zum Krufter Ofen hinzieht.

TRAUMHAFTE AUSBLICKE Die Strecke führt durch einen Hohlweg bis zur Teufelskanzel weiter. Ein traumhafter Blick auf den Waldsee und Andernach sind bei schönem Wetter garantiert. Auf einem fast alpinen

Tipp

MIT DEM BOOT AUF DEM MAAR

Sehr vergnüglich ist die Erkundung des Laacher Sees mit dem Boot. Auf dem ruhigen Wasser können verschiedenste Wasservögel aus nächster Nähe betrachtet werden. Der Bootsverleih befindet sich am Anfang des Uferrundweges. Binnen fünf Minuten ist er vom Besucherparkplatz erreichbar. Tret- und Ruderboote können vor Ort ausgeliehen werden. Geöffnet hat der Bootsverleih von April bis 30. September jeweils 9 bis 18 Uhr, ausgenommen bei schlechter Witterung (Anfragen über Tel. 02652/593 53).

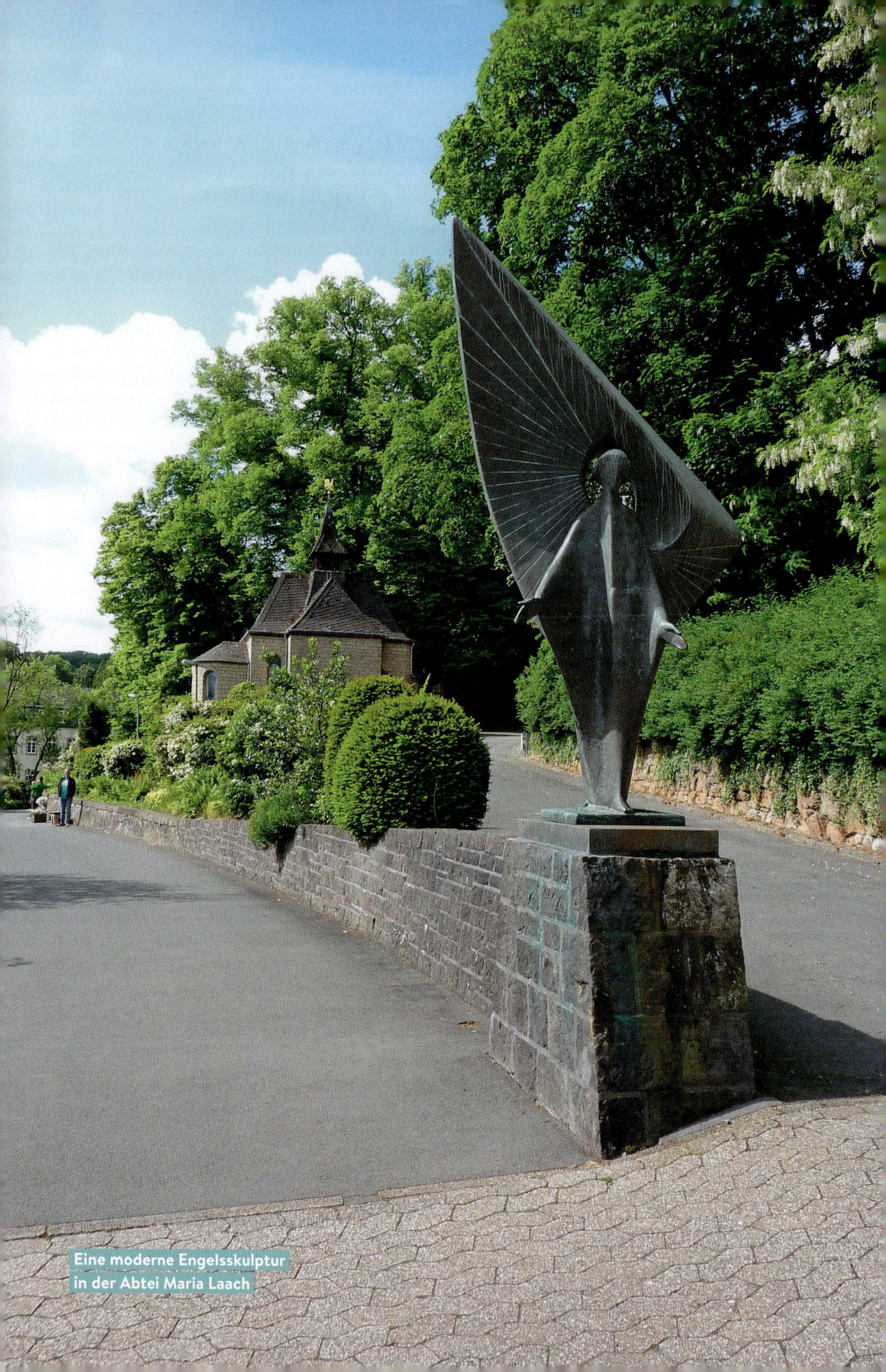

Eine moderne Engelsskulptur
in der Abtei Maria Laach

Pfad gelangt man zum ca. 570 Meter entfernten Waldsee. Wanderer sollten hier mit sehr gutem Schuhwerk ausgestattet sein. Jetzt geht es weiter über den Pellenzer Seepfad in Richtung Laacher See. Am Laacher See angekommen, bietet sich ein traumhafter Blick auf das Kloster Maria Laach. Nach dem Verlassen des Waldes geht es links weiter bis zum Aussichtspunkt **1 Scharfes Knüppchen**. Es eröffnet sich wieder ein wunderbarer Ausblick auf das Naturschutzgebiet Laacher See. Nun führt die Route über den Kornbüsch zum **E Parkplatz am Kloster** zurück.

DIE ABTEI AM SEE Ein Besuch der **2 Abtei** sollte dabei nicht versäumt werden. Das Klosterforum informiert ausführlich über alles rund um die Benediktinerabtei – Leben im Kloster, Veranstaltungen, Gottesdienstzeiten und vieles mehr. Neben dem Klostermuseum kann man zum Beispiel einen 20-minütigen Dokumentarfilm über das Kloster ansehen, und ein Mönch beantwortet während der Öffnungszeiten gerne zusätzliche Fragen. Weitere Infos über das Klosterforum gibt es unter Tel. 02652/593 50, www.maria-laach.de.

INFO

TOURENCHARAKTER
Mittelschwere Tour

ORIENTIERUNG
Einfach, Markierung »N«

HÖCHSTER/TIEFSTER PUNKT
410 m/289 m

AUSGANGS-/ENDPUNKT
Parkplatz am Kloster Maria Laach

ANFAHRT
Auto: Über die A 61 bis Ausfahrt Mendig, dann die L 113 bis Maria Laach
ÖPNV: Mit der Regionalbahn bis Bahnhof Mendig oder ab Andernach mit dem Bus bis Maria Laach, siehe www.bahn.de

EINKEHR/ÜBERNACHTUNG
Seehotel Maria Laach, Am Laacher See, 56653 Maria Laach, Tel. 02652/58 40, www.seehotel-maria-laach.de

BESTE JAHRESZEIT
März bis Oktober

KARTE
Wanderkarte 1:50 000, WK 838 Hohe Eifel – Osteifel, Kompass

Mittel | **13,5 km** | **469 Hm** | **4.00 Std.**

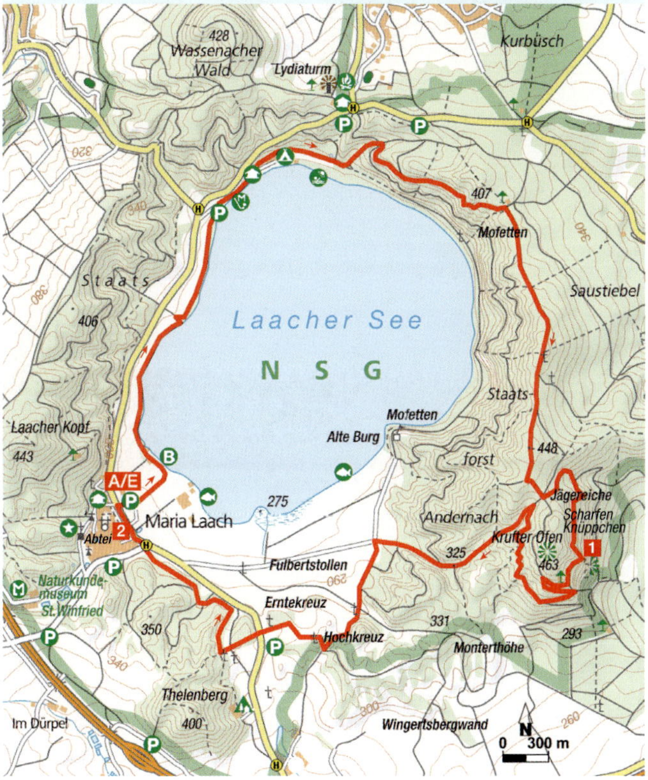

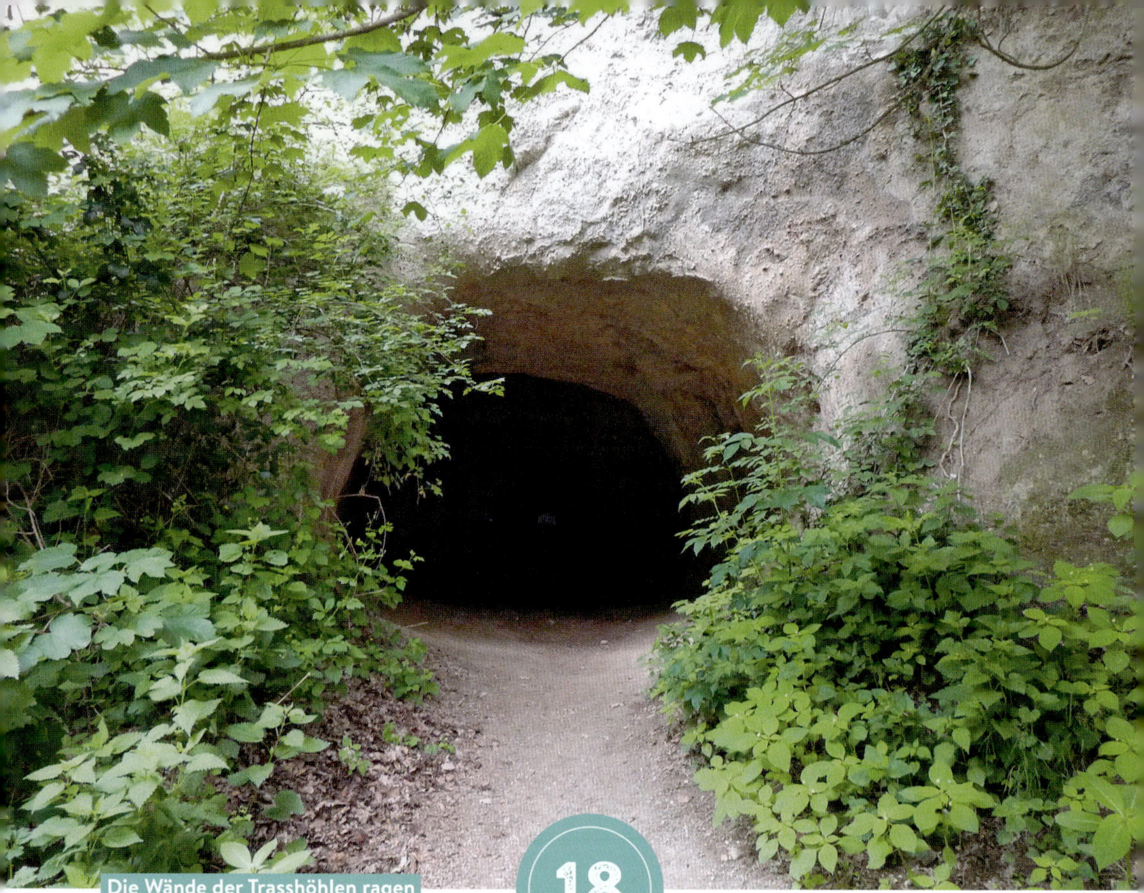

Die Wände der Trasshöhlen ragen mehr als 30 Meter hoch.

18

MAGISCHE HÖHLEN UND DIE ZAUBERHAFTE SCHLUCHT

Wolfsschlucht und Trasshöhlen

Für Entdecker ist diese Wanderung ein echtes Highlight. Neben einer bezaubernden Landschaft gibt es die wildromantische Wolfsschlucht mit dem Tönissteiner Bach, die Ruinenreste des ehemaligen Klosters Tönisstein sowie auch die Trasshöhlen – Ascheablagerungen des Laacher-See-Vulkans – zu erkunden.

ENTSPANNTER START An der Haltestelle Tönisstein der Brohltal-Schmalspureisenbahn beginnt die romantisch-geheimnisvolle Tour. Das ehemalige Gasthaus Jägerheim, bzw. heutige **A Landhaus Schmökermühle**, dient dabei als Anhaltspunkt. Dieses befindet sich unter dem Brohltal-Viadukt und war ehemals ein Mühlenbetrieb. Die Trassmühlen wurden von dem Wasser des Brohlbachs angetrieben.

ÜBER SCHMALE PFADE Der Hermann-Löns-Pfad ist der erste Pfad, der die Wanderer aufwärts über einige Kurven und auch Holzstufen zu den Brohltalhöhen bringt. Oben angekommen gilt es, rechts dem Weg in den Wald zu folgen. Hier bietet sich auch die Möglichkeit, das eine oder andere Foto vom Oberen Brohltal zu machen. Schon bald geht es auf dem Geo-Pfad bergab in das Bachtal von Tönisstein. Unten angekommen gilt es, nun die Straße zu überqueren und hinter der Seniorenresidenz weiterzuwandern. Nun geht es wieder bergauf und der Weg geleitet zu den Ruinen des ehemaligen **1 Karmeliterklosters Tönisstein**.

URSPRÜNGLICHE NATUR Nach kurzer Zeit ist die **2 Wolfsschlucht** und ihre ganze Magie sichtbar, die an einen Urwald erinnert. Ganz zauberhaft recken die Bäume ihre Äste in die Höhe, während das Wasser sprudelnd und gurgelnd in einer Tiefe von 40 Metern den Weg durch die Wolfsschlucht begleitet. Rechts und links des Tönissteiner Bachs befinden sich die Trasswände. Nach kurzer Zeit ist auch der Wasserfall erreicht. Über acht Meter stürzt hier das Wasser des Tönissteiner Bachs in die Tiefe. Im Frühjahr wie auch im Herbst zieht dieses Schauspiel auch Hobbyfotografen an. Nach der Überquerung der Landstraße geht es nun auf dem

Plätscherndes Wasser begleitet den Wanderer durch die Schlucht.

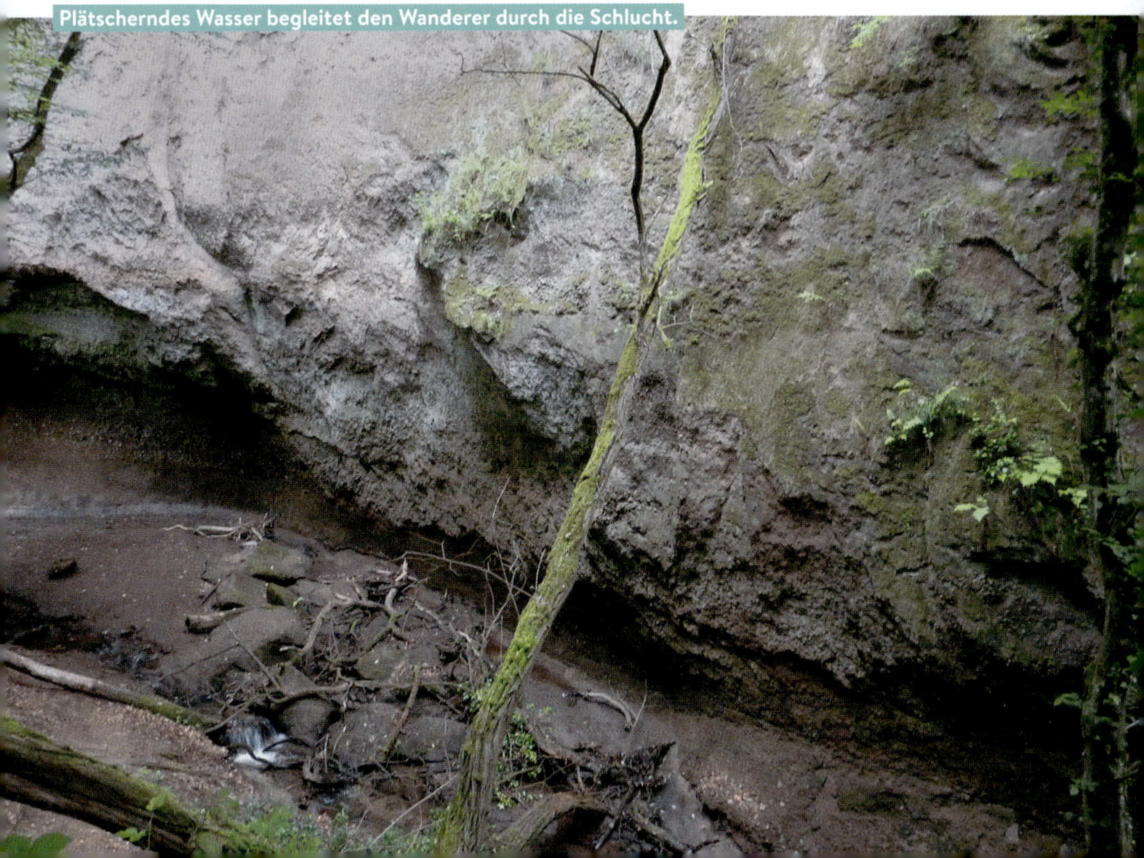

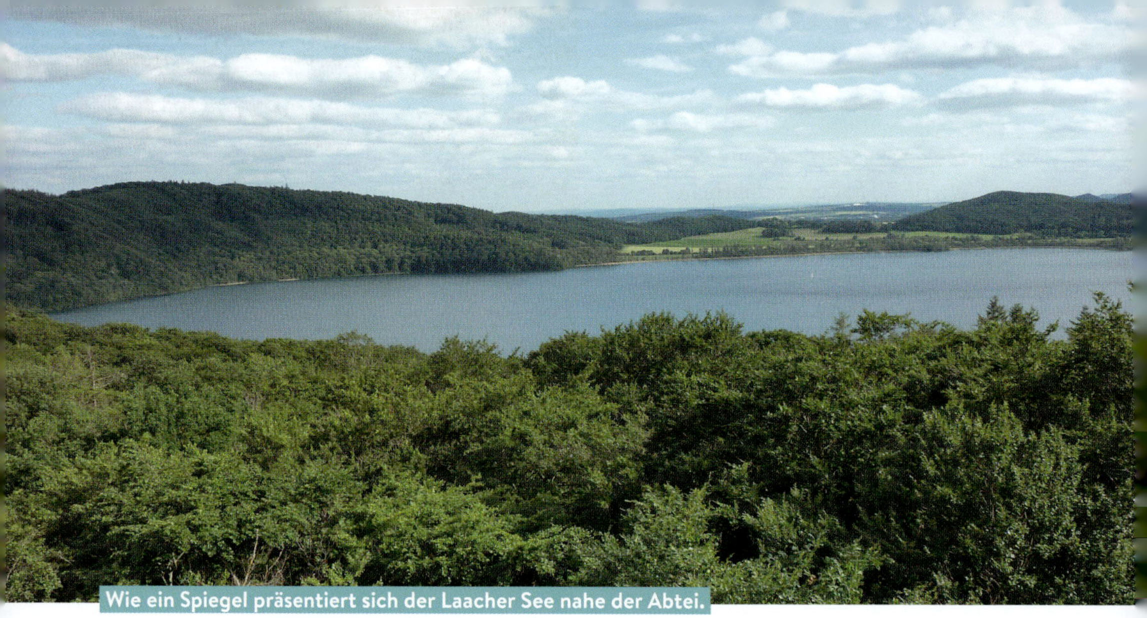

Wie ein Spiegel präsentiert sich der Laacher See nahe der Abtei.

Tipp

DIE FRAGE DES LAACHUS

Ein Mythus erzählt von Laachus, der die Wolfsschlucht suchen wollte, um eine Antwort auf die Frage, warum er nicht schwimmen kann, zu finden. Um besser den Weg erkunden zu können, bestieg er den 23 Meter hohen Lydiatum und genoss die bezaubernde Aussicht. Bereit, weiterzugehen, wurde er von einem Lavastein in der Mauer des Turmes angesprochen, wer er denn sei. Laachus berichtete ihm von seiner Suche nach der Wolfsschlucht und seinem Anliegen. Der Stein gab ihm den Tipp, falls die Felsen ihm die Frage nicht beantworten könnten, es bei den Trasshöhlen zu versuchen, denn das Echo dort würde viele Antworten kennen. Laachus zog los und kam in der Wolfsschlucht an, wo er die Felswände befragte. Diese verlangten aber nach Ruhe und antworteten ihm nicht. Somit suchte er dann die Trasshöhlen auf. Hier bekam er im Echo die Antwort, er soll zum Rodder Maar gehen und den dortigen Silberreiher am Ufer befragen. Der wüsste so einige Antworten. Damit wanderte Laachus weiter.

Trasshöhlenweg weiter zum Römerbrunnen. Die schmalen Wege sind rötlich gefärbt, was auf einen hohen Eisengehalt im Boden schließen lässt.

IN DER NÄHE DES LAACHER SEES Weiter auf der Route ist bald der Ort **3 Wassenach** erreicht. Das Dorf in direkter Nähe zum Laacher See verfügt über einen sehenswerten Dorfkern. Im Mittelpunkt steht hier das Burghaus, welches im Jahr 1772 von den Herren von Kolb errichtet wurde. In ihm kann heute eine Sammlung historischer Musikinstrumente besichtigt werden. Nach einem Bummel durch den Ortskern überquert man wieder die Landstraße 113. Vorbei an zwei Kapellen geht es nun durch das Feld. In der Ferne sieht man den Veitskopf mit seinem Aussichtsturm »Lydiaturm« . Der Vulkankegel misst etwa 428 Meter und befindet sich nördlich des Laacher Sees. Leicht bergab führt nun der Trasshöhlenweg in den Wald. Das nächste Ziel ist der römische Basaltsteinbruch Mauerley. Der freigelegte Basaltlavastrom misst eine Länge von fast zwei Kilometern. Immer wieder können hier große Basaltlavasäulen zwischen Burgbrohl und Glees entdeckt werden. Ein kurzes Stück geht es nun wieder zurück zur Kapelle. Am Ende der Mauerley leitet ein gemütlicher Weg durch den Wald nach Burgbrohl. In direkter Nähe des Brohlbachs führt die Wanderung durch die Freizeitanlage Brohltalaue-Ost in Burgbrohl.

MYSTERIÖSE HÖHLEN Anschließend geht es über schmale Pfade Richtung Brohltalstraße und **4 Trasshöhlen**. Etwas bizarr wirken die hohen Wände. Die Höhlen selbst eigenen sich hervorragend für eine kleine Pause, bevor die Geopfad-Route U zum Viadukt der Brohltal-Schmalspureisenbahn und wieder zum **E Wanderparkplatz** führt.

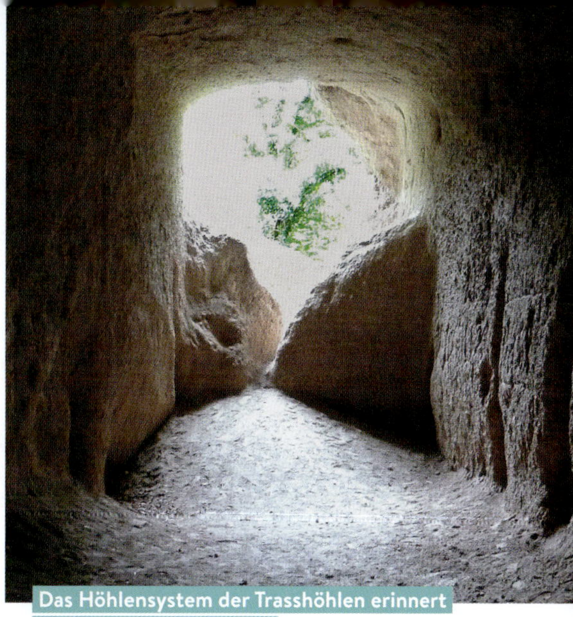

Das Höhlensystem der Trasshöhlen erinnert an einen Schweizer Käse.

INFO

TOURENCHARAKTER
Mittelschwere Wanderung mit mehreren Highlights

ORIENTIERUNG
Gute Wegmarkierung auf dem Rundweg

HÖCHSTER/TIEFSTER PUNKT
283 m/117 m

AUSGANGS-/ENDPUNKT
Bahnhof Bad Tönisstein (ehemaliges Gasthaus Jägerhaus)

ANFAHRT
Auto: Über die A 61 bis Ausfahrt Niederzissen, links auf die B 412 bis Burgbrohl in die Burgbrohlstraße
ÖPNV: Mit dem Vulkan-Expreß bis Bad Tönisstein, www.vulkan-express.de

EINKEHR/ÜBERNACHTUNG
Wellness- & Tagungshotel, Auf der Burg 1, 56659 Burgbrohl, Tel. 02636/80 01 40 , www.schloss-burgbrohl.de

BESTE JAHRESZEIT
Januar bis Dezember

Mittel	14,4 km	357 Hm	3.30 Std.

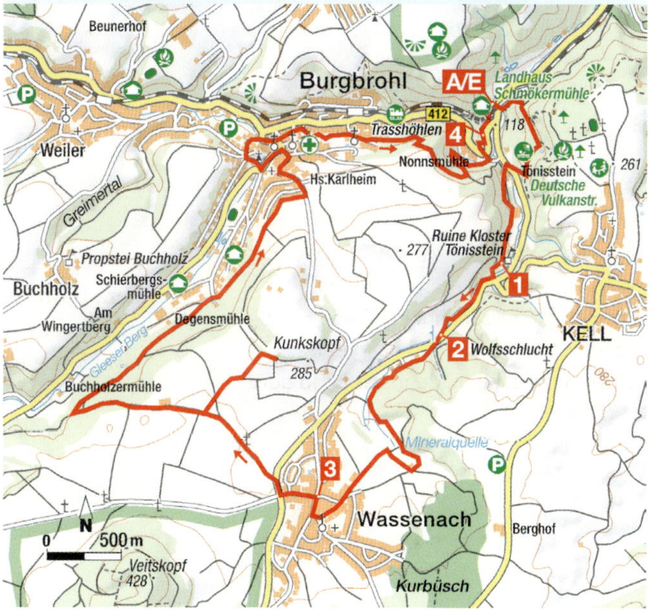

KARTE
Wanderkarte 1:25 000, Nr. 10 Das Burgbrohl, Eifelverein e. V.

AUF DEM MOSELSTEIG

Burg Cochem

Wunderbare Eindrücke erfährt der Wanderer auf dieser knapp 14 Kilometer langen Etappe des Moselsteigs vom Dornröschenort Beilstein bis Cochem. Von hier aus ist es nur noch ein Katzensprung bis zur Reichsburg. Insgesamt misst der Moselsteig 365 Kilometer und verläuft vom Grenzort Perl bis nach Koblenz.

Hoch auf dem Berg thront die Reichsburg.

19

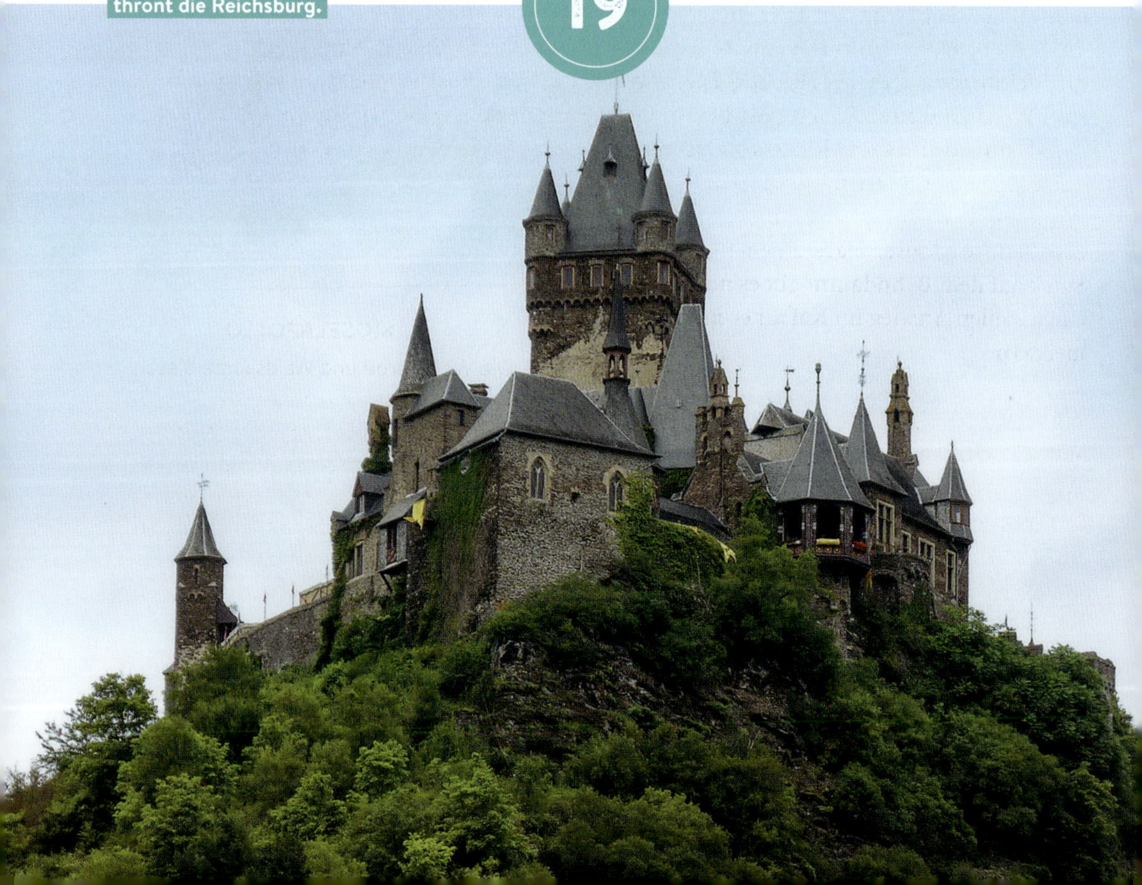

WO DORNRÖSCHEN ZU HAUSE IST Der Platz in direkter Nähe zum **A Fähranleger von Beilstein** ist der Startpunkt für diese anspruchsvolle und abwechslungsreiche Tour. Unabdingbar ist gutes Schuhwerk für die steileren Streckenabschnitte. Beilstein, auch »Miniatur-Rothenburg« oder »Dornröschen der Mosel« genannt, bietet zahlreiche Sehenswürdigkeiten. Die Ruine der Burg Metternich zieht viele Besucher an und die »Wunderbare Schwarze Madonna« in der barocken Klosterkirche St. Joseph lässt den Ort zu einer Pilgerstätte werden.

AUSSICHTSREICHER START Nach einem kurzen Stück entlang der Straße geht es nun auf dem Moselsteig neben den Weinbergen stets bergauf. Immer wieder ermöglichen Aussichtspunkte einen herrlichen Rundumblick auf Beilstein. Später erreicht man ein kleines Tal mit Rastplatz. Nach Durchstreifen des Waldes bietet sich am Aussichtspunkt Plaatskopf eine herrliche Aussicht auf die Region. Weiter führt die Strecke durch die Weinbergslagen von **1 Bruttig-Fankel** bis zum Wein- und alten Fährort Bruttig. Neben dem Damm geht es nun Richtung Cochem weiter. An einer Straßenquerung führt die Route auf dem Zuweg nach Ernst auf die andere Seite der Mosel. Nach einem kurzen Stück auf dem Bahndamm gilt es nochmals einen steilen Anstieg im Kabainer Bachtal zu meistern.

WUNDERBARE IDYLLE Ein kleines Bächlein plätschert neben dem Wanderer im Wald zwischen den Buchsbäumen dahin. Der Moselsteig windet sich weiter durch den Wald. Kurz nach dem höchsten Punkt gibt es die Gelegenheit, den Eisernen Mast mit Rastplatz zu besuchen und die fantastische Aussicht auf Beilstein und Cochem zu genießen. Jetzt folgt ein kurzweiliger Abschnitt durch Wald und Wiese, bis die »Schöne Aussicht« bei **2 Valwiger Berg** (303 m) erreicht ist. Nach einer kleinen Rast führt der Fernwanderweg weiter an der Hangkante entlang. Auch hier bieten sich wunderbare

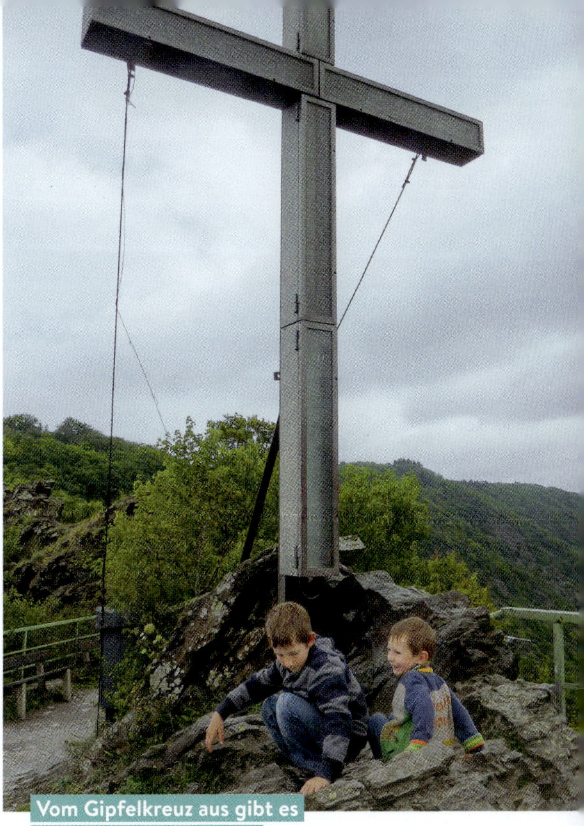

Vom Gipfelkreuz aus gibt es eine herrliche Aussicht.

Tipp

MOSELAPOLLO

Die Weinberge und Waldsäume bieten einer berühmten Schmetterlingsart den geeigneten Lebensraum. Der Moselapollo oder auch Parnassius apollo vinningensis ist ein seltener Tagfalter, der unter strengem Schutz steht. Von Mai bis Juni kann der farbenprächtige Falter von Naturfreunden auf dem Apolloweg mitten am steilen Nordhang des Moseltales zwischen Valwig und Cochem-Cond beobachtet werden.

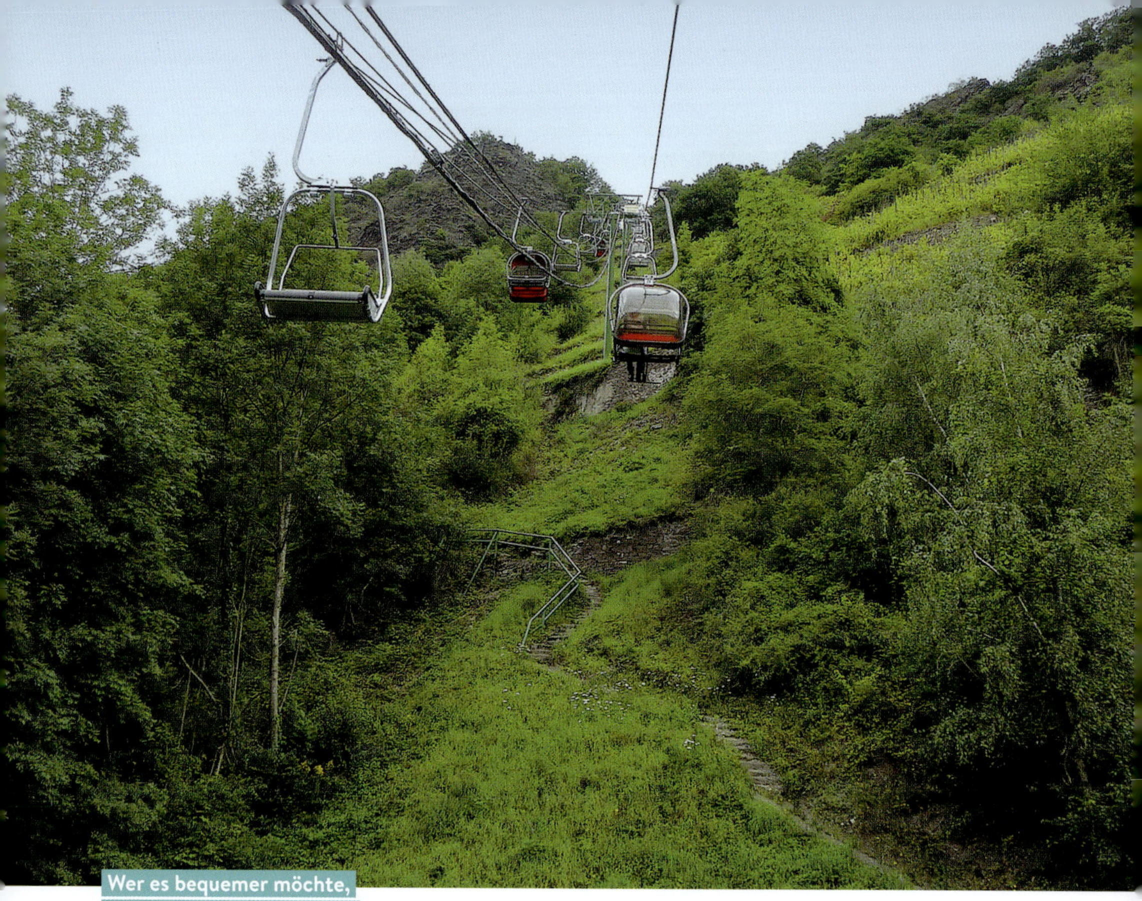

Wer es bequemer möchte, nutzt einfach die Seilbahn.

Aussichten auf das Moseltal. Der Moselsteig führt nun zu einem Sportplatz.

WALLFAHRTSORT Dort befinden sich auch eine urige Eiche und eine Wallfahrtskirche. Die kleine Wallfahrtskapelle St. Maria und Maria Magdalena hat ihre Ursprünge in der Mitte des 15. Jahrhunderts. Sie wurde von Ritter Johann von Winneburg erbaut, um dem »wundertätigen Bild unserer lieben Frau vom Berge« Ehre zu erweisen. Weiter auf der Straße entlang lässt man den Valwiger Berg bald hinter sich. Auf einem schmalen Weg geht es nun durch den Eichenwald. Mehrere Aussichtspunkte verführen immer wieder zu einem kleinen Päuschen. Jetzt führt der Weg bergab und bald darauf ein kurzes Stück durch den Wald bis zum tiefer gelegenen Weinbergsweg. Nun geht es immer bergab bis zum Aussichtspunkt Hahnenberg und der Apollohütte Valwig.

ANSPRUCHSVOLLER ABSCHNITT Der Weg wird immer schmaler. Steil geht es unter der Felswand der **3 Brauselay** hindurch. Die Strecke führt weiter abwärts durch die Weinberge. Nachdem diese durchquert sind, bietet ein Rastplatz eine gute Möglichkeit für eine längere Pause. Bald erblickt man die Reichsburg in Cochem und wandert, teils über einige Stufen, weiter bis nach Cochem-Cond. Nach der Valwiger Straße wird die Moselbrücke, auch »Skagerak-Brücke« genannt, zum **4 Carlfritz-Nicolay-Platz** hin überquert. Dort endet die Tour. Gleich in der Nähe befindet sich der **E Bahnhof**. Zurück zum Ausgangspunkt geht es nun mit Bus oder Bahn.

ABSTECHER ZUR REICHSBURG Wer noch ein wenig Zeit hat, sollte allerdings nicht versäumen, die Reichsburg zu besuchen. Das Wahrzeichen der Stadt diente im Mittelalter als Zollburg. Während einer Burgführung erfährt man Spannendes zur Geschichte der Burg. Von Mitte März bis Ende Oktober finden täglich zwischen 9 und 17 Uhr Führungen statt, bei denen die herrliche Ausstattung der Burgräume bewundert werden kann.

ALTE LEGENDE Einst ritt ein Knecht am »weißen Sonntag« (dem ersten Sonntag nach Ostern) in das Dorf Faid, um seine Geliebte zu besuchen. Er sah fremde und bewaffnete Menschen und hörte von dem Plan, die Burg Cochem anzugreifen. Der Knecht ritt wieder zur Burg zurück und schlug Alarm. Auf der Burg wurde nun für den Angriff gerüstet. Der Angriff erfolgte und ging für den Angreifer blutig aus. Der Burgherr aber dankte dem Knecht für seine Wachsamkeit und Tapferkeit. Er gab dienstfrei und wies den Montag nach dem »weißen Sonntag« für die Burg und die Stadt zu einem Feiertag für ewig aus. Seit jenem Geschehen feiern die Cochemer auf einer Wiese namens »Knipp«, die sich bei der Burg befindet, den Knipp-Montag. Dieser Cochemer Nationalfeiertag wird auch heute noch mit viel Wein und Musik gefeiert.

INFO

TOURENCHARAKTER
Schwierige Wanderung in hügeligem Gelände

ORIENTIERUNG
Offizieller Wanderweg des Moselsteigs

ANFANGSPUNKT
Platz gegenüber dem Fähranleger in Beilstein

ENDPUNKT
Carlfritz-Nicolay-Platz in Cochem bzw. Bhf. Cochem

ANFAHRT
Auto:
Über die B 49 nach Cochem und zum Bahnhof
OPNV:
Mit der Bahn bis zum Bahnhof Cochem, siehe www.bahn.de

EINKEHR/ÜBERNACHTUNG
Moselromantikhotel Panorama, Klostergartenstraße 44, 56812 Cochem, Tel. 02671/91 41 40, www.panorama-hotel.de

Schwer | 14 km | 1133 Hm | 4.00 Std.

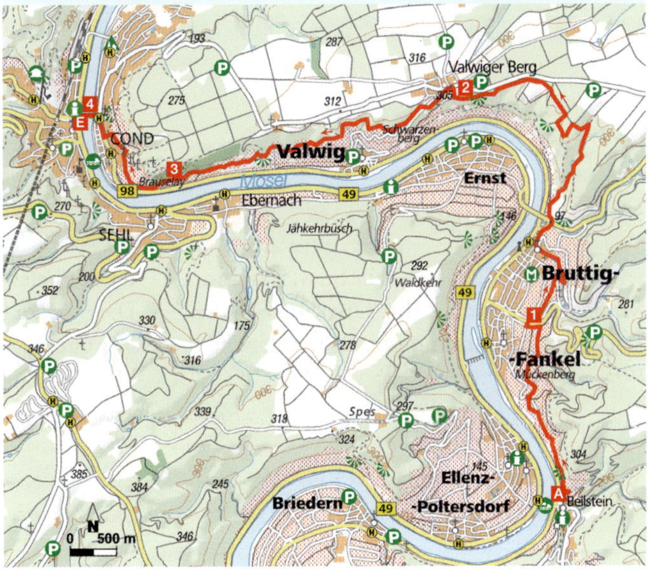

BESTE JAHRESZEIT
Januar bis Dezember

KARTE
Rad- und Wanderkarte 1:25 000, Cochem – Zell, publicpress

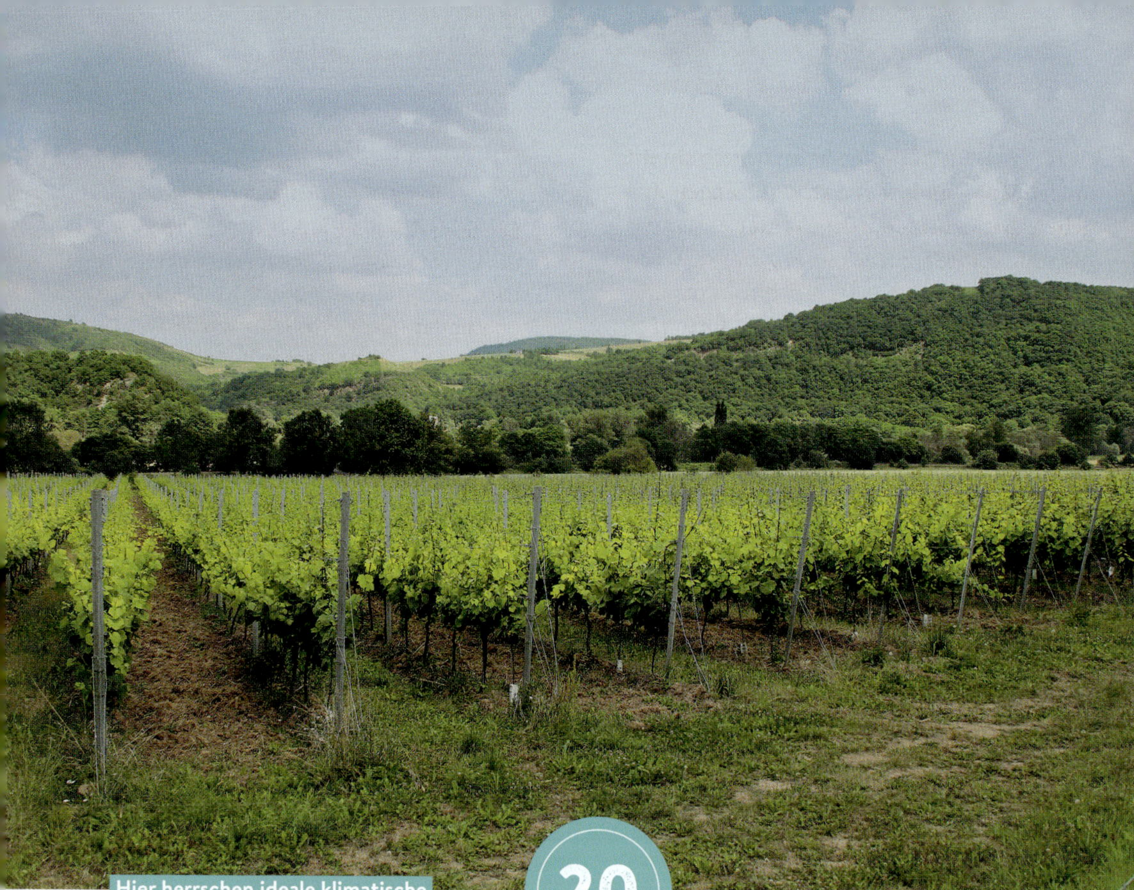

Hier herrschen ideale klimatische Bedingungen für die Rebpflanzen.

20

GLITZERNDE VERFÜHRUNG

Wasserfall Klotten

In der Nähe des schönen Weinortes Klotten präsentiert sich bei dieser Tour eine einzigartige Naturkulisse: das Dortebachtal mit seinem Wasserfall und seiner einzigartigen Pflanzenvielfalt. Durchaus lohnenswert ist im Anschluss noch die Besichtigung der Seitskapelle.

DER WEINORT Klotten befindet sich direkt an der Mosel und ist von steilen Hängen umgeben. Die Geschichte des Weinortes kann bis zum Jahr 698 zurückverfolgt werden. Zu dieser Zeit hielt sich vermutlich die Polenkönigin Richeza, Enkelin des Kaisers Otto II., mit ihren Kindern an diesem Ort auf. Sie ließ damals eine Kapelle (Nikolauskirche) mit angeschlossenem Wohnturm erbauen. Nach ihrem Tod vererbte sie ihren Besitz der Benediktinerabtei Brauweiler.

DAS DORTEBACHTAL Der bekannte Wasserfall befindet sich im Naturschutzgebiet Dortebachtal bei Klotten. In diesem Naturschutzgebiet herrschen besondere klimatische Bedingungen, die das Vorkommen von speziellen Tieren und Pflanzen ermöglichen. So gedeihen Pflanzen, die sonst vorwiegend am Mittelmeer und Atlantischen Ozean vorkommen. Verschiedene Eidechsenarten wie z. B. die Smaragdeidechse, der Weiße Diptam oder auch der Apollofalter haben hier ihre Heimat.

Tipp

BURG CORAIDELSTEIN

Die Burg Coraidelstein bzw. Burg Klotten ist eine Höhenburg, die der Legende nach vom Pfalzgraf Hermann I. um 960 gegründet wurde. Um 1294 wurde die Burg urkundlich das erste Mal erwähnt. Funde von Münzen und Keramik deuten darauf hin, dass sich hier die Römer niedergelassen haben. Die Lage der Burg ist äußerst attraktiv. Erhaben reckt sie sich auf 177 Metern an der Mosel empor. Führungen finden auf der Burg, die sich in Privatbesitz befindet, nicht statt.

EIDECHSENFÜHRUNG Die auffällige Wegmarkierung mit dem Eidechsensymbol beginnt am A **Wanderparkplatz** an der Mosel (B 49). Schon nach einem knappen Kilometer ist der Wasserfall erreicht. Voller Kraft stürzt sich der Dortebach über den Felsen in die Tiefe. Egal zu welcher Jahreszeit, der

Verschiedene Eidechsenarten bevölkern das Dortebachtal.

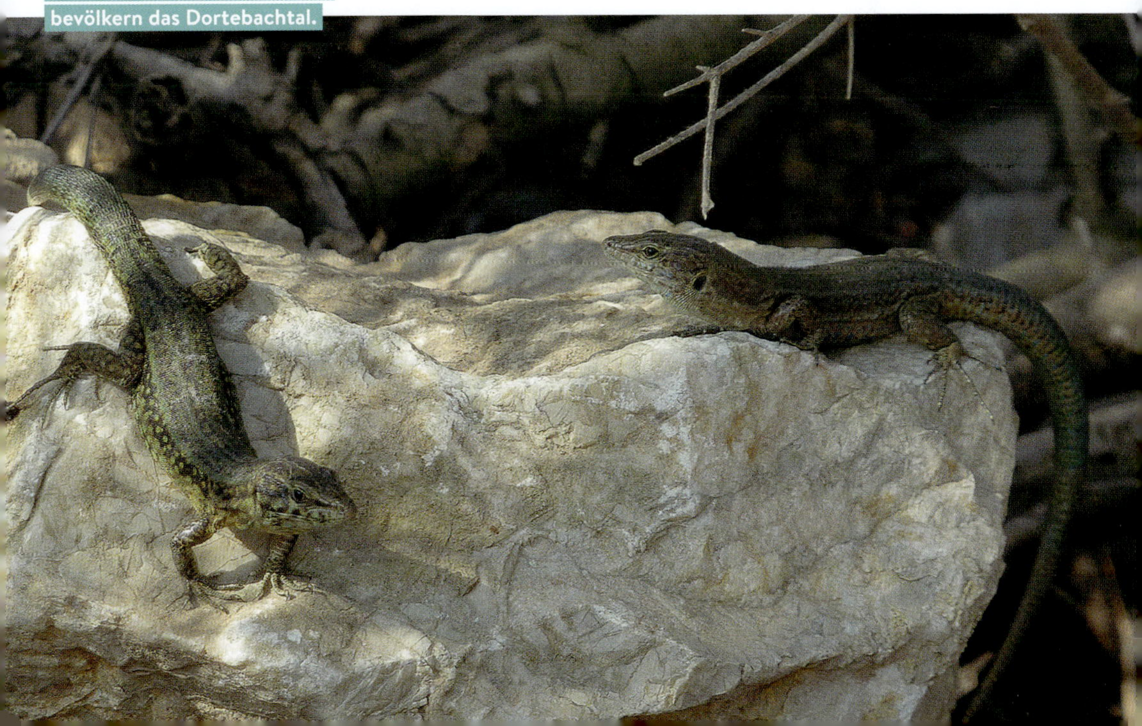

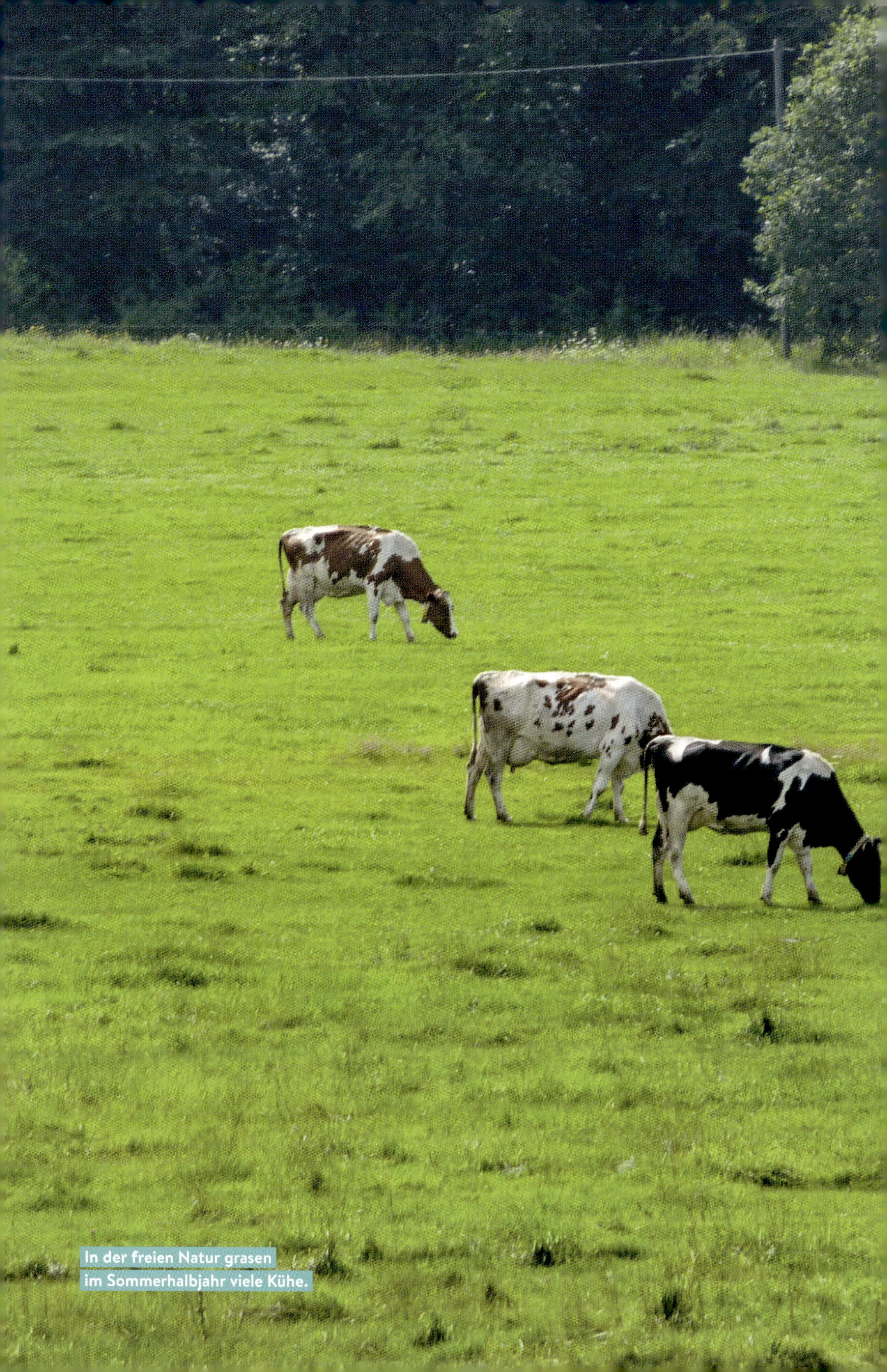

In der freien Natur grasen
im Sommerhalbjahr viele Kühe.

1 Wasserfall ist ein imposantes Naturerlebnis für seine Besucher. Im Winter verzaubert er mit seiner Eisschicht, während er bei warmen Temperaturen gern ein wenig Abkühlung verschafft. Von der kleinen hölzernen Brücke hat der Betrachter einen wunderbaren Blick auf das spritzende Wasserspiel.

FASZINIERENDE AUSSICHTEN Weiter führt dann die Tour zum Bergplateau in den Klottener Neuwald und zum Annischerhof. Jetzt geht es an Wiesen vorbei, bis der herrliche Aussichtspunkt Kasteschkopp erreicht ist. Serpentinen führen nun sicher ins Tal und zum **E Wanderparkplatz** hinunter.

SEITSKAPELLE Empfehlenswert ist ein Abstecher zur **2 Seitskapelle** auf dem Moselhöhenweg. Direkt oberhalb von Klotten befindet sich das Seits-Kapellenhäuschen. 1859 wurde es von Johann Schunk II. und seiner Frau gestiftet und später um die Herz-Jesu-Kapelle erweitert. Noch heute können der Originalbodenbelag neben der Herz-Jesu-Statue von Carl Welter und die Passionsbilder von F. W. Bäsken bewundert werden.

INFO

TOURENCHARAKTER
Mittelschwere Rundwanderung durch das Dortebachtal mit seinem Wasserfall

ORIENTIERUNG
Wanderweg mit dem Symbol der Eidechse

HÖCHSTER/TIEFSTER PUNKT
317 m/87 m

AUSGANGS-/ENDPUNKT
Wanderparkplatz Naturschutzgebiet Dortebachtal an der B 49 ca. 1 km moselabwärts hinter Klotten

ANFAHRT
Auto: B 49 nach Klotten, weiter Richtung Pommern
ÖPNV: Mit der Bahn bis Bahnhof Klotten, siehe www.bahn.de

EINKEHR/ÜBERNACHTUNG
Hotel Zur Linde, Moselstraße 19, 56818 Klotten, Tel. 02671/43 76, www.zur-linde-klotten.de

BESTE JAHRESZEIT
März bis Oktober

KARTE
Rad- und Wanderkarte 1:25 000, Cochem – Zell, publicpress

Mittel | 5,5 km | 242 Hm | 3.00 Std.

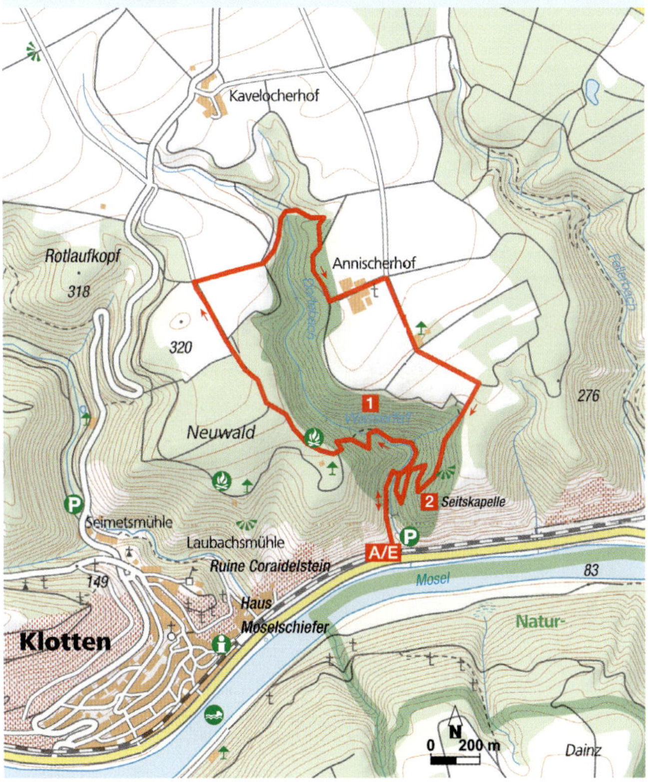

GLÜCKSKATZE UND KELTENSTÄTTE

Bergfriedhof Neef

Mannigfaltige Höhepunkte mit vielen faszinierenden Aussichten auf das Moseltal reihen sich bei dieser idyllischen Wanderung auf dem »Qualitätsweg Wanderbares Deutschland«, dem Moselsteig, aneinander. Geheimnisvolle Orte wie der schönste Bergfriedhof der Region versüßen zusätzlich die anfänglichen Strapazen der steilen Bergeroberungen.

Zusammen den Moment genießen

21

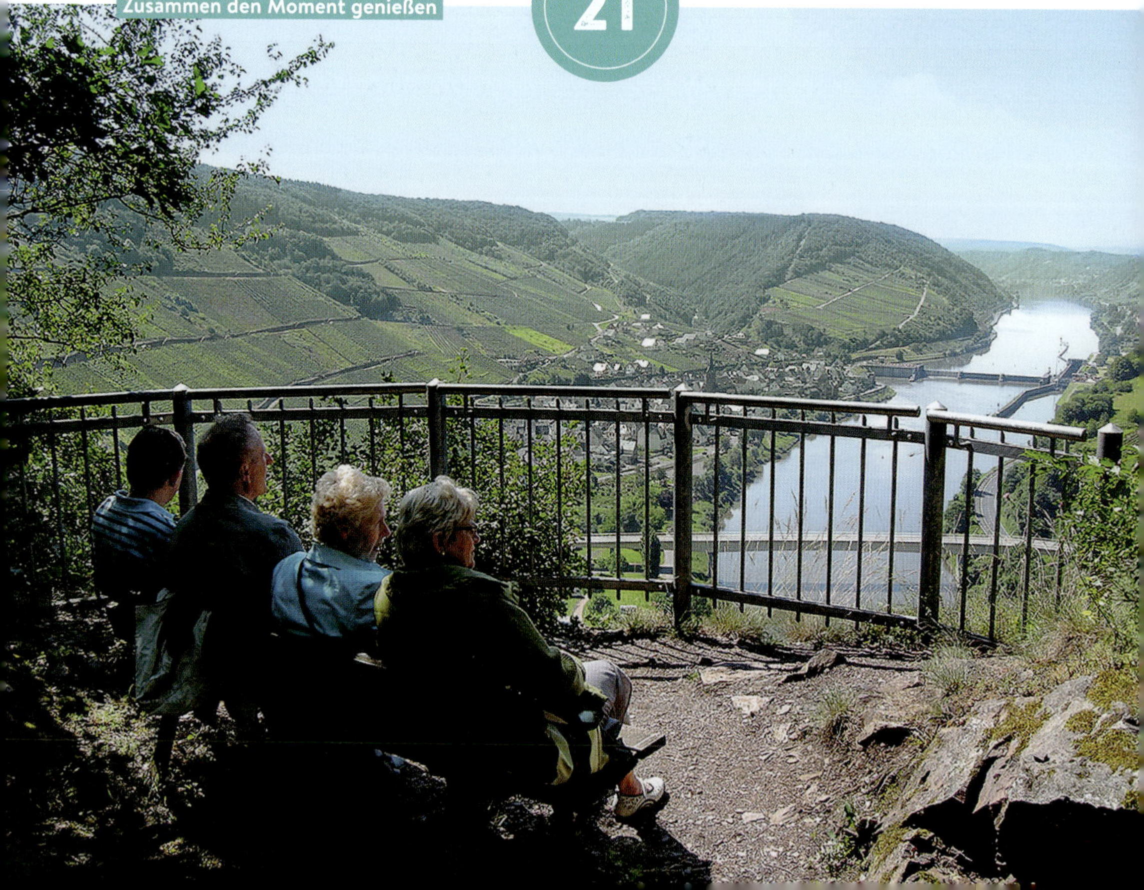

BEGINN AM SIEGESSYMBOL In der Altstadt beginnt am **A Schwarze-Katz-Brunnen von Zell** die gut ausgeschilderte Wanderung. Der Brunnen wurde aus Eifelbasalt erbaut. Seine Inschrift »He steiht ferm wie'n Zeller us'm Hamm« (»Hier steht fest ein Zeller aus dem Hamm«) geht auf das Jahr 1532 zurück. Damals verteidigten die Zeller und die Trierer die Stadt Trier gegen Franz von Sickingen.

STEILE ETAPPE MIT AUSSICHT Vorbei am Viereckigen Turm als Teil der ehemaligen mittelalterlichen Stadtbefestigung und dem Karbertchenweg ist der Klettersteig »Collis Steilpfad« bald erreicht. »Collis Steilpfad« prüft nicht nur die starken Wadenmuskeln, sondern bietet auch wunderbare Ausblicke. Hilfreich ist bei diesem anspruchsvollen Start die Drahtseilsicherung. Nach einigen Mühen ist der Collis-Turm erreicht. Er wurde 1906 aus Backstein erbaut und bietet mit seiner Höhe von fast acht Metern und einer Aussichtsplattform einen fantastischen Blick auf den Ort. Nun führt die Route durch den Wald bis zur Lönshütte, wo sich eine kleine Rast lohnt.

VIELVERSPRECHENDE LANDSCHAFTS-IDYLLE Weiter geht es leicht abwärts in Richtung **1 Merl**. Rechter Hand zieht die Route nun bald zum Mühlental und zur L 199. Links abbiegend, geht es bald nach Merl. Von hier aus gilt es wieder einen kleinen Aufstieg auf dem Weinbergweg zu meistern. Nach ca. 200 Metern erreicht man über den links weiterführenden Wirtschaftsweg eine Kapelle. An der nächsten Wegkreuzung geht es links ab und über einen Weinberg weiter. Wunderschöne Aussichten auf das Moseltal sind hier garantiert. Schon bald weist die Markierung mit der Aufschrift »Königshütte« die richtige Richtung. Immer noch weiter aufwärts, ist bald ein Querweg erreicht. Die linke Abbiegung führt zu idyllischen Weinreben bis zu einem Seitental der Mosel. Am und im Wald führt der Weg im Anschluss rechts bis zu einer Anhöhe weiter. Durch den Wald weiter bergan, folgt man dem Forstweg links. Kurz darauf ergibt sich die Möglichkeit für einen Abstecher zu den Dreieichen.

BERUHIGENDES PLÄTSCHERN Am Moselsteig zurück, biegt man an der Kreuzung rechts ab und wird jetzt von einem plätschernden Bach bis zu einem Forstweg begleitet. Nun dem Weg rechts aufwärts bis zur großen Kreuzung folgen.

LECKERER SCHMAUS Nachdem erst links und dann an der anderen Kreuzung rechts

Tipp

RÄTSEL UM DIE »ZELLER SCHWARZE KATZ«

Im Jahr 1863 besuchten Zell einige Weinhändler. Sie probierten vielerlei Wein, allerdings kamen nur drei Fässer des Weingutes Mayntzer in Betracht. Die Weinhändler konnten sich nicht einigen, bis die Winzerfrau mit ihrer schwarzen Katze in den Keller kam. Unerwartet hüpfte die Katze auf eines der drei Fässer und fauchte jedermann, der zu dem Fass kommen wollte, an. Mit Staunen sahen die Kaufleute ihrem Gebaren zu und fällten die Entscheidung, genau dieses Weinfass zu kaufen. Schon bald nach ihrem Kauf kamen die Weinhändler wieder und kauften genau die Weine aus den Weinbergslagen, welche die Katze nicht hergeben wollte, aber großen Anklang unter den Weinliebhabern gefunden hatten. Diese Weinlagen, die immer noch viel Handarbeit der Winzer erfordern, wurden daraufhin »Zeller Schwarze Katz« genannt.

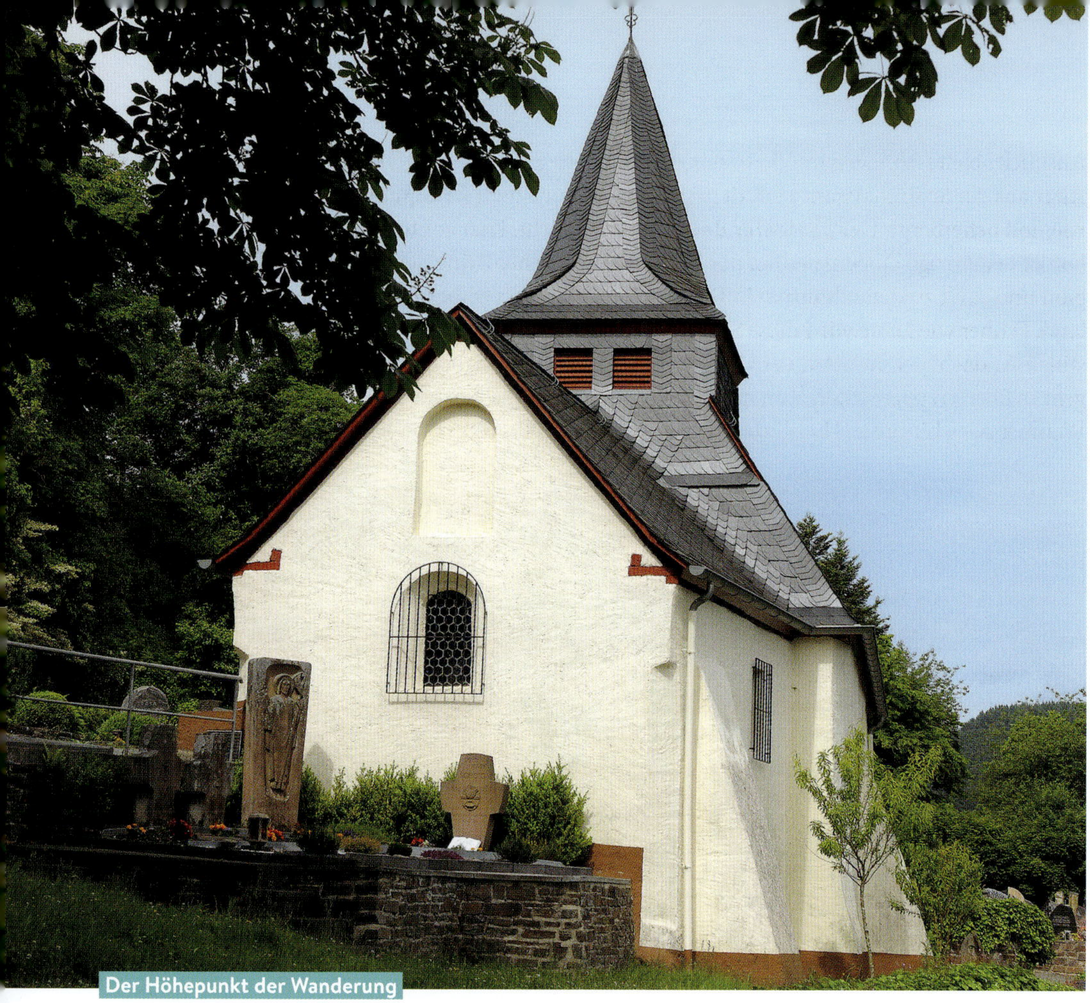
Der Höhepunkt der Wanderung

abgebogen wird, ist die Abzweigung zur Weinstube **2 Onkel Toms Hütte** bald erreicht. Die Straußwirtschaft bewirtet ihre Gäste mit typischen Gerichten aus der Moselküche und fruchtigen Weinen von den eigenen Weinbergen. Rechts an der Baumschule vorbei, ist der nächste Waldrand bald zu sehen. An einer Bank geht es links zwischen Wald und Feld weiter bis zu einem Rastplatz. Der rechte Wirtschaftsweg führt bald tiefer in den Wald. An der nächsten Kreuzung folgt man dem halb linken Weg und wandert durch Mischwald abwärts. Über Weinberg- und Wiesenwege führt die Route durch den Wald weiter bis zum **3 Neefer Bach**. Auf der anderen Bachseite stößt man auf die Straße und folgt ihr rechts bis zur Hangkante. Rechts an der Kreuzung beginnt wieder ein Anstieg bis zu einem Schotterweg. Nun ist bald der obere Hangweg erreicht und Neef ist auch nicht mehr weit.

BERG DER KELTEN Immer am Hang entlang gelangt man bald zum Petersberg mit seinem Gipfelkreuz. Auf dem Petersberg hatten bereits die Kelten eine Kultstätte angelegt und ihre Toten begraben.

PETERSKAPELLE MIT BERGFRIEDHOF
Um das Gipfelkreuz herum führt die Route abwärts zu einem asphaltierten Weg und zum Parkplatz an der Peterskapelle. Die Peterskapelle ist eine romanische Kapelle aus dem 12./13. Jahrhundert, die nicht nur wunderbare

Ausblicke bietet, sondern mit dem steinernen Altar aus der Spätrenaissance ein richtiges Kleinod beherbergt. Der 4 **Neefer Bergfriedhof** ist der einzige Höhenfriedhof der Moselregion und zählt zu den schönsten in Deutschland. Früher wie heute wird diese Stätte zur stillen Andacht genutzt. Auf dem Kreuzweg geht es über Treppenstufen zum nächsten Weinbergweg hinunter. Hier links abbiegen.

In Kürze ist der 5 **Weinort Neef** und damit auch der E **Endpunkt** dieser Wanderung erreicht. Hier sollte man nicht versäumen, die Kirchenruine des ehemaligen Augustinerklosters zu besuchen. 1137 wurde das Kloster als »in Insula Sancti Nicolai ad Stupam« gegründet. Die Stätte zwischen Neef und Ediger-Eller bestand aus einem Frauenkonvent mit einer dem hl. Nikolaus geweihten Kirche.

INFO

TOURENCHARAKTER
Landschaftlich reizvolle Tour auf dem »Qualitätsweg Wanderbares Deutschland« mit vielen faszinierenden Höhepunkten

ORIENTIERUNG
Einfach, Wegkennzeichnung Moselsteig

HÖCHSTER/TIEFSTER PUNKT
304 m/96 m

ANFANGSPUNKT
Schwarze-Katz-Brunnen in Zell

ENDPUNKT
Neef

ANFAHRT
Auto: Über die B 421 und Brandenburgstraße nach Zell, von der Moselpromenade in die Marktstraße mit Brunnen abbiegen
ÖPNV: Nach Zell (Mosel) mit der Buslinie 333 (Bullay–Traben-Trarbach) und der Buslinie 720 (Bullay–Zell), in Neef Bahnhof der Moselbahnstrecke, siehe www.vrt-info.de

EINKEHR/ÜBERNACHTUNG
Ausflugslokal Onkel Toms Hütte, 56859 Bullay, Tel. 06542/24 67, www.weingut-friedhelm-lenz.de

BESTE JAHRESZEIT
März bis November

Schwer | 20 km | 720 Hm | 6.00 Std.

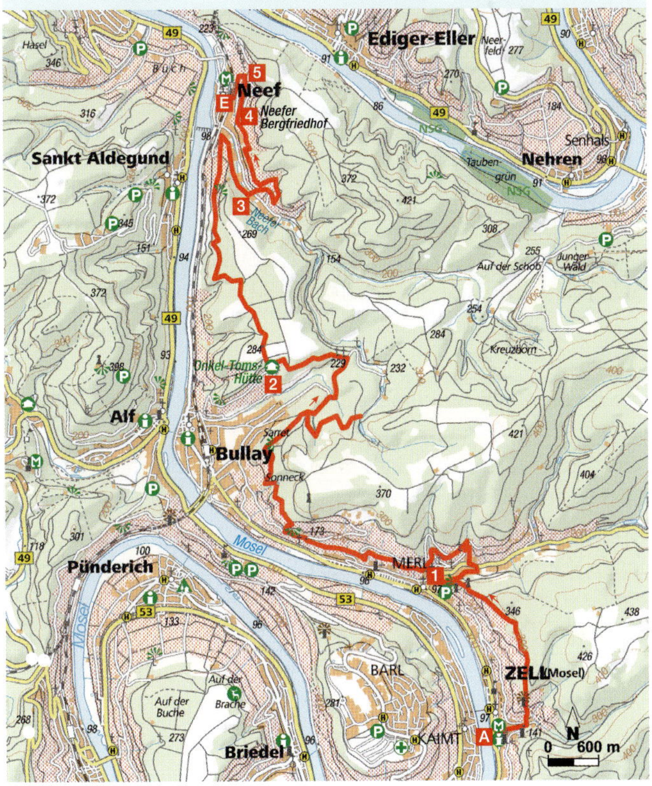

KARTE
Freizeitkarte Moselsteig 1:25 000, 3-teiliges Kartenset mit dem Moselsteig von Perl bis Koblenz, mit Wander- und Radwanderwegen, Landesvermessungsamt Rheinland-Pfalz

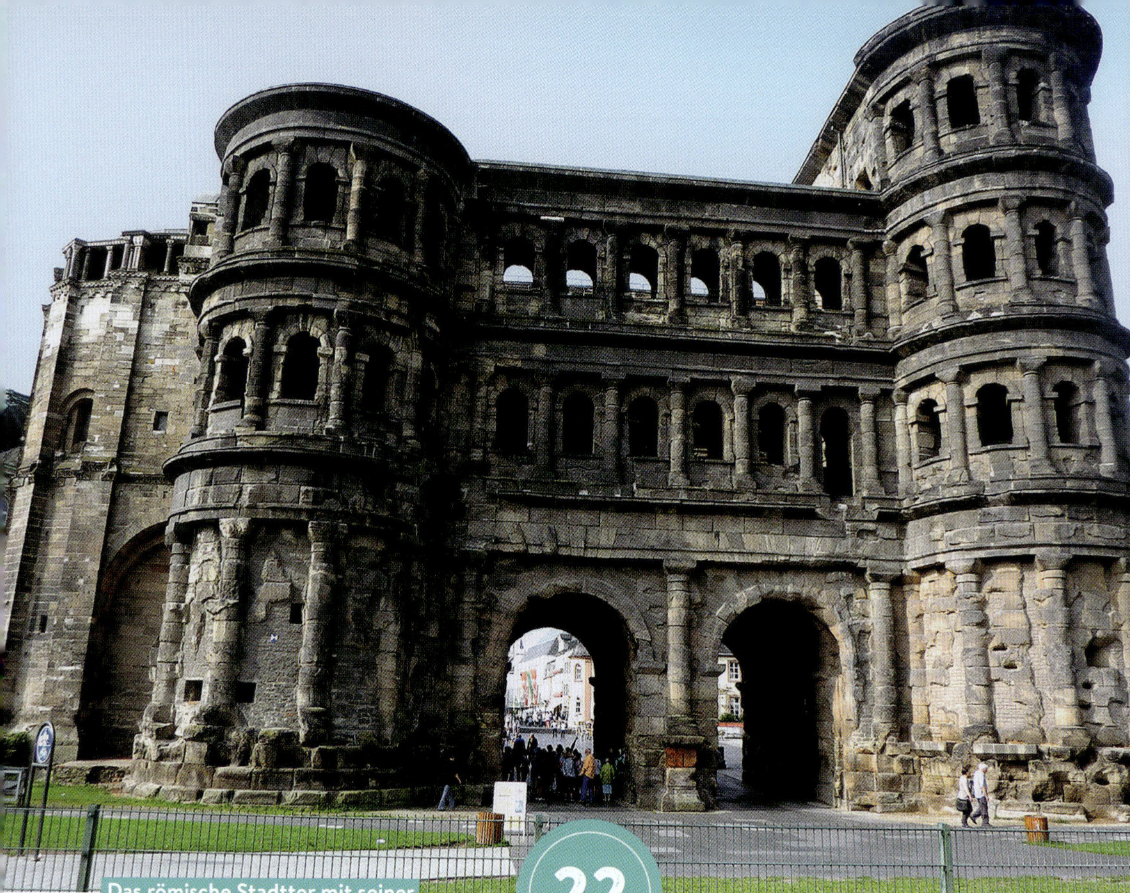

Das römische Stadttor mit seiner markanten schwarzen Färbung

22

GEHEIMNIS DES DOMSTEINS

Trier

In der Stadt Trier, einst von den Römern gegründet, spielten sich anscheinend im Mittelalter teuflische Ereignisse ab. Zwei Bruchstücke einer großen Granitsäule, auch »Domstein« genannt, die vor dem Trierer Dom liegen, sind das Werk des Teufels, wie eine Legende erzählt. Touristen berichten gern von dem Frösteln, das sie während ihrer Betrachtung heimsuchte.

RÖMISCHES STADTTOR Diese familientaugliche Wanderung zu den berühmtesten geschichtsträchtigen Stätten der Stadt Trier beginnt an der **A Porta Nigra**, dem bekannten römischen Stadttor. Die Porta Nigra, übersetzt »Schwarzes Tor«, welche ca. 180 n. Chr. errichtet wurde, ist legendär. Nach 1028 ließ sich der griechische Mönch Simeon als Einsiedler in den Ostturm der Porta Nigra einmauern. Er starb 1035, wurde im Erdgeschoss beerdigt und heiliggesprochen. Erzbischof Poppo von Babenberg veranlasste, ihm zu Ehren im römischen Tor zwei übereinanderliegende Kirchen zu erbauen. Auf Veranlassung Napoleons wurden diese zwischen 1804 und 1809 wieder abgetragen.

HAUS MIT HISTORIE Von der Porta Nigra geht es weiter auf der »Tourist-Route« über die Simeonstraße bis zum **1 Dreikönigshaus**. Das Dreikönigshaus ist ein frühgotisches Wohnhaus, welches früher den Namen »Zum Säulchen« trug. Erbaut wurde das Haus, welches ursprünglich einem romanischen Wohnturm entstammte, im Jahr 1230. Über den Hauptmarkt ist die Kirche St. Gangolf nicht mehr weit.

DER DOM Links führt die Strecke weiter in die Sternstraße bis zur ältesten Bischofskirche Deutschlands, der Domkirche **2 St. Peter zu Trier**. Der Domstein vor dem Eingang des Doms wirkt wahrhaft imposant. Das Gestein stammt vom Steinbruch am Felsberg im Odenwald (heute das sog. Felsenmeer) und war ursprünglich eine Granitsäule aus dem ersten Dombau. Nach der ersten Domzerstörung blieben die Säulen als Bruchstücke liegen. Während Fundamentierungsarbeiten wurden zwei Bruchstücke geborgen und vor den Eingang gelegt. In direkter Nachbarschaft liegt die **3 Liebfrauenkirche**, die zu den ältesten gotischen Kirchenbauten Deutschlands zählt.

KAISERS RESIDENZ Von der Liebfrauenstraße geht es geradewegs links in die Straße »An der Meerkatz«, wo sich die **4 Konstantinbasilika** befindet. Die heutige evangelische Kirche war zu Römerzeiten eine Palastaula. Der Thronsaal des Kaisers Konstantin, die Aula Palatina, ist durch ihre Maße von 27,2 Meter Breite, 33 Meter Höhe und 67 Meter Länge sehr beeindruckend. Das Innere der Konstantinbasilika kann außerhalb des Gottesdienstes besichtigt werden (Öffnungszeiten über Tel. 0651/99 49 12 00 oder www.trier.ekir.de/thema/konstantin-basilika). Neben der Konstantinbasilika wartet schon das nächste Highlight, das Kurfürstliche Palais bzw. die Residenz der Trierer Erzbischöfe. Jetzt gilt es den Park an der Stadtmauer entlang zu durchstreifen.

RÖMISCHE BADANLAGE In Kürze sind die **5 Kaiserthermen** erreicht. Die Besichtigung der Ruinen der römischen Badanlage ist durchaus empfehlenswert. In ihr kann mit oder ohne Führung der ehemalige Warmbadesaal, das »caldarium«, besichtigt

Während der Besichtigugstour werden malerische Plätze erkundet.

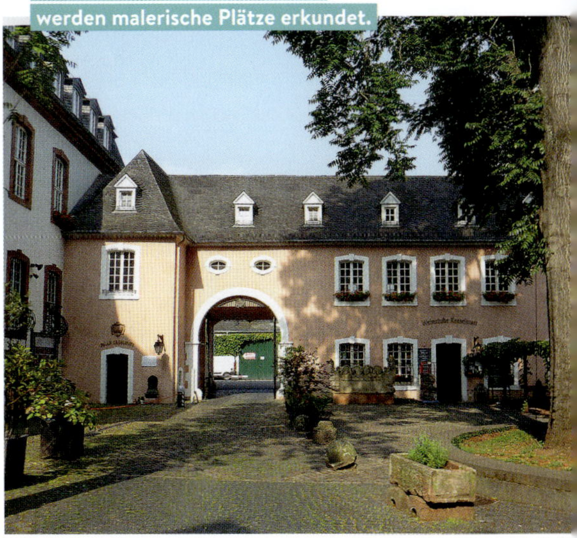

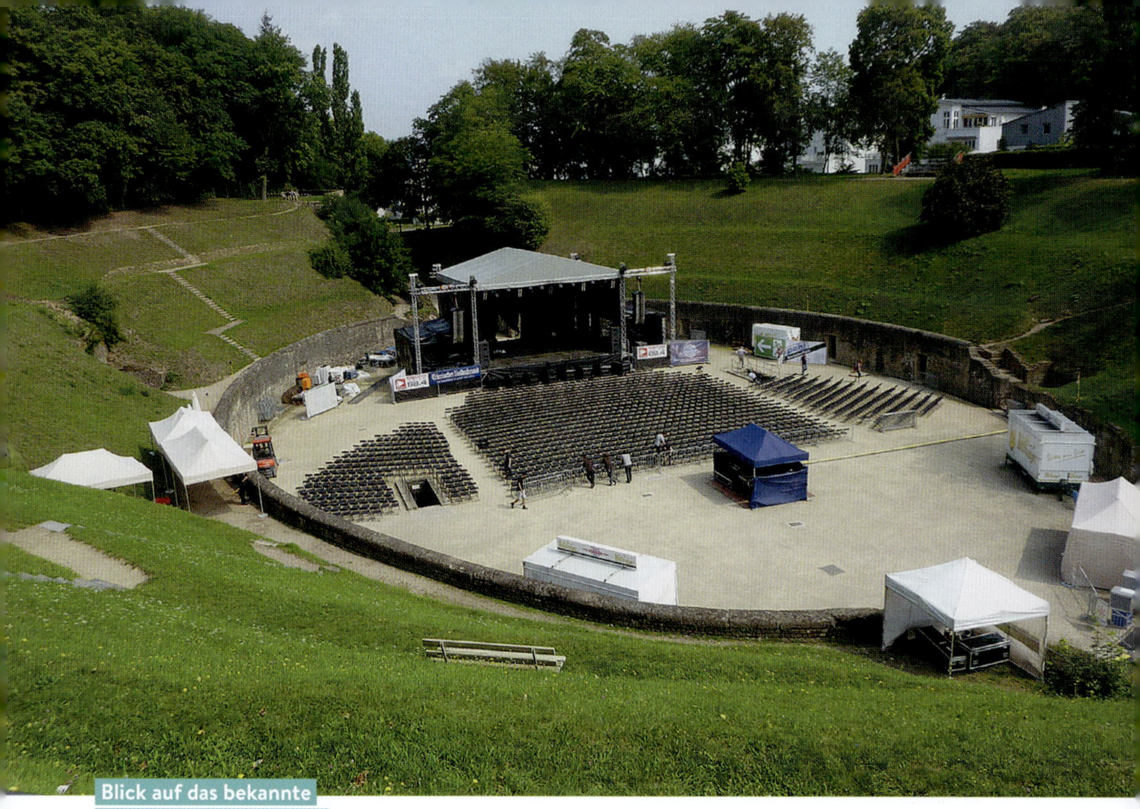

Blick auf das bekannte Amphitheater der Stadt

Tipp

LEGENDE ZUM DOMSTEIN

Vor dem Eingang des Doms liegen zwei Teile einer großen Granitsäule. Nach der Legende wurden für den Dombau vier große schwere Säulen benötigt. Der Architekt war in Not und berichtete dem Teufel, dass er das größte Wirtshaus weltweit erbauen möchte. Er bat den Teufel, ihm dabei zu helfen. Der Teufel erklärte sich bereit und brachte jede Woche eine Säule.

Als er das letzte Mal mit einer Säule erschien, bemerkte er, dass es der Bau einer Kirche war, da der Bischof diese gerade einweihte. Außer sich vor Wut, warf er die Säule, die er gerade trug, auf den Dom. Er warf allerdings knapp daneben, sodass sie bis heute vor dem Eingang liegt.

werden. In den Kaiserthermen finden heutzutage Theateraufführungen für bis zu 650 Zuschauer statt. Die Route führt nun über die Straße Weberbach und die Kaiserstraße zur Unterführung an der Ostallee weiter.

BERÜHMTE STÄTTE Über die Hermesstraße und die Olewiger Straße erreicht man nun das 6 **Amphitheater**, welches um 100 n. Chr. erbaut wurde und Platz für über 20 000 Zuschauer bot. Die unterirdischen Gänge sind noch sichtbar. Das Amphitheater diente nicht nur der Unterhaltung, sondern auch als östliches Stadttor von Trier. Heute werden jedes Jahr im August beim Festival »Brot & Spiele« nachgestellte Gladiatorenkämpfe ausgetragen. Das Amphitheater wird über die Olewiger Straße wieder verlassen. Durch die Unterführung der Südallee kommt man zum Moselufer. Kurz zuvor sind noch die 7 **Barbarathermen**, eine ehemals römische Badanlage aus dem 2. Jahrhundert n. Chr., einsehbar.

IMPOSANTES BAUWERK Am Sankt-Barbara-Ufer angekommen, führt die Route rechts zur Römerbrücke. Die Römerbrücke, welche auch als »Alte Moselbrücke« bekannt ist, ist die älteste Brücke in Deutschland. Von hier aus bietet sich dem Wanderer ein atemberaubender Blick auf die Stadt. Leichten Fußes geht es am Johanniterufer weiter. Zwei alte **8 Moselkräne** aus den Jahren 1413 und 1774 sind die nächsten Stationen. An der Kaiser-Wilhelm-Brücke führt rechter Hand die Merianstraße zur Friedrich-Ebert-Allee und Nordallee.

AM ZIEL Bald ist die **E Porta Nigra** wieder erreicht. Für mehr Hintergrundinformationen bietet sich eine Führung der örtlichen Touristinformation an. Neben Kurzführungen mit 75 Minuten werden zweistündige oder Nachtführungen angeboten. Togaführungen, Führungen mit einem Bänkelsänger oder auch die Kostümführung Dreij Trierer Mädercher sind neben der Stadtrundfahrt und weiteren Erlebnisführungen sehr beliebt. Informationen gibt es bei der Tourist-Information Trier, An der Porta Nigra, 54290 Trier, Tel. 0651/97 80 80, www.trier-info.de.

INFO

TOURENCHARAKTER
Leichte Stadtwanderung mit vielen geschichtlichen Attraktionen

ORIENTIERUNG
Einfach, Markierung »Tourist-Route«

HÖCHSTER/TIEFSTER PUNKT
159 m/125 m

AUSGANGS-/ENDPUNKT
Porta Nigra in Trier

ANFAHRT
Auto: Über die B 51 oder B 49 nach Trier und über die Nordallee zur Porta Nigra
ÖPNV: Mit der Bahn bis Bahnhof Trier und ca. 500 m zu Fuß

EINKEHR/ÜBERNACHTUNG
Hotel Porta Nigra, Paulinstraße 7, 54292 Trier, Tel. 0651/259 39, www.hotel-porta-nigra.de

BESTE JAHRESZEIT
Januar bis Dezember

KARTE
Cityplan Trier 1:10 000, Falk

Leicht | 6,5 km | 70 Hm | 2.00 Std.

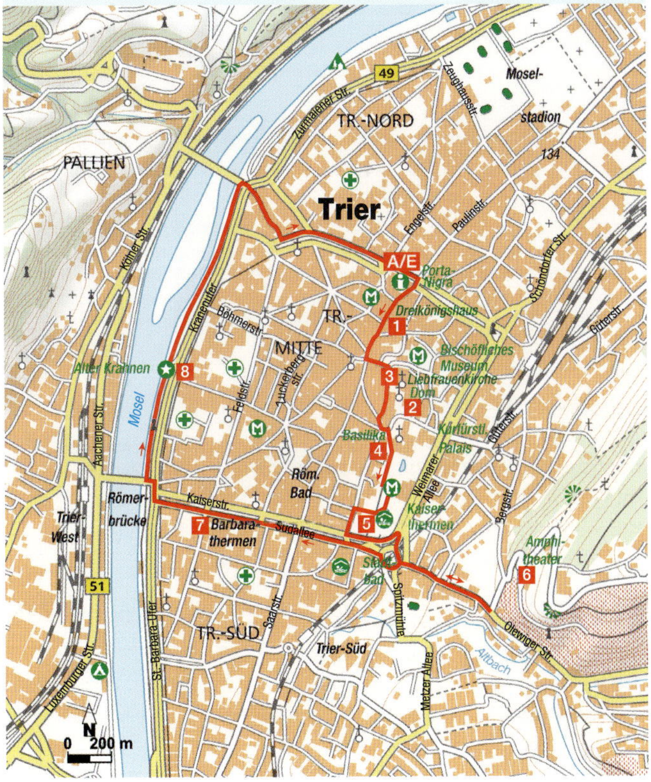

EIN GUT BEHÜTETER SCHATZ

Kapelle Prümzurlay

Im schönen Tal der Prüm befindet sich der idyllische Ort Prümzurlay. Wilde Natur umgibt die Gemeinde. Wanderer können eigenwillige Felsformationen und Wasserspiele betrachten, sich aber auch an den versteckten Kostbarkeiten in der Kapelle Prümzurlay oder unterhalb der Prümerburg erfreuen.

23

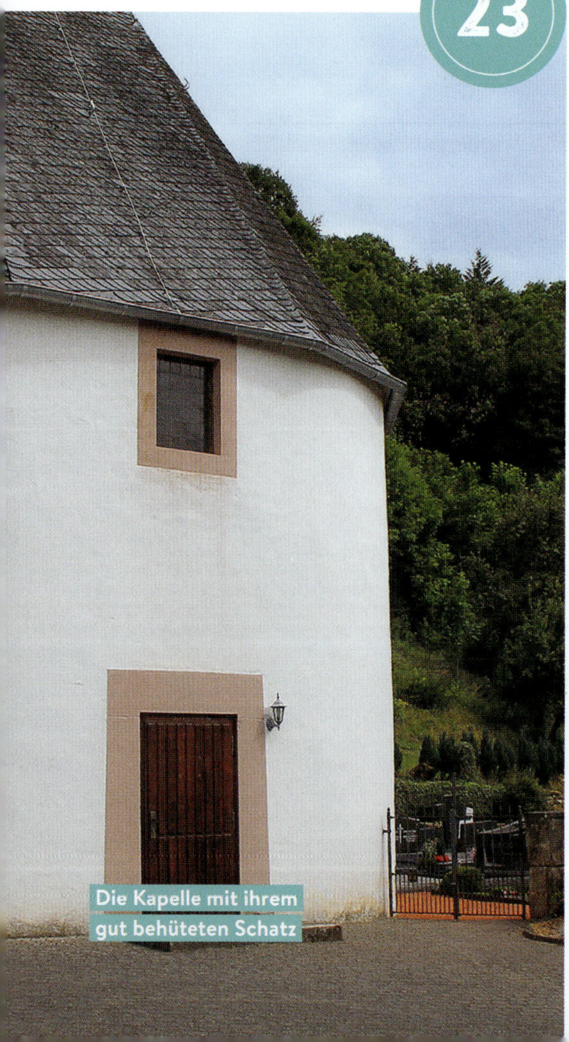

Die Kapelle mit ihrem gut behüteten Schatz

ATTRAKTIVES ÖRTCHEN Der Ort Prümzurlay wurde erstmals 798/802 n. Chr. erwähnt. Der Fluss Prüm wie auch der »Layen«, welcher auf die Sandsteinformen der Gegend zurückgeführt wird, waren für den Ort namengebend. Ausgangspunkt der leichten Wanderung ist der kleine Park an der Prümbrücke in **A Prümzurlay**. Etwa 150 Meter links erreicht der Wanderer eine Weggabelung, an der die Route rechts weiter verläuft. Nach nur wenigen Minuten ist die Straße erreicht. Auf ihr geht es weiter bis zur linken Abbiegung vor dem Wasserbunker. Eine kurze Weile später, wählt man an der nächsten Kreuzung den linken Weg und folgt nun immer der Markierung mit dem weißen »A«.

FERSCHWEILER PLATEAU Nach der Linkskurve führt die bis dahin ebene Strecke halb rechts über Steinstufen zu einer Felsengruppe und hinauf zum Ferschweiler Plateau. Vorbei an einer Schutzhütte geht es jetzt weiter am Plateausaum bis zu den links abwärtsführenden Stufen. Nach einem schmalen Weg schließt sich der Höhenweg an, der durch eine bezaubernde Buntsandsteinwelt bis zur Teufelsschlucht führt. Nun ist links der Markierung 3 nachzugehen. Mehrere Stufen gilt es zu bewältigen, bis ein breiter Querweg erreicht ist. Links weiterwandernd, sind eine Lichtung und die Schutzhütte Waldesruh weitere Stationen. Die Strecke führt nun rechts mäßig steil abwärts und am Bänkchen der ersten Rechtskurve links mit der Markierung 16 bis zum Waldjugendlager.

LAUSCHIGES FLÜSSCHEN Von der kleinen Straße ist das Prümufer zum Greifen nahe. Nach knapp zwei Stunden Wanderung ist die **1 Prümbrücke** erreicht. Der Uferweg mündet in einen asphaltierten Weg, der an Feldern bis Prümzurlay entlangführt. Über die Landstraße kommt man nach **E Prümzurlay** zurück. Von hier aus ist es zur Kapelle Prümzurlay St. Nikolaus nicht mehr weit. Im Innenraum sind die Madonnenfigur und die Pieta aus dem 15. Jahrhundert sehenswert.

INFO

TOURENCHARAKTER
Leichte Wanderung durch das Prümtal

ORIENTIERUNG
Einfach, Hinweisschilder mit dem weißen »A« auf blauem Grund, schwarzer Keil, Wegnummern 3, 16

HÖCHSTER/TIEFSTER PUNKT
380 m/180 m

AUSGANGS-/ENDPUNKT
Prümzurlay

ANFAHRT
Auto: Über die B 257 und L 4 nach Prümzurlay
ÖPNV: Mit den Buslinien 201 Trier–Bitburg und 443 Irrel–Ferschweiler

EINKEHR/ÜBERNACHTUNG
Hotel Haus am Berg
Kapellenstraße 15,
54668 Prümzurlay,
Tel. 06523/534,
https://xn--haus-am-berg-prmzurlay-6lc.de/

BESTE JAHRESZEIT
Januar bis Dezember

KARTE
Wanderkarte 1:50 000, Blatt IV Deutsch-Luxemburgischer Naturpark, Eifelverein e. V.

Leicht | 7 km | 310 Hm | 2.00 Std.

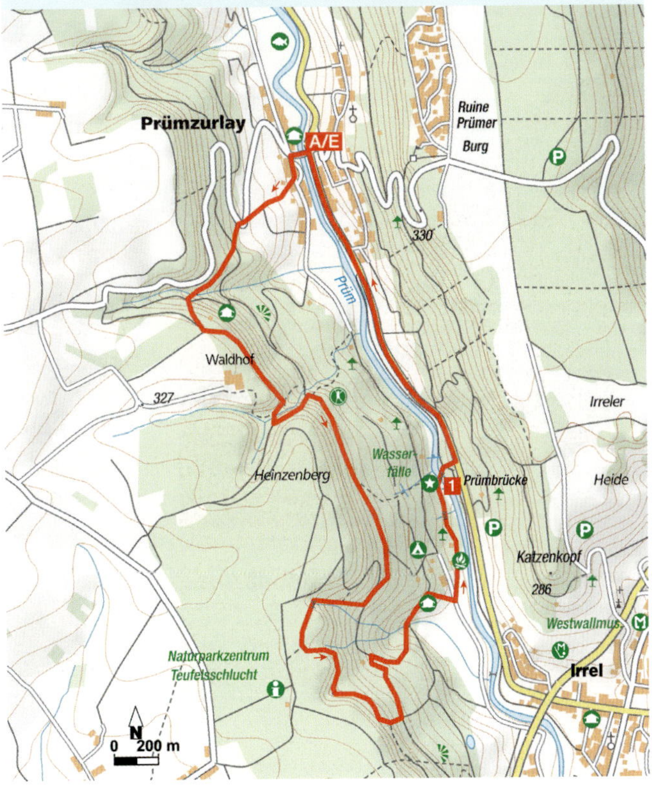

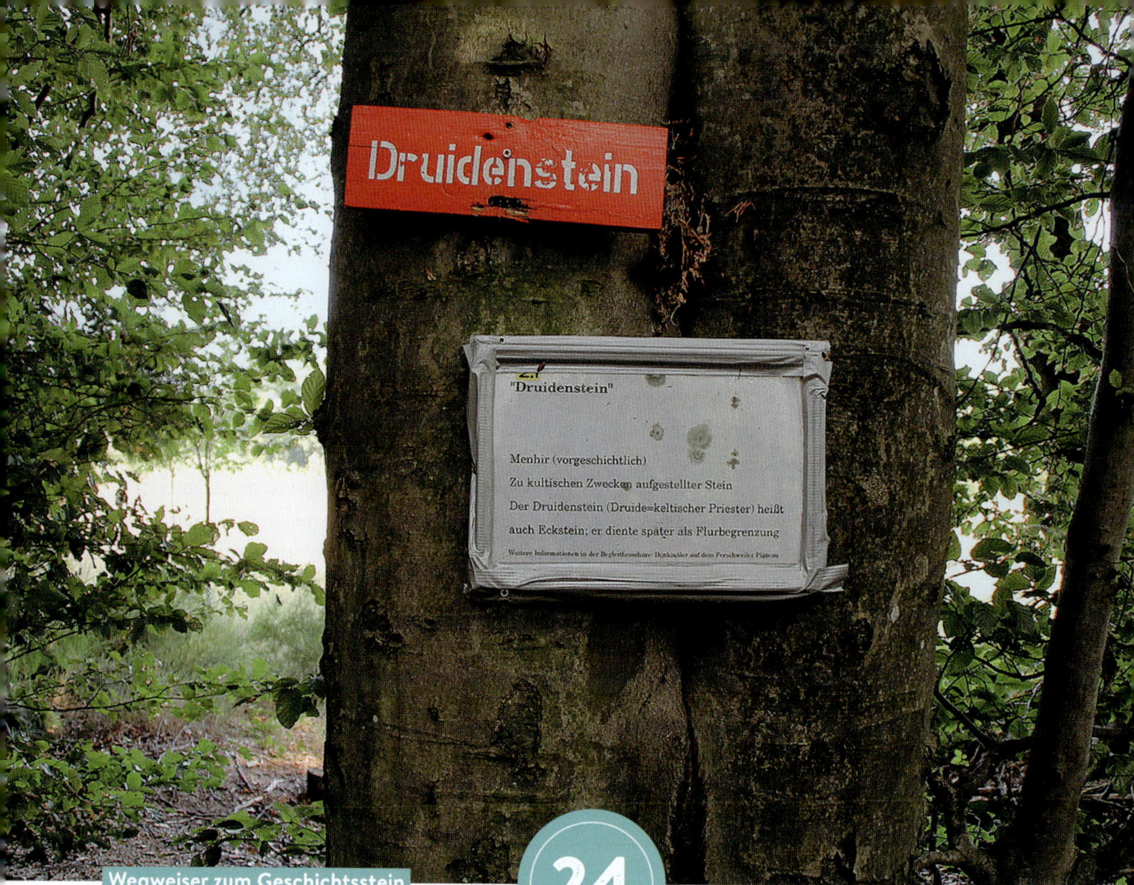

Wegweiser zum Geschichtsstein von Bollendorf

24

MENHIR MIT ZAUBERKRAFT

Druidenstein Bollendorf

Die Gemeinde Bollendorf, an der Grenze nach Luxemburg gelegen, befindet sich nicht nur innerhalb einer einzigartigen Naturlandschaft, sondern hütet sorgsam historisch interessante Bauten und Relikte. Für diese Tour sind neben einer Menge Wanderlust festes Schuhwerk und Wegzehrung unentbehrlich.

VILLA RUSTICA Diese geologisch und historisch interessante Tour beginnt »Am Sauerstaden« in **A Bollendorf**. Auf geheimnisvollen Wegen führt die Wanderung zu geschichtlichen Zeugnissen und durch eine einzigartige Landschaft. Über den Matthiasweg ist der erste Höhepunkt – die **1 Römische Villa** oberhalb der Burg – schon bald erreicht. Die Villa Rustica war ein kleinbäuerliches Anwesen. Das heutige Bodendenkmal wurde im 2. Jahrhundert n. Chr. errichtet.

GROTESKE FELSLANDSCHAFT Anschließend führt die Route über den Plateaurand bis zum **2 Teufelsloch**. Ein schöner Blick auf die Gemeinde belohnt für die vergangenen Mühen. Nach kurzer Zeit wird das Diana-Denkmal passiert. Dieses stammt aus dem 2. Jahrhundert und war der legendären römischen Göttin gewidmet, wie seine Inschrift ausdrückt: »Deae Dianae Q(uintus) Postumius Potens V(otum) S(olvit)« (»Der Göttin Diana hat Quintus Postumius Potens (den Stein gewidmet und) das Gelübde erfüllt.«).

HEIDNISCHER OPFERSTEIN Nun geht es geradeaus auf dem Matthiasweg zum Opferaltar. Dieses Naturdenkmal weist eine außergewöhnliche Form auf. Der Heimatforscher Josef Pütz beschrieb ihn in den 1970er-Jahren: »Namen wie ›Rotes Kreuz‹, ›Bärenstein‹, ›Heidenstein‹, ›Druidenstein‹ und ›Opferaltar‹ sind geläufig für den fünf Meter langen und drei Meter hohen Felsblock, der an seiner Oberseite eine muldenartige Vertiefung mit Abflusskanal aufweist und offensichtlich der heidnischen Bevölkerung als Opferstein diente. Inmitten der Vorburg (der Niederburg, J. M.), etwa 100 Meter südlich der westlichen Hälfte des Querwalls im Norden, befindet sich dieser ›Opferaltar‹.« (Pütz 110).

FRÜHGESCHICHTLICHE FLIEHBURG Die Niederburg ist die nächste Station. Diese »Naturfestung« in Form von steilen Hängen diente anscheinend als Burg. An ihr vorbei geht es nach eineinhalb Kilometern links zu

Tipp

DRUIDENSTEIN BOLLENDORF

Der »Druidenstein«, auch »Gerichtsstein« genannt, stammt anscheinend aus der Altsteinzeit. Eine Legende berichtet, dass der Stein im 7. Jahrhundert vom heiligen Willibrord, einem angelsächsischen Missionar, der »Apostel der Friesen«, gekürzt und mit einer Heiligenfigur versehen wurde. Der Druidenstein ist von Wald umgeben. Vermutlich waren es keltische Druiden – Männer wie auch Frauen mit großem rechtlichem oder medizinischem Wissen –, die den Stein mit geheimnisvollen Zeichen versehen haben. Auch kleine Kreuze wurden später eingeritzt, um die Magie und den Ort des Steines zu schützen. Noch heute glaubt ein Paar, das beim mitternächtlichen Vollmond einen Löffel aus Silber am Druidenstein versenkt, dass seine Liebe unzerstörbar ist.

Der magische Druidenstein steht inmitten des Waldes

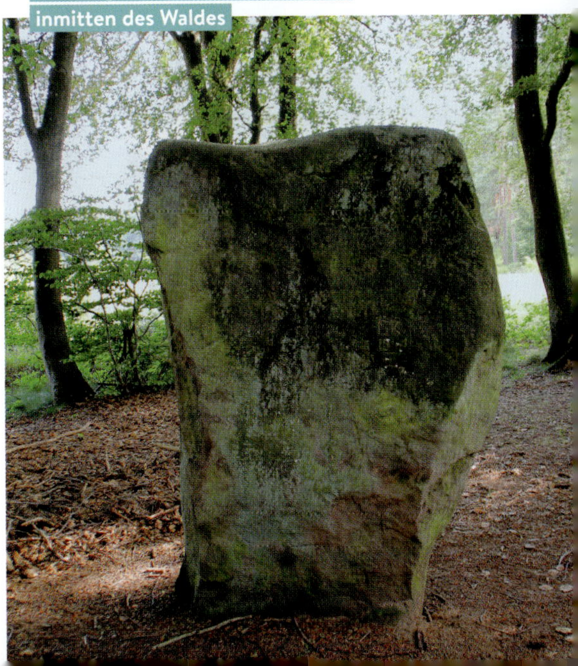

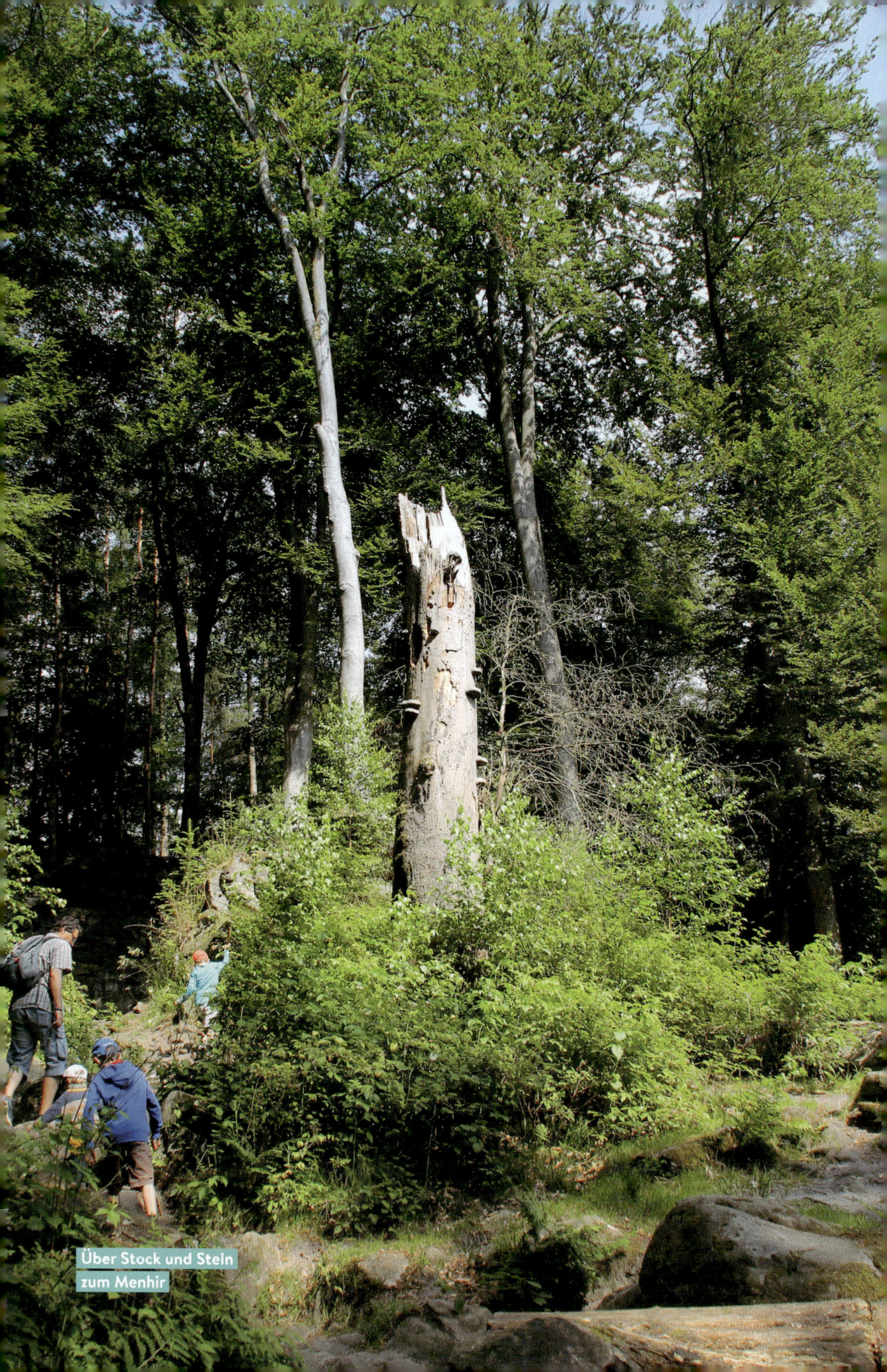

Über Stock und Stein
zum Menhir

den Kiesgräbern, die von einem gallo-römischen Friedhof stammen. Auf der Route weitergehend, gelangt man zum Mühlenberg bzw. dem Ort **3 Ferschweiler**. Das Plateau mit seiner einzigartigen Landschaft, der Wallfahrtsort Schankweiler Klause und die Wikingerburg, eine keltische Wallanlage, sind die nächsten markanten Punkte dieser Tour.

MYSTISCHE MENHIRE Der Weg führt nun zum Fraubillenkreuz, einem Menhir, der zu einem Kreuz verarbeitet wurde, und kurz danach zum **4 Druidenstein**, der auch als »Eckstein« bekannt ist, inmitten des Waldes. Der Sandsteinblock ist etwa drei Meter hoch und 1,60 Meter breit. Über den Weg Nr. 33 geht es nun nach **E Bollendorf** zurück.

INFO

TOURENCHARAKTER

Schwere Wanderung mit historischen Höhepunkten, nur mit geeigneter Wanderausrüstung

ORIENTIERUNG

Mittel, Wanderkarte sehr empfehlenswert

HÖCHSTER/TIEFSTER PUNKT

413 m/164 m

AUSGANGS-/ENDPUNKT

Straße Am Sauerstaden in Bollendorf

ANFAHRT

Auto: A 48 in Richtung Trier/Ludwigshafen/Köln bis Ausfahrt Dreieck Vulkaneifel in Richtung Saarbrücken/Luxemburg/Trier, die Ausfahrt Kreuz Wittlich auf die A 60 in Richtung Bitburg/Lüttich bis Ausfahrt Bitburg, auf die B 51 in Richtung Bitburg/Luxemburg, in Bitburg auf die B 257 in Richtung Irrel/Luxemburg bis Abfahrt Echternacherbrück in Richtung L 1 Bollendorf

ÖPNV: Bahn von Köln bis Bitburg-Erdorf und Bus 406 oder 441 nach Bollendorf, siehe www.bahn.de und www.vrt-info.de

EINKEHR/ÜBERNACHTUNG

Burg Bollendorf, 54669 Bollendorf, Tel. 06526/690, www.burg-bollendorf.de

Schwer | 21 km | 560 Hm | 7.30 Std.

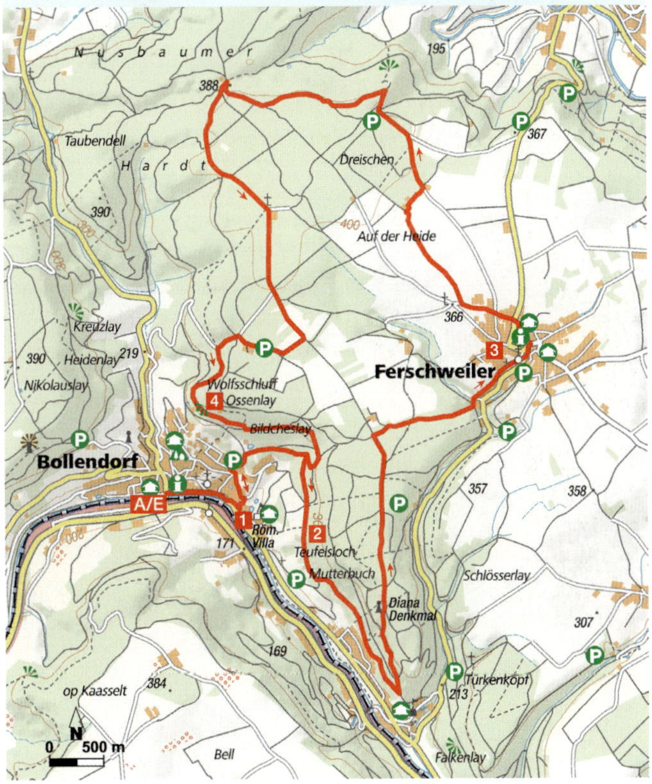

BESTE JAHRESZEIT

Januar bis Dezember

KARTE

Naturparkkarte 1:25 000, Blatt 3 Naturpark Südeifel, mit Wander- und Radwanderwegen, Landesvermessungsamt Rheinland-Pfalz

WO DER BEELZEBUB SEINE SPUREN HINTERLIESS

Teufelsschlucht

Imposante Felsen, tiefe Schluchten und Wasserspiele sind Merkmale dieser mit den zwei Teufelshörnern sehr gut ausgeschilderten Rundwanderung. Die etwa 17 Kilometer lange Strecke führt durch das Naturparkzentrum Teufelsschlucht.

Auf gut gesicherten Pfaden durch das Naturparkzentrum

25

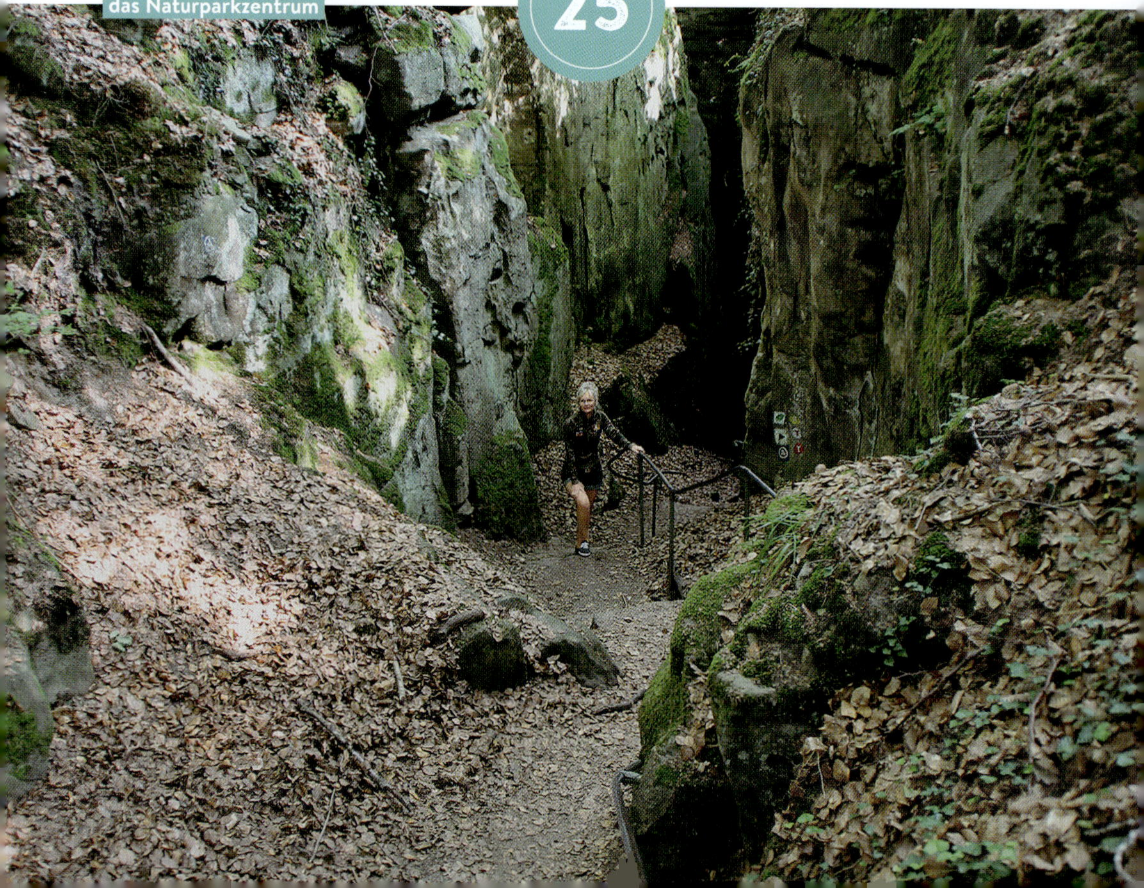

TEUFELSSPUREN Die Tour durch die Teufelsschlucht ist sehr beliebt. Der Startpunkt ist der **A Wanderparkplatz Felsenweiher** in Ernzen. Was hier der Teufel vollbracht haben soll, ist wirklich spektakulär! Eine 28 Meter tiefe **1 Schlucht** trägt sogar seinen Namen, dabei ist ihre Entstehung nicht auf den Teufel, sondern auf die Folgen der letzten Eiszeit zurückzuführen. Nach den Frost- und Tauperioden der letzten Eiszeit kam es zu Felsstürzen, und die ein bis fünf Meter breite »Schlucht« führt heute zwischen diesen riesigen abgelagerten Felsblöcken hindurch. Auf und ab gilt es sich nun durch diese Felsen zu bewegen. Zum Teil muss sich der Wanderer ziemlich durchpressen, während seine Hände die nackten Felswände berühren. Weiter geht es auf weichen Wegen an weiteren Schluchten vorbei. Wer in der frühen Tageszeit wandert, wird durch die Sonnenstrahlen, die sich durch die Bäume zwängen, eine ganz besondere Atmosphäre wahrnehmen. Aber auch bei nicht so schönem Wetter hat die Tour ihren ganz besonderen Reiz.

RAUSCHENDER WASSERFALL Auf dem markierten Weg geht es nun weiter bis zu den **2 Irreler Wasserfällen**. Hier zwängt sich die Prüm mitten durch die Felsen. Eine Brücke ermöglicht dem Wanderer einen ergreifenden Blick auf das Naturschauspiel. Das nächste Highlight ist die **3 Liboriuskapelle**, von der aus man einen wundervollen Blick auf die Stadt Echternach hat. Die nun schon dritte Kapelle an dieser Stelle wurde 1951 errichtet. Im 4. Jahrhundert war der heilige Liborius Bischof von Le Mans. Als seine Reliquien (836) nach Paderborn überführt wurden, war die Benediktinerabtei St. Willibrord in Echternach einer der Haltepunkte. Abt Philippe de Neuforge ließ um das Jahr 1680 die erste Kapelle auf dem Ernzerberg errichten, die jedoch Ende des 18. Jahrhunderts zerstört wurde.

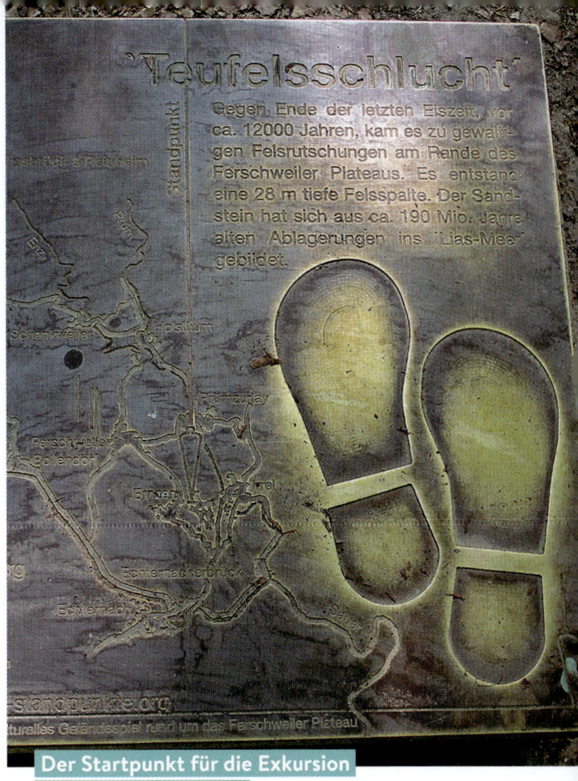

Der Startpunkt für die Exkursion in die Teufelsschlucht

Tipp

DIE WILDKRÄUTERWERKSTATT

Wissenswertes über die Wildkräuter in der Region lässt sich in der Wildkräuterwerkstatt im Erdzeitenpark des Naturparkzentrums erfahren. Über 60 verschiedene einheimische Wildkräuter werden hier zu Tee, Heil- oder auch Nahrungsmitteln verarbeitet. Wer Lust hat, kann selber an einer Wildkräuterführung teilnehmen und sich im Bestimmen eines einzelnen Kräutleins üben. Außerdem werden von der Wildkräuterwerkstatt Kochkurse, Themenabende und Naturerlebnisführungen wie beispielsweise die Vogelstimmenwanderung angeboten. Infos gibt es direkt in der Wildkräuterwerkstatt im Naturparkzentrum oder telefonisch unter 06506/912 26 94 (www.wildkräuterwelten.de).

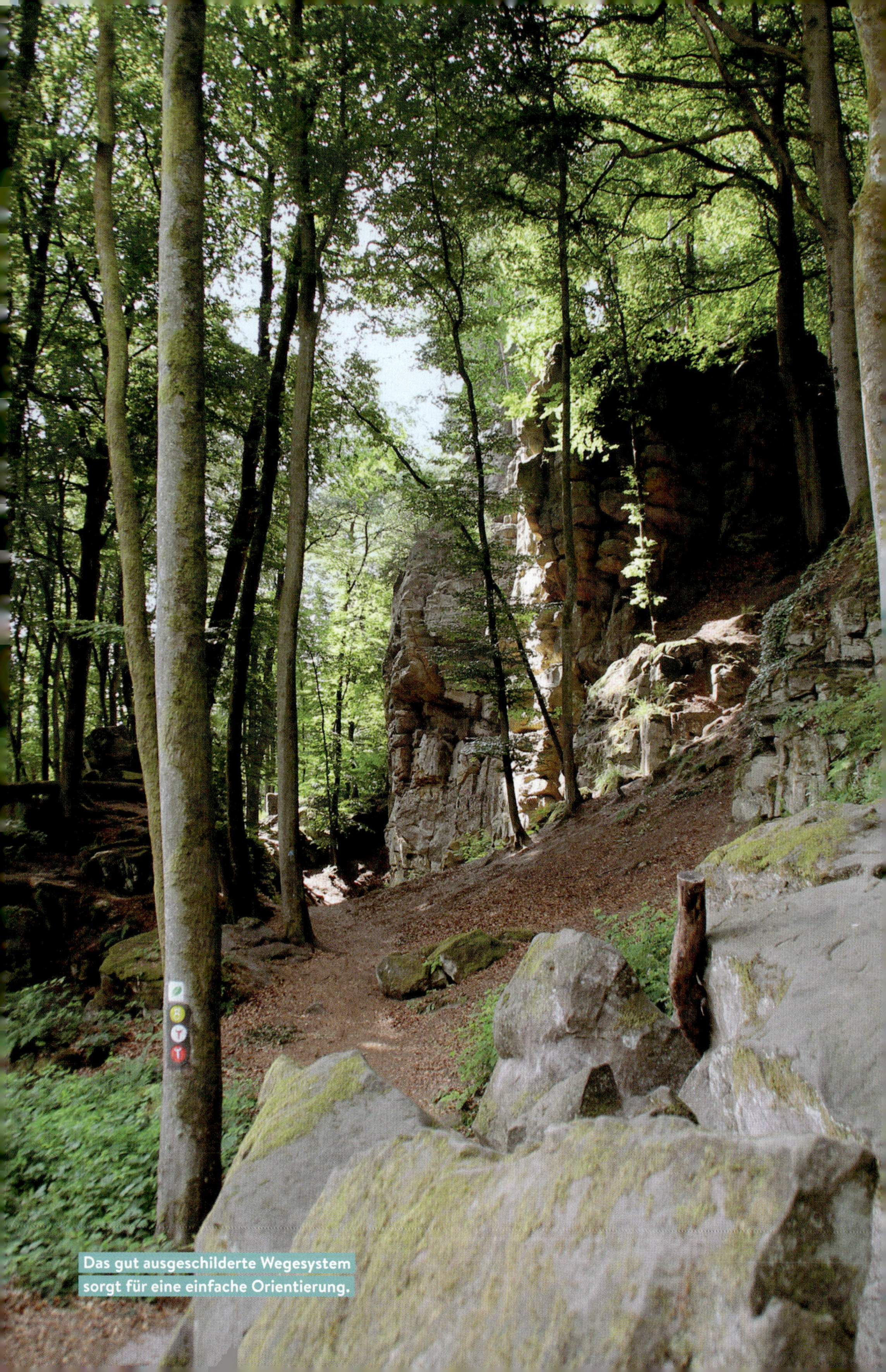

Das gut ausgeschilderte Wegesystem sorgt für eine einfache Orientierung.

MÖNCHSBEHAUSUNG An einer Stelle unterhalb der Kapelle befindet sich die Einsiedelei. Hier lebten seit dem 16. Jahrhundert Mönche in einer in den Fels geschlagenen Klause. Überreste können hier von Interessierten studiert werden.

ZAUBERHAFTES GEWÄSSER Wer auf dem markierten Weg weiterwandert, stößt bald auf den Felsenweiher und somit den Beginn des Gutenbachtals. Der Felsenweiher ist ein hübsches Kleinod, das vielen Tieren mittlerweile einen Unterschlupf bietet. Sein Wasser stammt aus einer Quelle, die einst ein Pfarrer Ernzens, Pastor Philip Meyer, Mitte des 19. Jahrhunderts aufgespürt hatte. Der römische Weihentempel lässt die Rekonstruktion einer Kapelle des Gottes Intarabus erkennen. Über Treppen und Bassins geht es nun weiter bis zum Ausgangspunkt der Tour, dem **E Wanderparkplatz Felsenweiher**, zurück.

INFO

TOURENCHARAKTER
Landschaftlich reizvolle Wanderung

ORIENTIERUNG
Grüne und gelbe Markierung des NaturWanderParks delux

HÖCHSTER/TIEFSTER PUNKT
361 m/252 m

AUSGANGS-/ENDPUNKT
Wanderparkplatz Felsenweiher in Ernzen

ANFAHRT
Auto: Aus Richtung Trier auf die B 51 bis Ausfahrt Richtung Ralingen/Olk/Newel, weiter über die B 418 Richtung Echternacherbrück
ÖPNV: Mit dem Rhein-Mosel-Bus 441 und 443 bis Ernzen, von dort etwa 1 km zu Fuß bis zum Startpunkt, siehe www.bahn.de und www.vrt-info.de

EINKEHR/ÜBERNACHTUNG
Naturparkzentrum Teufelsschlucht, Ferschweilerstraße 50, 54668 Ernzen, Tel. 06525/93 39 30, www.teufelsschlucht.de

BESTE JAHRESZEIT
Januar bis Dezember

KARTE
Naturparkkarte 1:25 000, Blatt 3 Naturpark Südeifel, mit Wander- und Radwanderwegen, Landesvermessungsamt Rheinland-Pfalz

Mittel	17 km	439 Hm	4.30 Std.

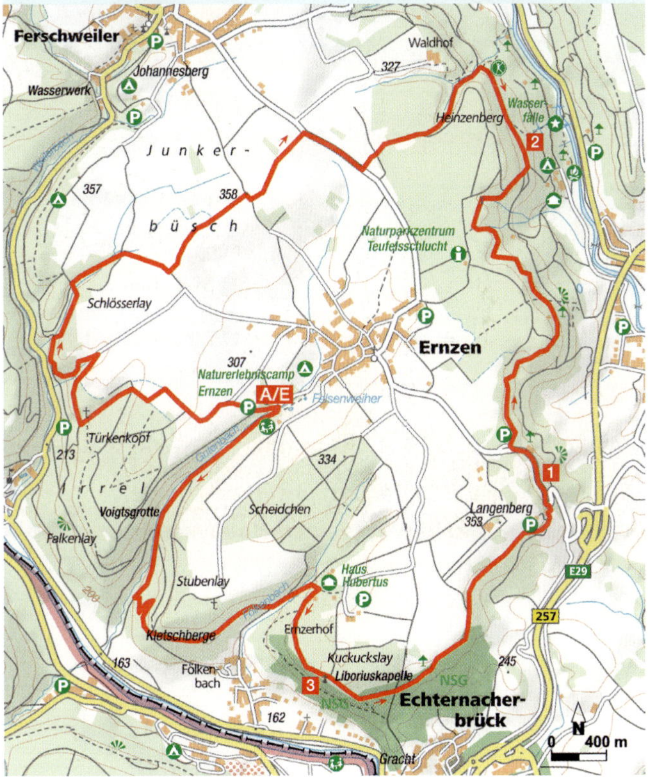

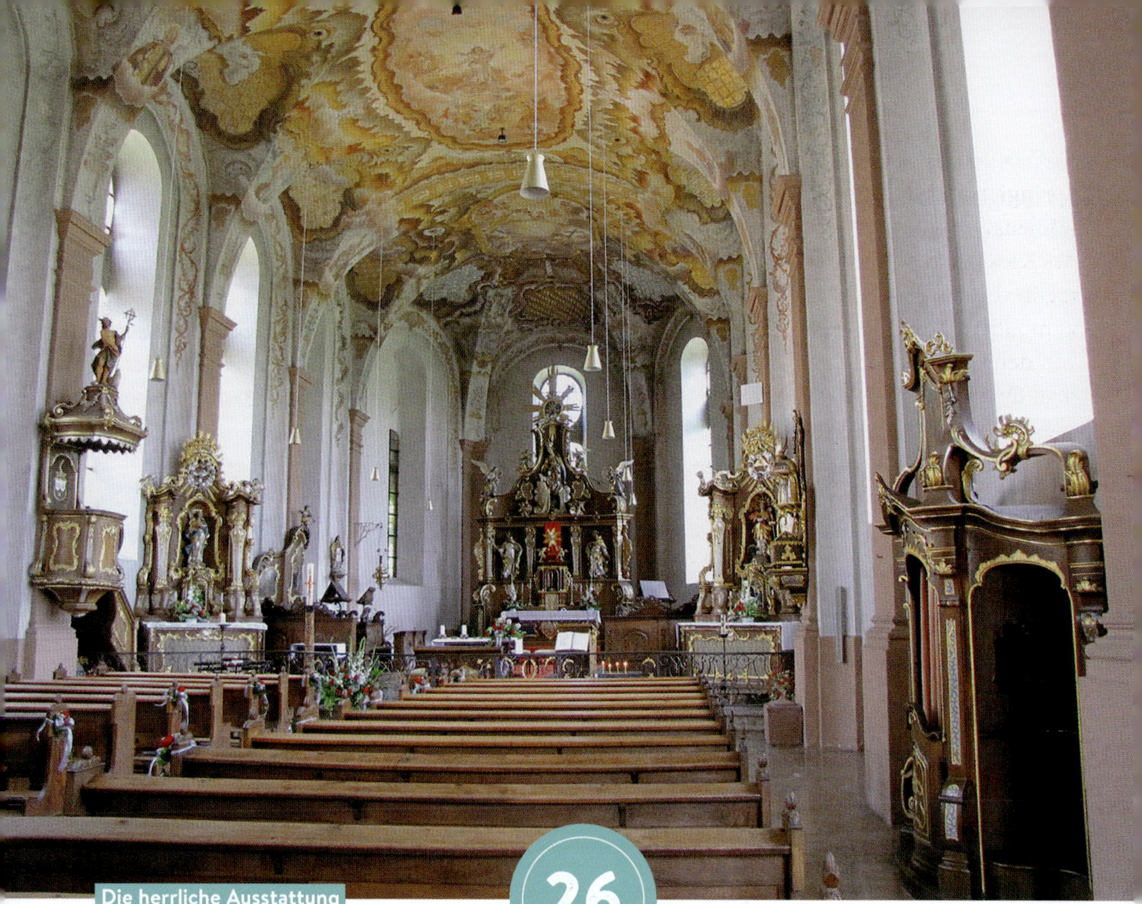

Die herrliche Ausstattung in Augenschein nehmen

26

KRAFTVOLLE STILLE

Kloster Springiersbach

Die Wanderung von Bengel mit seinem berühmten Kloster Springiersbach bis nach Bullay ist eine entspannte Tour. Traumhafte Aussichten und idyllische Rastplätze sind auf dem Moselhöhenweg, der durch die Weinlagen führt, inbegriffen. Außerdem kann die Marienburg, ein ehemaliges Kloster, besucht werden.

ORT DER RUHE Rund um das Kloster Springiersbach in Bengel gibt es zahlreiche lohnenswerte Wanderwege. Die Ursprünge des Klosters mit Familienferienstätte, Karmeliterkloster und Klosterkirche gehen bis zum Jahr 1102 zurück. Gegründet wurde es von der Adeligen Bengigna von Daun unter dem Orden des heiligen Augustinus.

STEILER ANFANG Die heutige Tour beginnt am **A Bahnhof in Bengel** und folgt zunächst der Wanderwegmarkierung »4«, bis man nach den ersten steilen Metern auf den **1 Moselhöhenweg** mit seinem »M« trifft.

AUSSICHTSREICHE TRAUMTOUR Jetzt ist schon bald der Ehrenfriedhof auf dem Prinzenkopf (233 m) erreicht. Der Friedhof befindet sich direkt am Aussichtsturm. Hier wurden die Gefallenen aus den Kämpfen vom 12. bis 17. März 1945 begraben. Der Aussichtsturm selber bietet einen wunderschönen Blick auf das Moselpanorama. Seine Errichtung bzw. die Errichtung des Vorgängerbaus ist nicht zuletzt König Friedrich Wilhelm IV. zu verdanken. Im Jahr 1818 besuchte der damalige Kronprinz den Pferdskopf, wie der Prinzenkopf damals noch hieß. Der weite Blick über die Landschaft begeisterte ihn. Immer wieder kam er während seiner Reisen

Tipp

KLOSTER SPRINGIERSBACH

Das Kloster Springiersbach als einstiges Augustinerchorherrenstift ist heutzutage ein Kloster der Karmeliter. Sehenswert ist vor allem die Barockkirche mit ihren wunderschönen Deckengemälden und dem herrlichen Chorgestühl. Eine Besonderheit ist zudem der Kapitelsaal, der im romanischen Stil erbaut wurde. Neben Tanzkursen und »Einzelexerzitien« bietet das Kloster für Ruhesuchende auch Aufenthalte im Sinne von »Kloster auf Zeit« an. Im Klosterladen lassen sich dann noch einige Mitbringsel wie Honig von Eifeler Imkern, Kunstprodukte, Geschenkartikel, theologische Literatur oder auch Olivenholzartikel finden (geöffnet Montag bis Freitag 9.00 bis 11.30 Uhr und 14.00 bis 17.00 Uhr, Tel. 06532/9395-0, www.karmeliten.de/orte/springiersbach/index.html).

Gelegenheit zum Innehalten und Gedenken

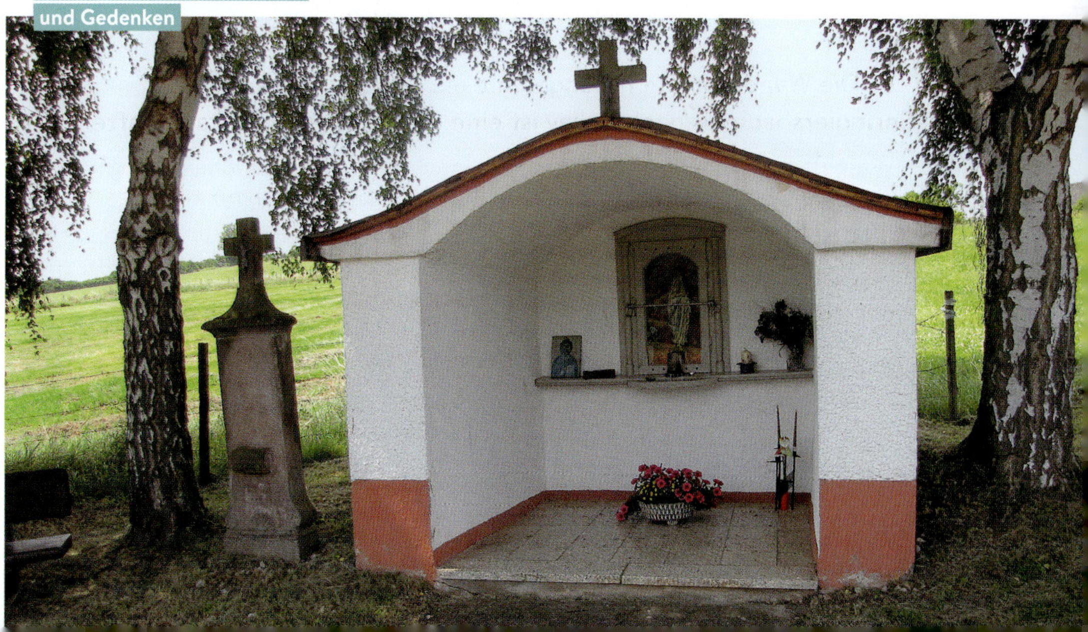

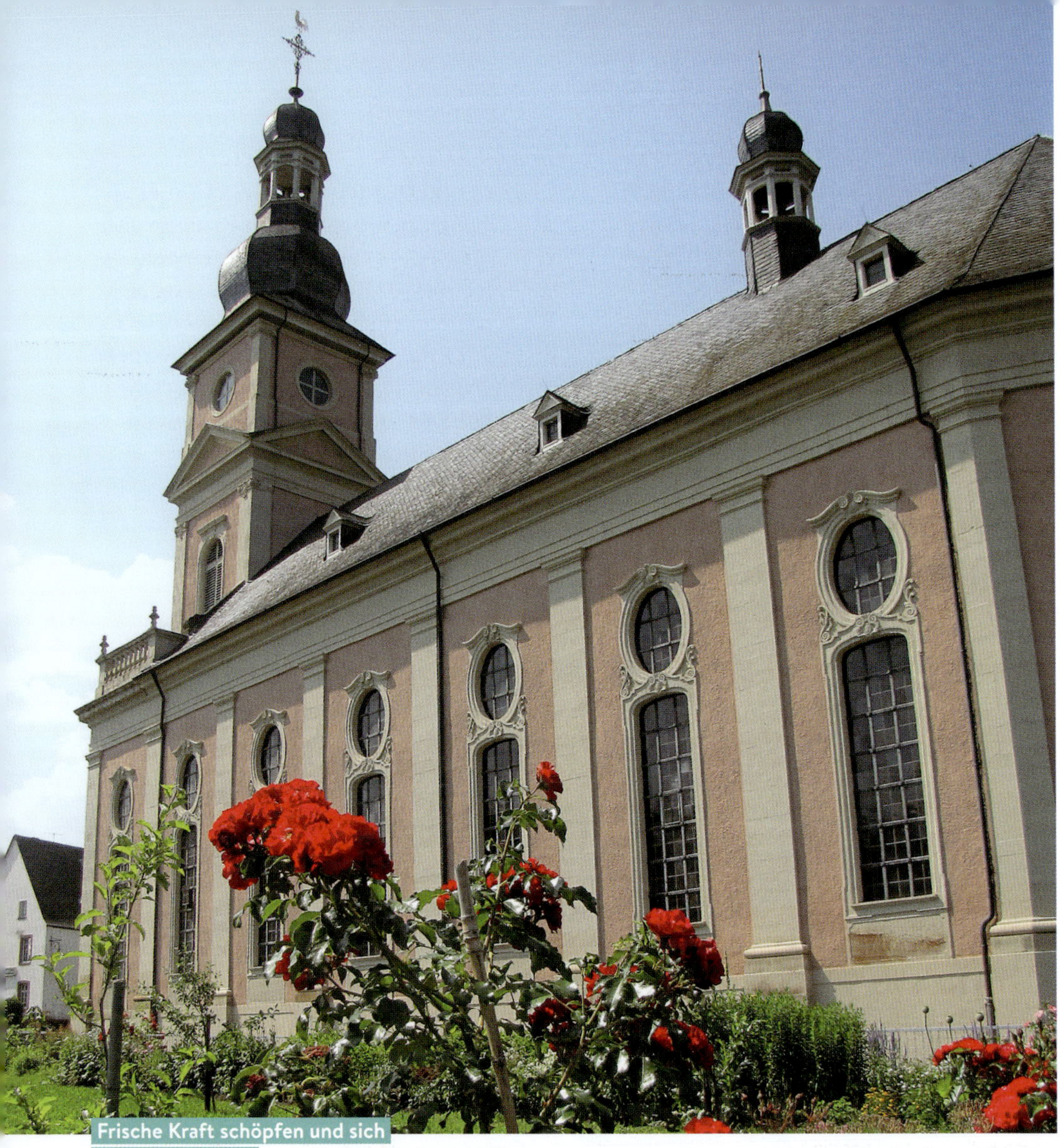

Frische Kraft schöpfen und sich auf Neues freuen

in die Gegend und zu diesem Aussichtspunkt. Daraufhin wurde der Pferdskopf in Prinzenhöhe und letztendlich in **2 Prinzenkopf** umbenannt. 1918 wurde an dieser Stelle der erste Aussichtsturm aus Holz errichtet und 1983 durch einen Turm aus Stahl ersetzt.

EHEMALIGES KLOSTER Die nächste Station auf dieser Tour ist die nur etwa 800 Meter entfernt liegende **3 Marienburg**. Die Burg befindet sich auf dem Petersberg und wird beidseitig von der Mosel umflossen. Zuerst stand hier eine erzbischöfliche Burg. Später wurde Kloster Marienburg anscheinend 1127 von Trier gestiftet. Die erste Erwähnung fand mit seiner Einweihung 1157 statt. Adelige Augustinerinnen bewohnten es, bis das Kloster vom Kurfürst im Jahr 1515 wegen »gelockerter Zucht der Chorfrauen« aufgelöst wurde. Heute sind in der Marienburg die Jugendschulungsstätte des Bistums Trier und ein Café-Restaurant untergebracht.

ORT MIT GESCHICHTE Weiter auf der bekannten Route, kommt man bald zum **E Bahnhof in Bullay** und mit der Bahn nach Bengel zurück. Der Moselort, der schon in römischer Zeit bestand, verfügt über einen berühmten Weinberg namens »Bullayer Brautrock«. Der Legende nach verprasste Graf Beißel seine ganze Habe. Um der Armut zu entfliehen, plante er die Ehe seines Sohnes mit einer reichen Braut. Damals war es noch Sitte, dass der Brautvater die Hochzeit entsprechend organisieren und bezahlen musste. Das stellte den Grafen allerdings vor ein Problem. Der reiche Brautvater nahm einen Weinberg des Grafen als Pfand. Danach wurde die Hochzeit ausgerichtet. Den Weinberg gab er an seine neue Tochter weiter – allerdings mit der Auflage, dass die Erlöse des Weinbergs nur sie bekam. Damit hätte sie eine Sicherheit, falls auch der junge Graf sein Geld verlöre.

INFO

TOURENCHARAKTER
Aussichtsreiche mittelschwere Strecke mit vielen Rastmöglichkeiten

ORIENTIERUNG
Einfach, Wegkennzeichnung »4« und Moselhöhenweg »M«

HÖCHSTER/TIEFSTER PUNKT
408 m/91 m

AUSGANGSPUNKT
Bahnhof in Bengel

ENDPUNKT
Bahnhof in Bullay

ANFAHRT
Auto: Über die B 453 und L 199 nach Bullay, weiter über die K 41 zum Bahnhof
ÖPNV: Regionalbahn nach Bengel

EINKEHR/ÜBERNACHTUNG
Gasthof Feiten, Trierer Straße 13, 54538 Bengel, Tel. 0170/750 88 58, www.gasthof-feiten.de

BESTE JAHRESZEIT
Januar bis Dezember

KARTE
Topografische Karte 1:25 000, Wandergebiet Mosel, mit Wander- und Radwanderwegen, Landesvermessungsamt Rheinland-Pfalz

Mittel | 21 km | 727 Hm | 5.30 Std.

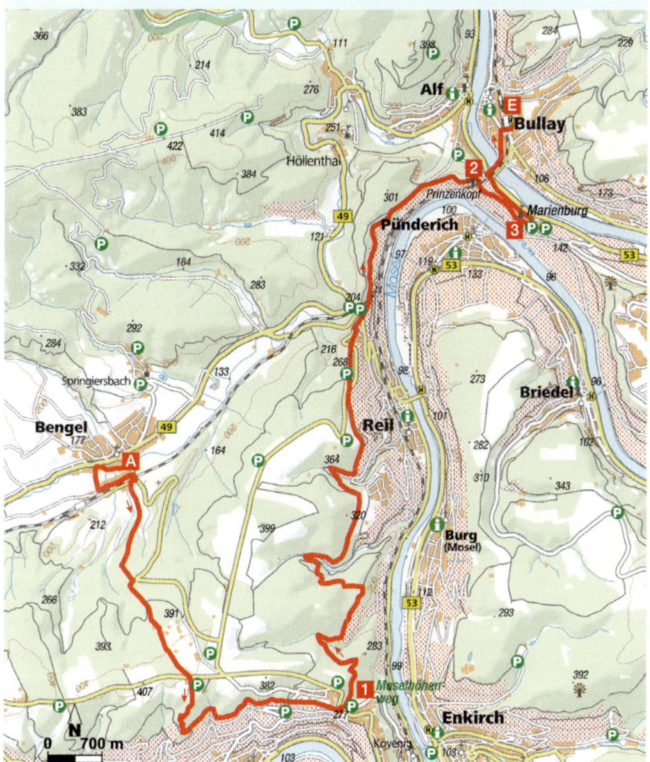

DAS GLÖCKCHEN AM TOTENMAAR

Kapelle am Weinfelder Maar

Ein schwarzes Gewässer, ein versunkenes Schloss, das kleine Kapellchen mit Friedhof und das sanfte Heulen des Windes erwarten den Wanderer bei dieser Tour. Die beiden Maare, die umrundet werden, bilden zusammen mit dem Schalkenmehrener Maar die »Dauner Maare«.

27

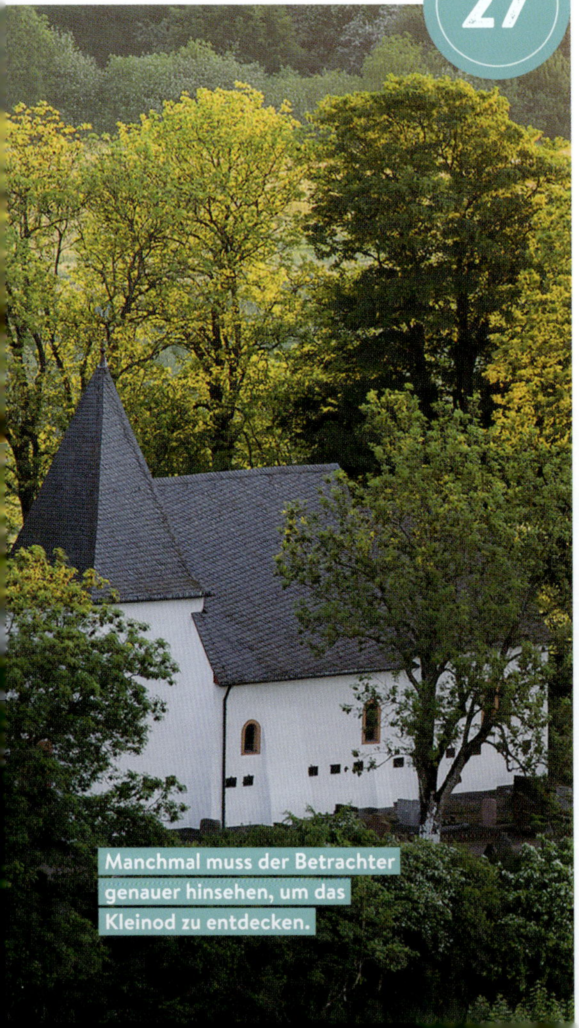

Manchmal muss der Betrachter genauer hinsehen, um das Kleinod zu entdecken.

GEHEIMNISVOLLE GEWÄSSER Die Wanderung um das Gemündener und das Weinfelder Maar ist für jede Altersgruppe geeignet. An der **A Maarstraße in Daun-Gemünden** befindet sich der Parkplatz, von dem es zum Naturfreibad **1 Gemündener Maar** sehr nah ist. Bei warmen Temperaturen ist der Sprung ins kühle Nass empfehlenswert. Geöffnet hat das Naturfreibad von Mai bis September. Bei der ersten Weggabelung gilt es nun der linken Abzweigung nachzugehen. Der Weg zieht an der Wintersportanlage vorbei und zu einem Sattel hoch, wo man in eine Lavagrube sehen kann. Nach einer rechten und danach linken Abbiegung ist die Weinfelder Kapelle schon sichtbar.

AM TOTENMAAR Kurz darauf ist das Weinfelder Maar erreicht. Dieses Maar, auch als Totenmaar bekannt, ist vor etwa 10 500 Jahren durch eine vulkanische Explosion entstanden. Das Maar selber hat eine Länge von ca. 525 Metern, eine Breite von 375 Metern und eine Tiefe von 51 Metern. Ganz schwarz sieht das Wasser aus, was schon viele Menschen ins Grübeln gebracht hat ...

RÄTSELHAFTE LEGENDE Eine Sage erzählt von einem Schloss, was an dieser Stelle existiert haben soll. In dem Schloss lebten einst ein Graf mit seiner Frau und ihrem Kind. Als er eines Tages von der Jagd nach Hause kam, war das Schloss verschwunden, und an seiner Stelle breitete sich der See aus. Auf dem Wasser schwamm die Wiege mit seinem Kind und strandete schließlich am Ufer. Noch bis heute gilt, wer lange genug in das Wasser blickt, kann die Schlossumrisse sehen. Der Grund für das dunkle Wasser ist allerdings der schwarze Lavasand auf dem Seegrund.

DIE PFARRKIRCHE Ein kleiner Friedhof mit einer kleinen **2 Kapelle** befindet sich nahe dem Maarwall. Einst gehörte die Kapelle zur Gemeinde Weinfeld und diente als Pfarrkirche. Nachdem sich die Pest ausbreitete, wurde das Dorf aufgegeben. Eine Legende verspricht dem Gläubigen, wer an den Seilen zieht und das Glöckchen im Innern des Gebäudes zum Läuten bringt, darf einen Wunsch äußern.

Auf der Strecke weitergehend, kommt man zum **3 Dronketurm** (Adolf-Dronke-Turm) auf dem Mäuseberg. Die Aussichtsplattform in 10,5 Meter Höhe bietet einen schönen Blick auf die Maare. Nachfolgend geht es durch den Wald weiter bis zum Gemündener Maar. Vorbei an dem **4 Kriegerdenkmal**, ist der **E Parkplatz** schon bald wieder erreicht.

INFO

TOURENCHARAKTER
Leichte Tour für die ganze Familie

ORIENTIERUNG
Einfach

HÖCHSTER/TIEFSTER PUNKT
554 m/393 m

AUSGANGS-/ENDPUNKT
Maarstraße in Daun-Gemünden

ANFAHRT
Auto: Über die A1 bis Autobahndreieck Vulkaneifel und nach Daun-Gemünden bis zur Maarstraße
ÖPNV: Bus 503, 511 und 300 bis Daun-Gemünden, Haltestelle Maarstraße

EINKEHR/ÜBERNACHTUNG
Burghof Wirtshaus und Brauereiausschank, Burgfriedstraße 26, 54550 Daun, Tel. 06592/98 20 09, www.burghof-daun.de

BESTE JAHRESZEIT
Januar bis Dezember

Leicht | 4,5 km | 190 Hm | 1.30 Std.

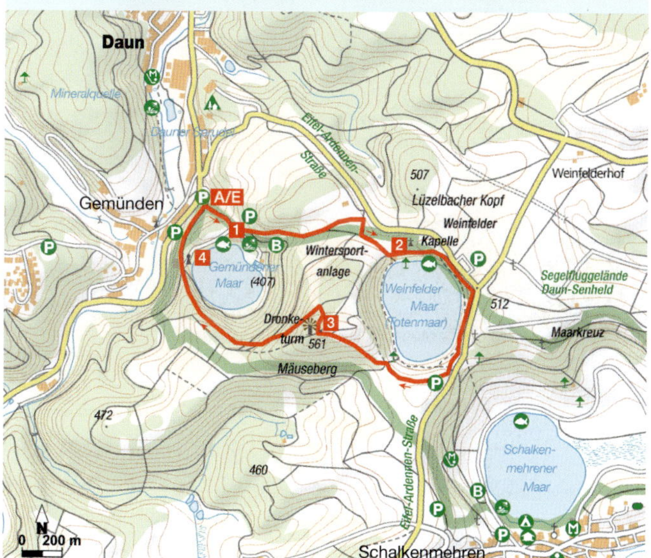

KARTE
Wanderkarte 1:50 000, WK 836 Schneifel – Ahreifel, Kompass

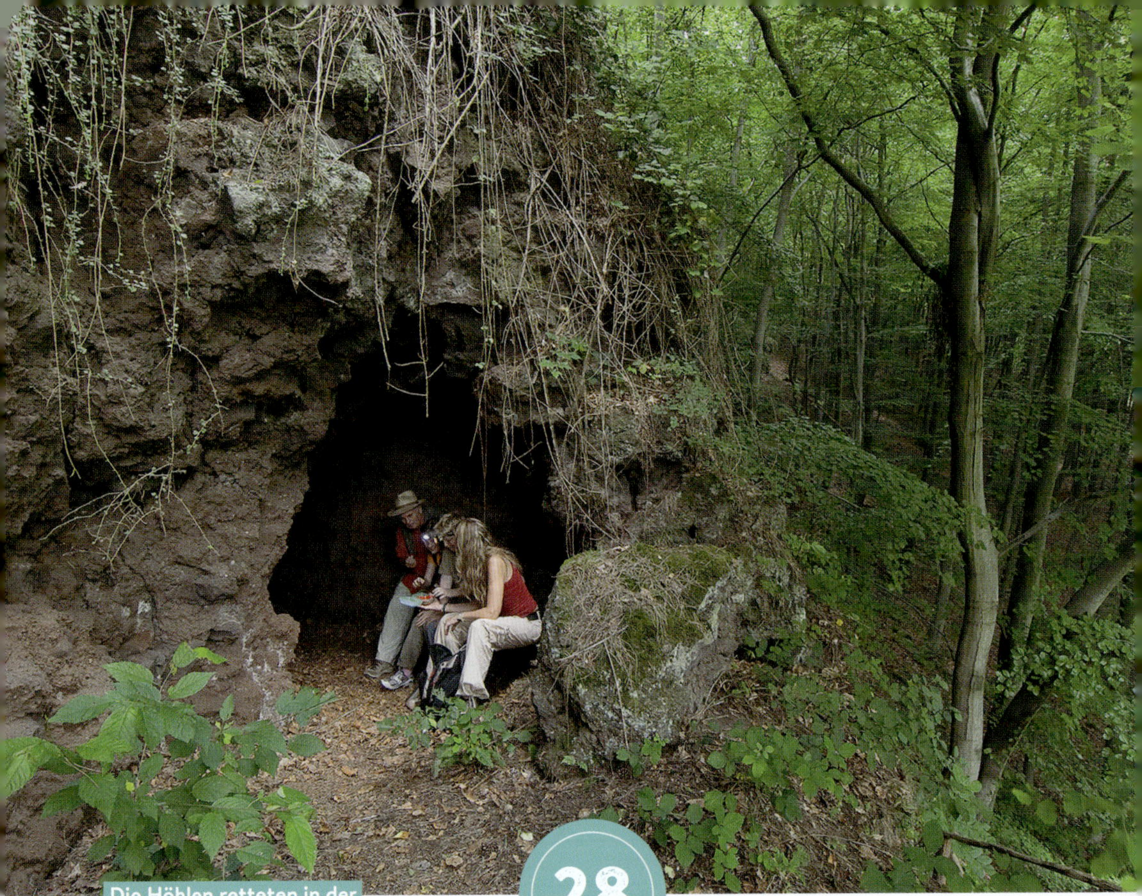

Die Höhlen retteten in der Vergangenheit Menschenleben.

28

ROMANTISCHES ABENTEUER

Vulkanpfad

Die aussichtsreiche Wanderung auf einem Vulkanpfad bietet Interessierten geologische Highlights einer Vulkanlandschaft. Die zweistündige Strecke führt außerdem zur Grubenlandschaft Kottenheimer Winfeld, zu den Kraterhöhlen »Sieben Stuben« und zu einer eisenhaltigen Mineralquelle.

STEILER START Am Ortseingang von Ettringen gibt es direkt an der A **Hochsimmerhalle** die Möglichkeit zu parken. Von hier aus geht es gleich stetig der Traumpfadmarkierung nach bergauf. Der 1 **Ettringer Bellberg** mit seinen 427,5 Metern wird so langsam erobert. Schöne Aussichten auf die Vulkanberge lassen die anfänglichen Mühen schnell vergessen.

ETTRINGER STEINBRUCH Weiter geht es am Kraterrand bis zur Abzweigung zum Ettringer Steinbruch entlang. In dem Steinbruch können Grubenkräne, Loren und auch Gleise innerhalb der Abbauschluchten besichtigt werden. Auf der Hauptstrecke zurück, führt die Route auf schmalen Wegen durch den Wald des Kottenheimer Büden. Die »Sieben Stuben«, auch »Siewe Stuwe« genannt, sind das nächste Highlight. Die Felshöhlen dienten einst dem Schutz der Menschen vor den Luftangriffen.

VULKANGESCHICHTE Anschließend geht es wieder stramm auf den Büden bergauf. Ein fantastischer Ausblick auf die umliegenden Vulkane und Ortschaften eröffnet sich vor einer Abwärtsstrecke. Über bequeme Wege erreicht man schnell das 2 **Kottenheimer Winfeld**. Seinen Namen verdankt es einem nahe gelegenen Hang, an dem im Mittelalter Wein angebaut wurde. Das Kottenheimer Winfeld wurde vor ca. 200 000 Jahren von einem großen Lavastrom des Bellerberg-Vulkans überströmt. Später wurde hier Basalt abgebaut. Transportrampen und auch Reste von Grubenkränen können noch ausgemacht werden.

Tipp

DER HOCHSIMMERNTURM

Der 18 Meter hohe Hochsimmernturm in Ettringen ist das Wahrzeichen der Gemeinde. Um 1909 aus Basalt erbaut, bietet der Aussichtsturm einen weitläufigen Rundumblick. Wer seine Stufen erklommen hat, kann von der Aussichtsplattform bis zum Westerwald sehen. Einige Besucher geben an, bei gutem Wetter sogar den Kölner Dom gesehen zu haben.

Miteinander neue Wege in herrlicher Landschaft erkunden

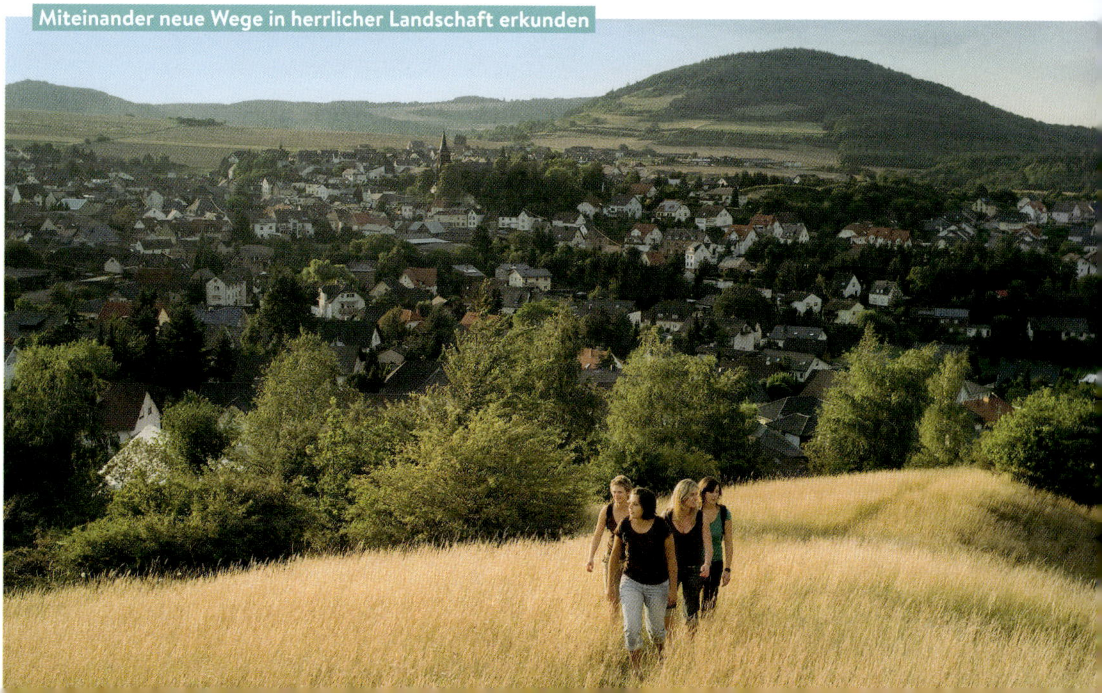

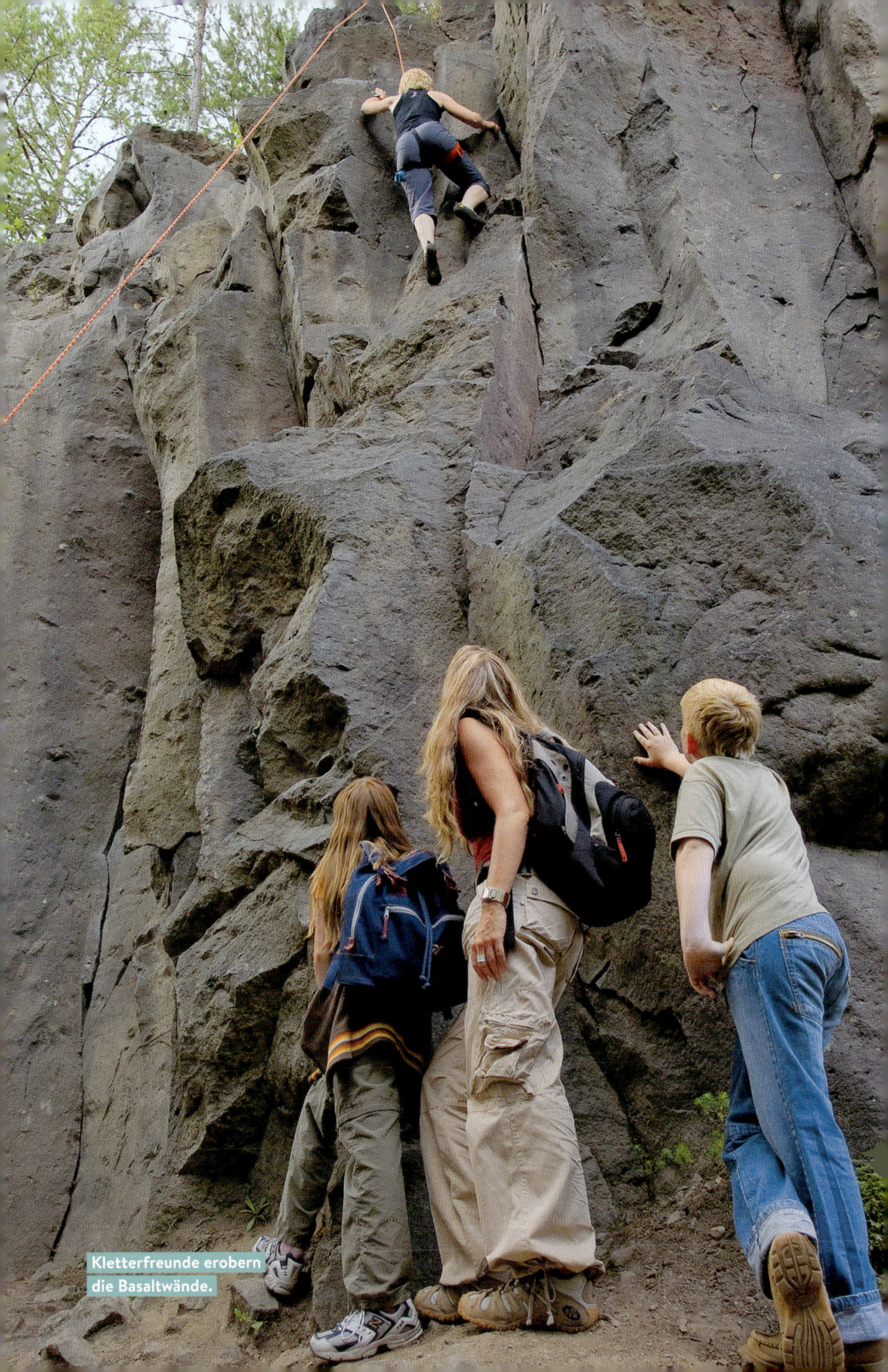

Kletterfreunde erobern
die Basaltwände.

KLETTERFREUDEN Die Felswände werden gern von versierten Kletterern genutzt. Mittlerweile gibt es mehr als 380 Routen in den Basaltwänden. Am Ende des Kottenheimer Winfelds bietet sich die »Wäenloft-Hött« als Rastplatz für eine Pause an, bevor das Felsdenkmal **3 Junker Schilling** passiert wird. Dieses Denkmal wurde dem Sohn von Margarethe von Kottenheim gewidmet, der den Einwohnern von Kotten Waldbesitzungen geschenkt hat. Weiter geht es bis zum Bach, der sich durch das Gelände schlängelt.

WASSERGEFLÜSTER Auf der anderen Seite führt der Weg zur **4 Mineralquelle Hartborn** weiter. Das Wasser ist stark eisenhaltig. In der Tat sind rote Eisenablagerungen an dem im Jahr 1932 erbauten Brunnen erkennbar. Nach etwa zwei Stunden ist die **E Hochsimmerhalle** wieder erreicht.

INFO

TOURENCHARAKTER
Aussichtsreiche Tour, gutes Schuhwerk nützlich

ORIENTIERUNG
Einfach, Traumpfad-Markierung

HÖCHSTER/TIEFSTER PUNKT
416 m/268 m

AUSGANGS-/ENDPUNKT
Hochsimmerhalle in Ettringen

ANFAHRT
Auto: Über die A 61 bis Abfahrt Mendig, Zubringer zur A 61 Abfahrt Kottenheim, weiter über Kottenheim nach Ettringen
ÖPNV: Bus 312 »VulkanBus«, (tgl.) Mayen Ost Bf.-Mendig Bf. oder Linie 320 (Mo-Fr) Mayen Ost Bf.-Mendig Bf., siehe www.dbregiobus-mitte.de, oder mit der Regionalbahn 92 »Pellenz-Eifel-Bahn« (tgl.) Andernach-Kaisersesch bis nach Kottenheim

EINKEHR/ÜBERNACHTUNG
Park Hotel am Schloss, Im Nettetal, 56729 Ettringen, Tel. 02651/494 00, www.parkhotel-am-schloss.de

BESTE JAHRESZEIT
Januar bis Dezember

Mittel | 6,6 km | 234 Hm | 2.30 Std.

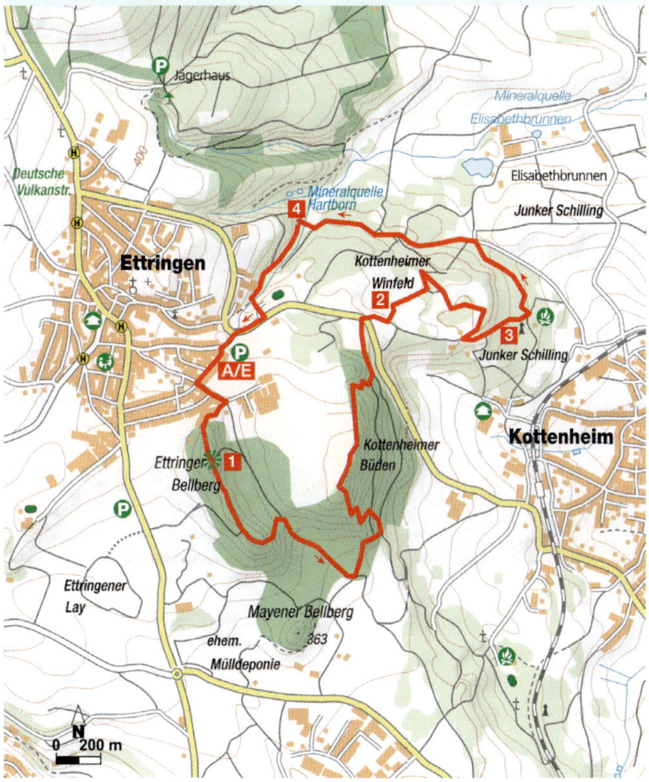

KARTE
Topografische Karte 1:50 000, Traumpfade im Rhein-Mosel-Eifel-Land, mit Wander- und Radwanderwegen, Landesvermessungsamt Rheinland-Pfalz

AUF DEM PILGERWEG

Ein Stück auf dem Jakobsweg

Die Wanderung auf der siebten Etappe dieses rheinländischen Jakobsweges verläuft von Waxweiler bis Mettendorf. Insgesamt gilt es auf dieser Strecke etwa 25 Kilometer zu bewältigen. Wer gut zu Fuß ist, schafft den Weg in etwa sechs Stunden.

29

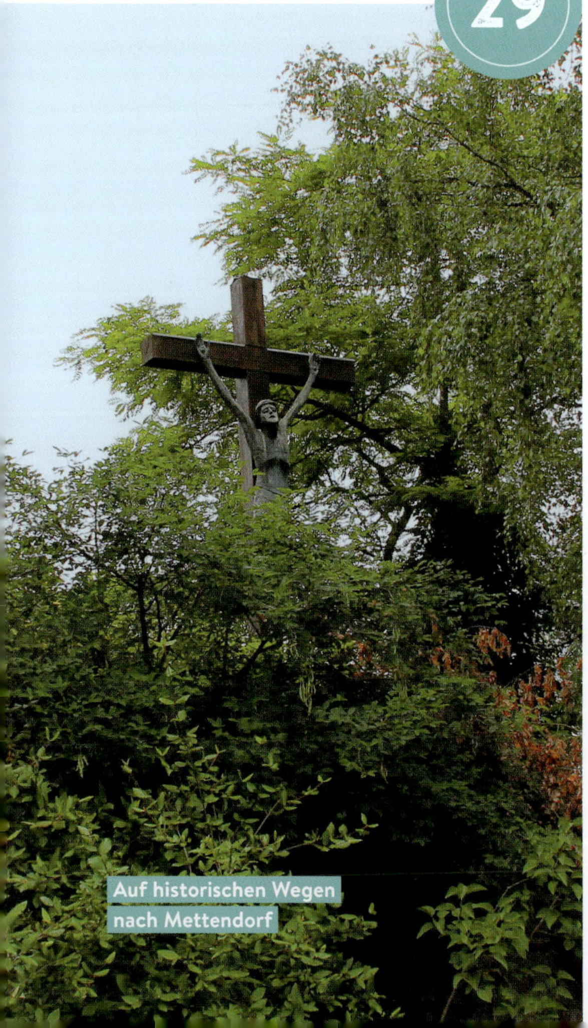

Auf historischen Wegen nach Mettendorf

AUF DEN SPUREN DES HL. WILLIBRORD Noch heute findet die »Fußwallfahrt Prüm-Waxweiler zur Echternacher Springprozession« an den Pfingsttagen in Waxweiler zum Grabe des Apostels Willibrord in Echternach statt. Von **A Waxweiler** führt die 16 Kilometer lange Strecke durch idyllische Täler nach Neuerburg.

ROMANTISCHES STÄDTCHEN Die Stadt **1 Neuerburg** bezaubert durch ihren verträumten Stadtkern. Für eine kleine Pause lohnt es sich, im schön angelegten Stadtpark zu verweilen und am Doppelwasserfall an der alten Mühle innezuhalten.

REIZVOLLE KREUZKAPELLE Jetzt geht es auf dem Jakobsweg steil bergauf, bis die Kreuzkapelle erreicht ist. Früher stand hier ein kleines Bethaus mit einem Steinkreuz. Nun führt die Route zum Sinspelter Berg, wo man bei schönem Wetter schon die Häuser in Mettendorf ausmachen kann. Nach weiteren neuneinhalb Kilometern durch das idyllische Enztal erreicht man **2 Mettendorf** und damit den **E Endpunkt** dieser Wanderung.

GLÄUBIGE GEMEINDE In dieser kleinen Gemeinde im Enzbachtal findet alljährlich an Christi Himmelfahrt eine Prozession statt. Der Legende nach ist es eine aus der Pestzeit herrührende Dankprozession. Heute ist das »Maasch Kapellche« das Ziel der Gläubigen.

INFO

TOURENCHARAKTER
Aussichtsreiche und kulturell interessante Strecke

ORIENTIERUNG
Einfach

HÖCHSTER/TIEFSTER PUNKT
551 m/255 m

AUSGANGSPUNKT
Waxweiler

ENDPUNKT
Mettendorf

GEHZEITEN
Waxweiler–Neuerburg 4 Std.,
Neuerburg–Mettendorf 3 Std.

ANFAHRT
Auto: Über die A 60 oder B 410 auf die L 10 Richtung Manderscheid und nach Waxweiler
ÖPNV: Bus bis Manderscheid

EINKEHR/ÜBERNACHTUNG
Gasthof Islekhöhe Gansen,
Bitburger Straße 1,
54673 Krautscheid,
Tel. 06554/431, www.islekhoehe.de

BESTE JAHRESZEIT
Januar bis Dezember

KARTE
Rad- und Wanderkarten, in: Jakobswege – Wege der Jakobspilger im Rheinland: Bd. 2: Von Köln nach Trier, Hrsg. Landschaftsverband Rheinland

Mittel | 25,4 km | 602 Hm | 6–7 Std.

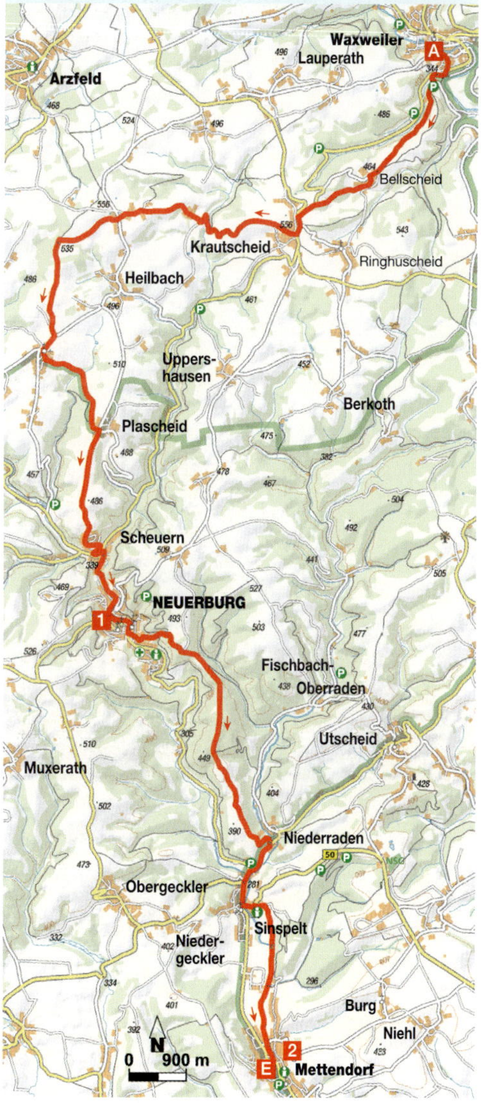

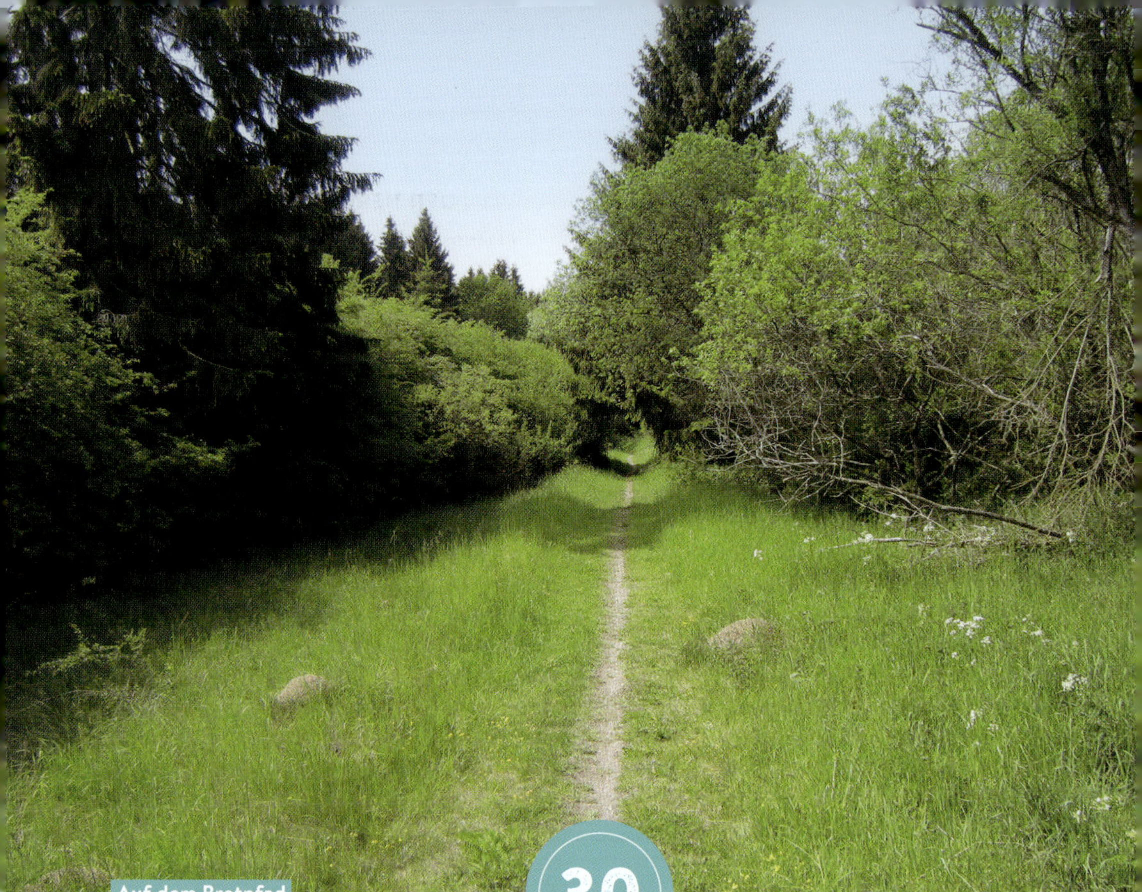

Auf dem Brotpfad nach Schmidtheim

30

DER DÜWELSTEEN

Eifelbahnsteig

Die mittelschwere Tour führt von Blankenheim über Orchideenwiesen und den Brotpfad bis zum Naturdenkmal Düwelsteen aus rotem Sandstein. Auf bequeme Wanderschuhe und genügend Proviant kann bei dieser Etappentour nicht verzichtet werden.

INS SEIDENBACHTAL Die Tour beginnt am **A** **Bahnhof Blankenheim** und führt über die alte Ahrbahntrasse direkt in das Naturschutzgebiet Seidenbachtal. Hier wachsen 13 verschiedene Orchideenarten. Kenner können in dem Gebiet das Kleine Knabenkraut (Orchis morio), das Brand-Knabenkraut (Orchis ustulata), die Fliegen-Ragwurz (Ophrys insectifera), die Grüne Hohlzunge (Coeloglossum viride) und auch die Honigorchis (Herminium monorchis) entdecken und bewundern.

ÜBER DEN BROTPFAD Durch den Wald geht es nun zum **1** **Eifelsteig** und auf die andere Seite des Nonnenbachs. Man passiert eine Rasthütte inmitten des Waldes und erreicht auf dem markierten Weg weiterwandernd bald die K 69.

Tipp

DER TIERGARTENTUNNEL

In längst vergangenen Zeiten besaßen die Bewohner der Burg in Blankenheim keinen Brunnen. So gut es ging, versorgten sie sich mit abgestandenem Regenwasser. Um 1470 kam ein Baumeister im Dienste des Grafen von Blankenheim auf eine gute Idee. Er ließ um die Burg einen über 100 Meter langen Tunnel bauen, um die Burgbewohner mit Trinkwasser zu versorgen. Die Anlage erstreckte sich unter dem Gehege für das Jagdwild des Grafen hindurch bis zur Burg. Über 300 Jahre lang wurde die Burg auf diese Weise mit sauberem Wasser versorgt. Heute kann die freigelegte Wasserleitung wieder begutachtet werden. Ein Wanderweg führt vom Tunnel bis zur Quelle. Insgesamt ist der Tiergartentunnel-Wanderweg 18 Kilometer lang.

Quer durch den Wald
und an Wiesen entlang

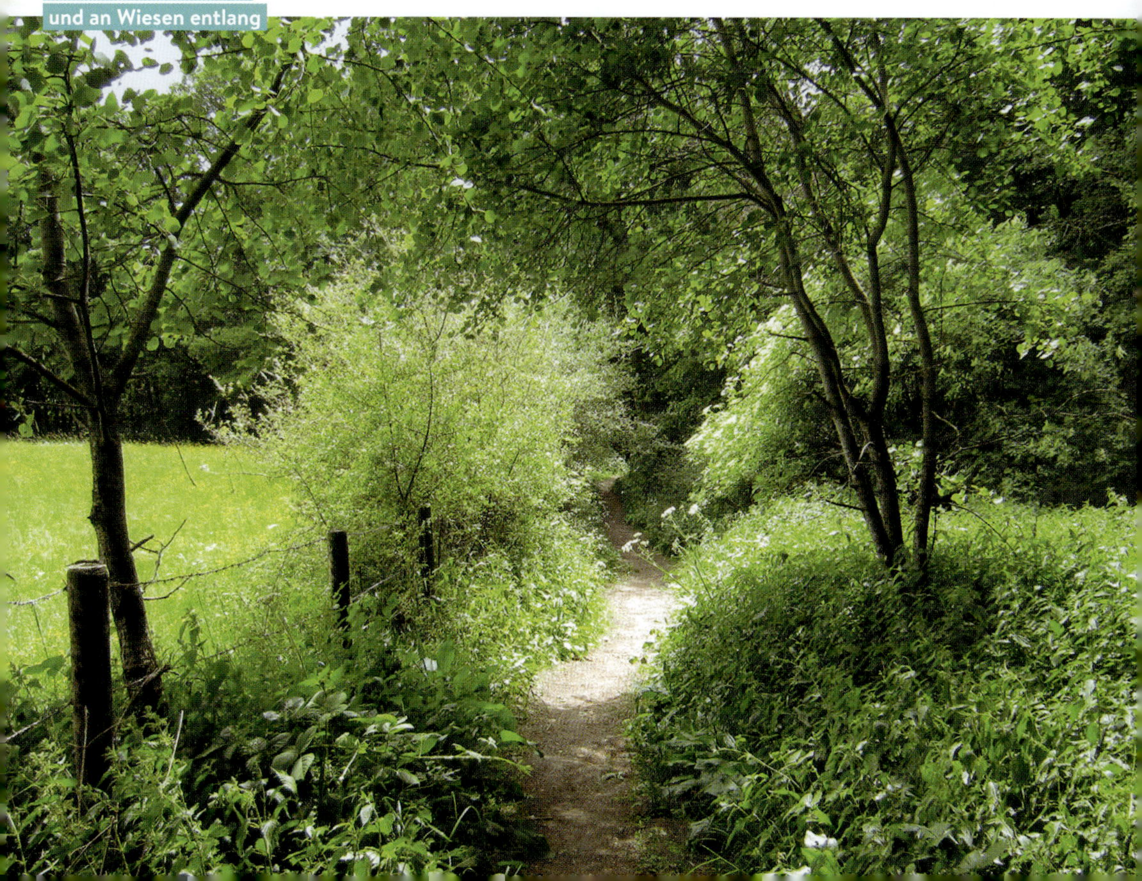

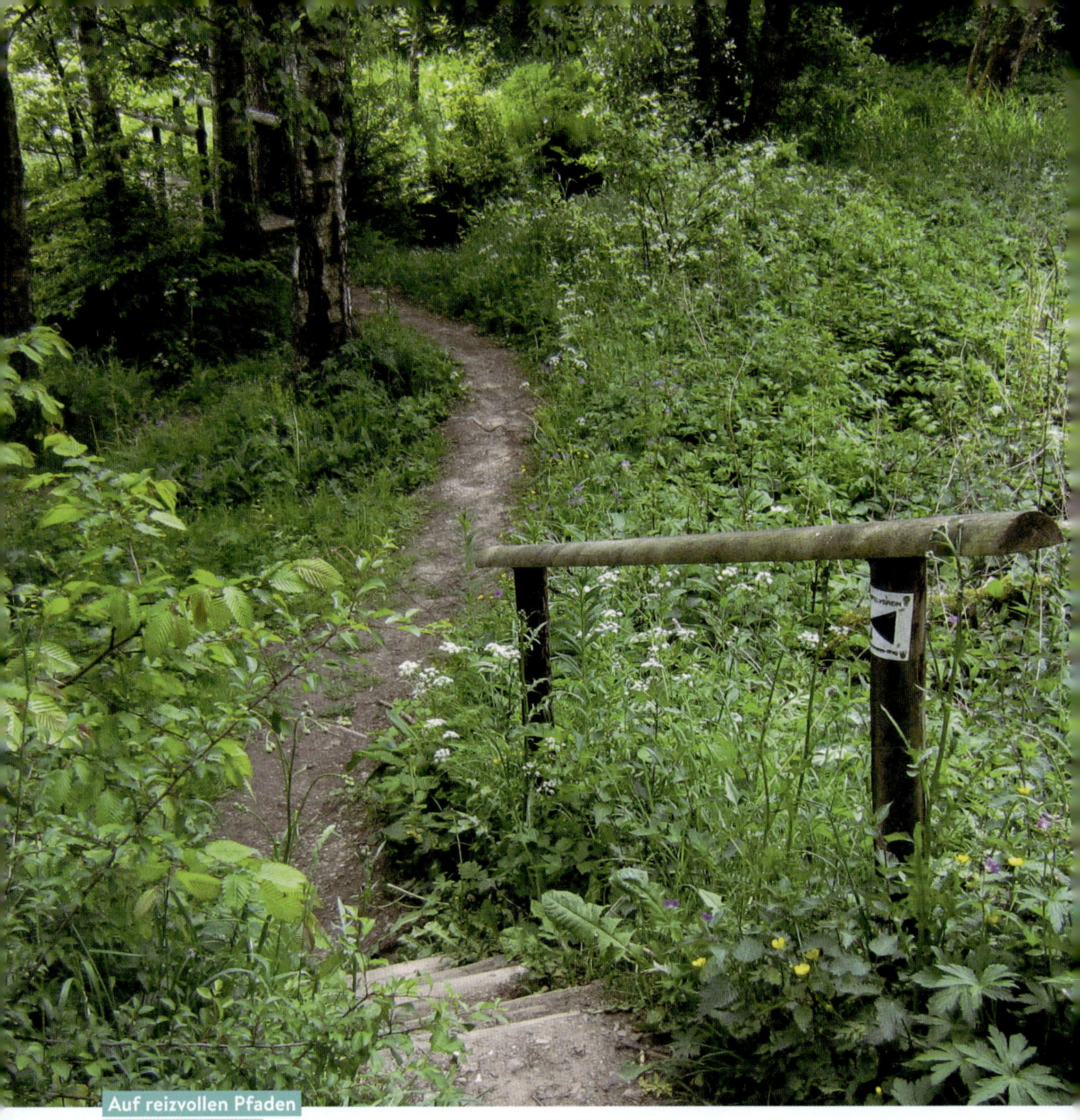

Auf reizvollen Pfaden zur Gerichtslinde

EIFELER STÄRKUNG Wer möchte, kann hier einen Abstecher zum Waldcafé Maus unternehmen. Typische Eifeler Gerichte wie auch selbst gebackener Kuchen werden in dem Familienbetrieb angeboten.

DÜWELSTEEN Jetzt geht es leichten Fußes abwärts zum roten Sandsteinfelsen Düwelsteen (Teufelsfelsen). In dem Naturdenkmal, das auch als »von-Eichendorff-Felsen« bekannt ist, steht der Text der dritten Strophe des romantischen Liedes »Abschied« von Joseph Freiherr von Eichendorff geschrieben:
»Da steht im Wald geschrieben / Ein stilles, ernstes Wort / Von rechten Tun und Lieben, / Und was des Menschen Hort. / Ich habe treu gelesen / Die Worte schlicht wahr, / Und durch mein ganzes Wesen / Ward's unaussprechlich klar.«

In den Zwanzigerjahren veranlasste der ehemalige Jagdpächter diese Gravierung. Danach wird das Tal des Eichholzbachs angesteuert. Die nachfolgende Teilstrecke durch Felder und Wiesen bietet viel Aussicht, bis es dann für längere Zeit durch den Wald geht. Über die B 51 weiterwandernd, heißt es nun wieder bergauf. In **2 Schmidtheim** angekommen, sind es nur noch wenige Minuten bis zum Schloss und der Gerichtslinde in direkter Nähe.

BERÜHMTER BAUM Einst musste zum Beweis seiner Unschuld ein zum Tode verurteiltes Mädchen den Samen eines Lindenbaumes verkehrt herum in die Erde stecken. Sobald ein Baum wuchs, hieß es, war ihre Unschuld bewiesen. Der Baum wuchs, aber die Richter handelten nicht nach ihren Worten. Das Mädchen wurde trotzdem als Hexe verurteilt und kurze Zeit darauf hingerichtet. Heutzutage wird immer noch erzählt, dass ihr Geist in der Baumkrone erscheint. Insgesamt fanden in Schmidtheim zwischen 1630 und 1631 etwa 50 Hexenprozesse statt.

Der **E Bahnhof von Schmidtheim** ist der Endpunkt dieser Tour. Von hier aus kann bequem mit dem Zug nach Blankenheim zurückgefahren werden.

INFO

Mittel | 26,4 km | 560 Hm | 6–7 Std.

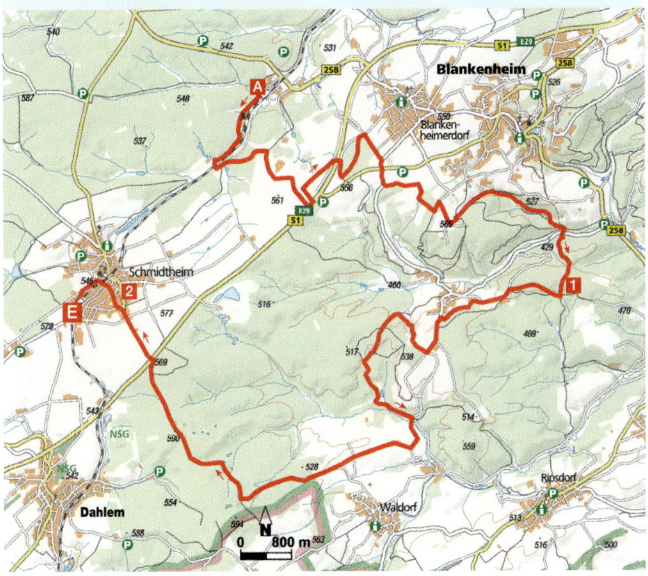

TOURENCHARAKTER
Herrliche Eintagestour auf befestigten und unbefestigten Wegen

ORIENTIERUNG
Nicht einfach, Karte nötig

HÖCHSTER/TIEFSTER PUNKT
590 m/347 m

AUSGANGSPUNKT
Bahnhof in Blankenheim

ENDPUNKT
Bahnhof in Schmidtheim

ANFAHRT
Auto: Über die B 51 zum Bahnhof Blankenheim-Wald
ÖPNV: Mit den Eifel-Bahnen (RE12, RE22 und RB24) von Köln und Bonn zum Bf. Blankenheim-Wald, siehe www.bahn.de

EINKEHR/ÜBERNACHTUNG
Gasthaus Rübezahl,
Stappengasse 1,
53945 Blankenheim-Mühlheim,
Tel. 02449/787,
www.gasthaus-ruebezahl.de

BESTE JAHRESZEIT
Januar bis Dezember

KARTE
Wanderkarte 1:25 000,
Nr. 12 Blankenheim, Oberes Ahrtal,
Eifelverein e. V.

DIE UNGLÜCKLICHE GRAFENTOCHTER

Manderscheider Burgenpfad

Viele Jahre lang soll es am Wachturm der Niederburg gespukt haben. Eine kleine Nische am Turm gab Rätsel auf, bis die älteren Manderscheider befragt wurden. Diese Wanderung führt zu einer sagenumwobenen Stätte und schönen Aussichtspunkten.

31

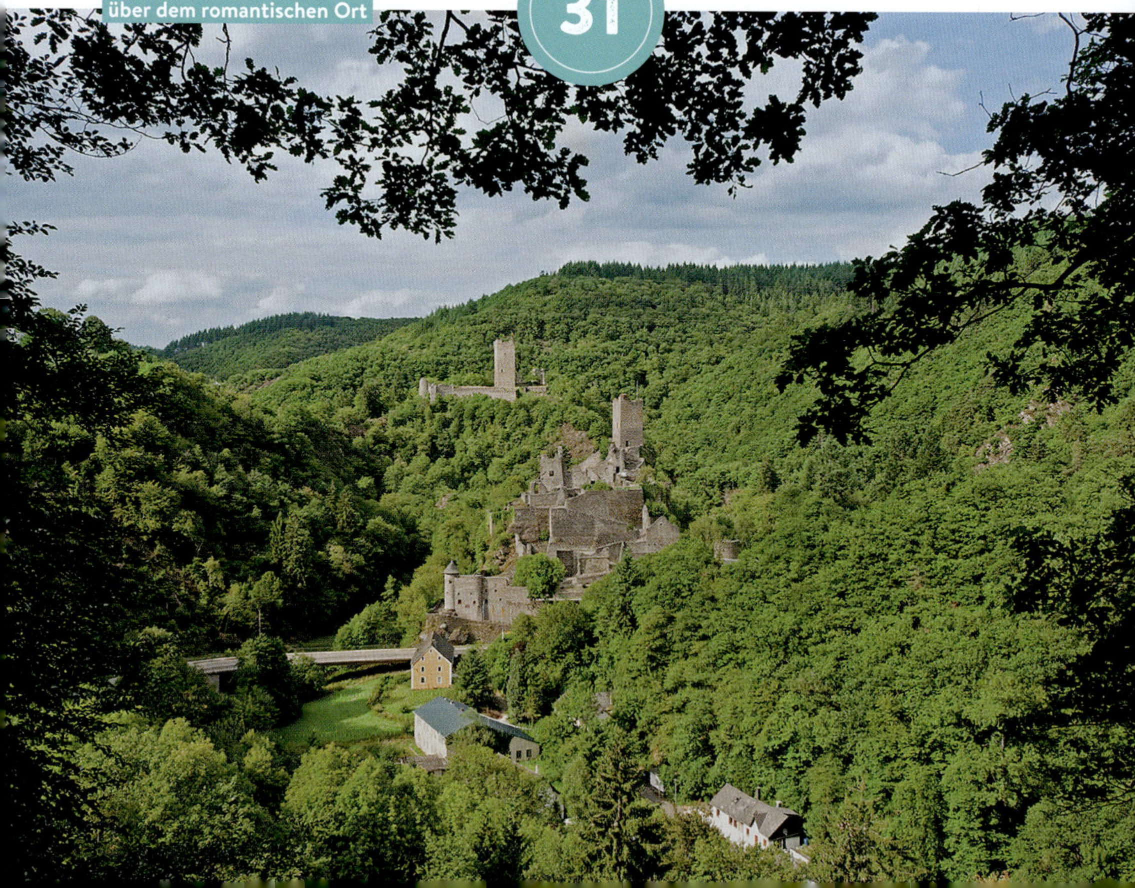

Die Nieder- und die Oberburg über dem romantischen Ort

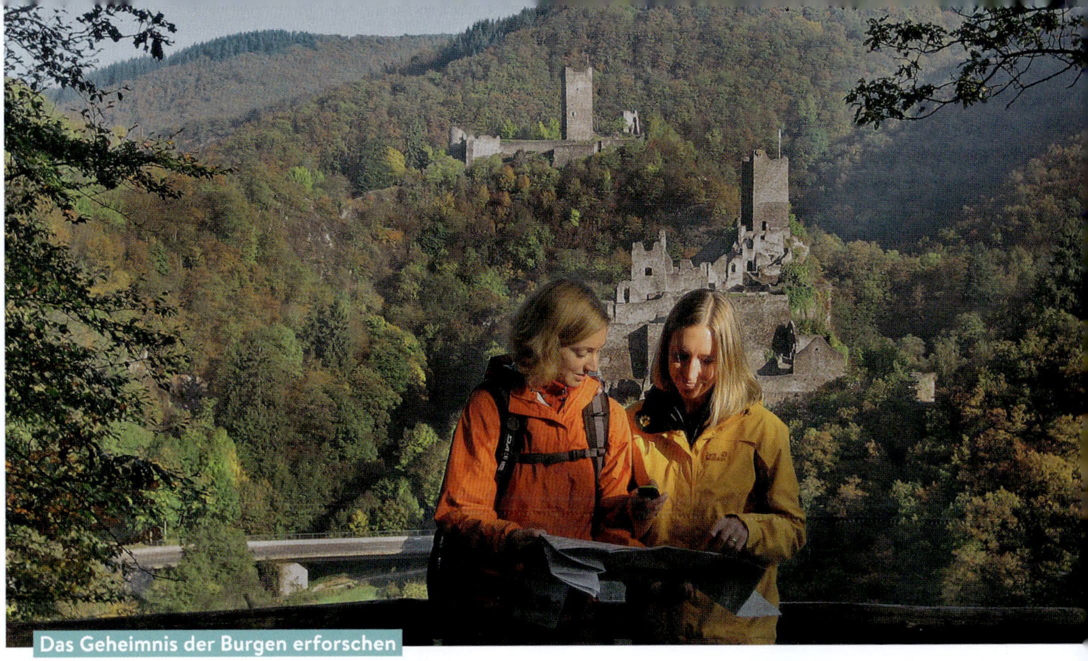

Das Geheimnis der Burgen erforschen

SCHÖNE AUSSICHTEN Direkt am A **Kurhaus von Manderscheid** beginnt die Route. Man kommt zum Eifelsteig und nun bergauf zur Kurfürstenstraße (L 16). Auf ihr geht es rechts weiter. Über die Klosterstraße geht es nun vom Rathaus bis zum Hotel Burgblick mit dem ersten Ausblick zur Ober- und Niederburg. Vom Burgenblick gelangt man anschließend über einen schmalen Weg zum Wald und an der nächsten Weggabelung links leicht abwärts zur Lieser.

WOLFSHÜTTE Über ein kleines Brückchen lässt sich bequem die Uferseite wechseln. Auf der anderen Bachseite führt die Route über einen bequemen Weg bis zum Achtergraben. Ihm durch den Wald geradeaus folgend, ist die Spitzkehre das nächste Ziel. Von hier führt die rechte Wegstrecke zur 1 **Schutzhütte Wolfshütte**.

RÖMISCHE VILLA Kurz danach zeigt der Wegweiser links zum Aussichtspunkt 2 **Belvedere** mit einer Steinsäule als Rest einer römischen Villa. Ein grandioser Blick auf die Burgen und das Städtchen Manderscheid eröffnet sich von hier aus. Danach führt die

Tipp

DIE GRAUSIGE NISCHE IN DER NIEDERBURG

Einst gab es in der Niederburg im Jahr 1844 eine Nische am Wachturm, die zugemauert war. Steinmetze entfernten die vordere Wand. Das Innere bot Platz für einen Erwachsenen und war an der Decke mit einer kleinen Luke versehen. Man fand in dem Raum ein Skelett, eine Schüssel und einen Stein. Die Einwohner Manderscheids berichteten von einem stolzen Grafen, der auf der Niederburg lebte und das niedere Volk verschmähte. Er hatte eine Tochter, die sich in einen Dienstmann verliebt hatte. Während eines heimlichen Treffens wurde das Paar überrascht und der Graf ließ den Liebhaber töten. Seine Tochter allerdings ließ er in diese Nische am Wachturm einmauern und ihr täglich Nahrung durch die Luke zukommen, bis auch sie schließlich starb. Seitdem spukte es am Wachturm um Mitternacht. Erst als das Gerippe in einem christlichen Grab bestattet wurde, hörte der Spuk auf.

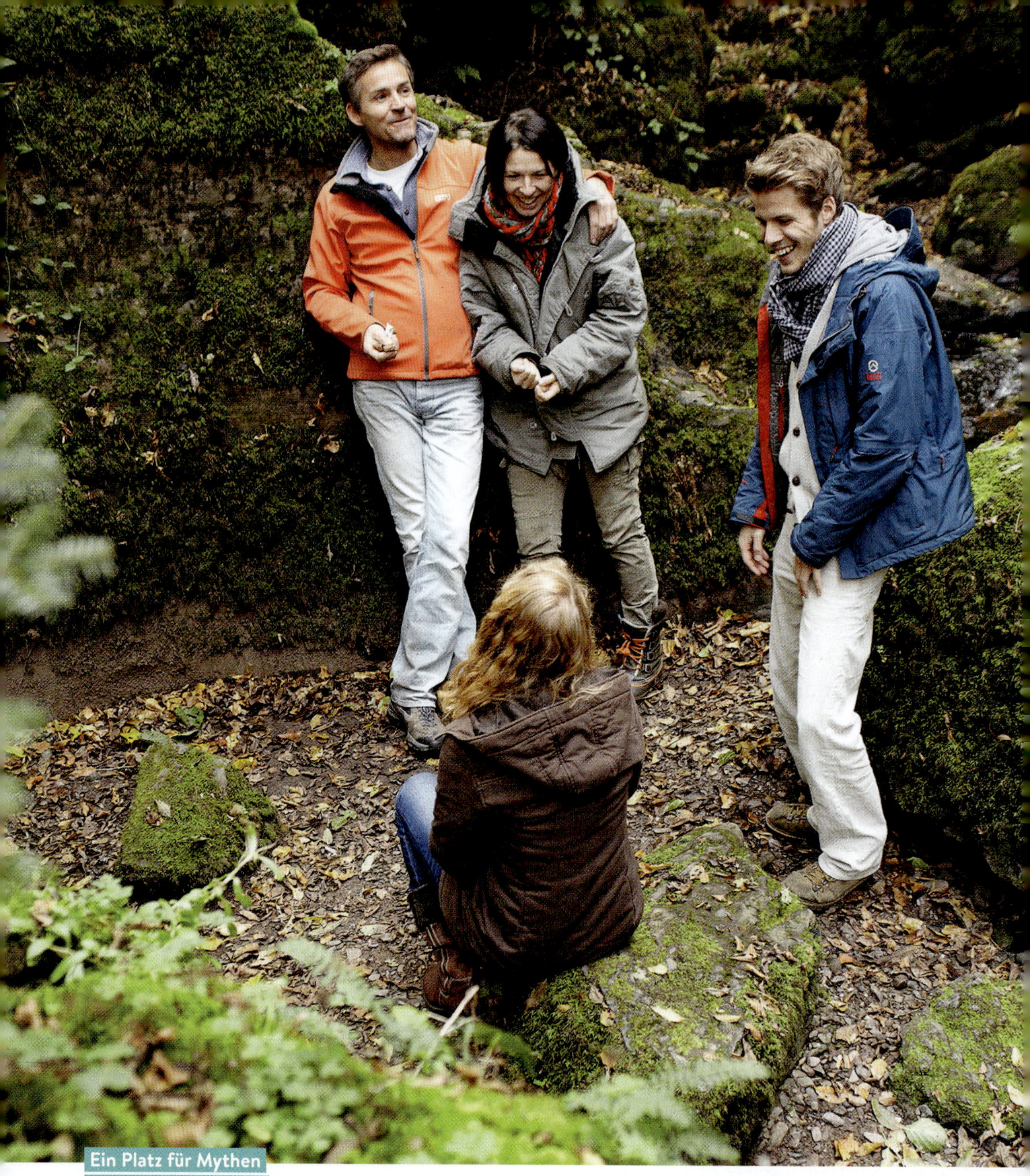

Ein Platz für Mythen und Ammenmärchen

Route links bergab bis zu einer Einmündung auf einen Querweg.

MANDERSCHEIDER BURGEN Links geht es nun mit der Markierung »8« in Richtung der Niederburg bis zum Aussichtspunkt Grafenfels. Von den zwei Burgen in Manderscheid ist die **3 Oberburg** die ältere. Einst in luxemburgischem Besitz, gehörte sie ab 1147 zum Erzstift Trier. 1673 wurde sie durch die Franzosen zerstört.

NIEDERBURG Nach der Querung der Turnierwiese ist die **4 Niederburg** bald erreicht.

Sie wurde erstmals im Jahr 1133 erwähnt und war der Sitz der Herren von Manderscheid. Zwischen den Jahren 1346 und 1348 wurde die Burg erfolglos von Erzbischof Balduin belagert. 1457 wurde Dietrich von Manderscheid vom Kaiser mit dem Grafentitel ausgezeichnet.
Nach der Niederburg ist die Straßenseite der Straße »Zur Turnierwiese« zu wechseln, und nachfolgend ist an der L 16 rechts weiterzuwandern. Das Burg-Café lädt jetzt zu einer Pause ein. Wer nicht einkehren möchte, geht bis zum Eingang der Niederburg. Nachdem die Lieser erneut überquert wird, kommt man über den kleinen linken Pfad zum »Kaisertempelchen«, welches seinen Namen dem Besuch des Kaisers Wilhelm II. verdankt. Über die L 16 weitergehend, kehrt man bald zum E **Kurhaus** in Manderscheid zurück.

INFO

Mittel | **6 km** | **314 Hm** | **1.30 Std.**

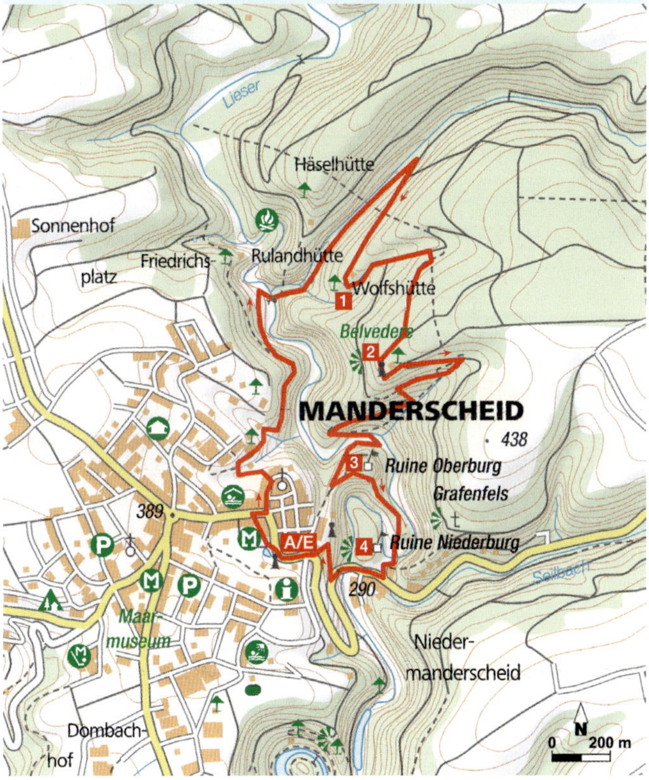

TOURENCHARAKTER
Familienfreundliche, gut ausgezeichnete Rundtour

ORIENTIERUNG
Sehr gute Wegmarkierung der Vulkan-Pfade (gelber Untergrund mit gelb-grünem Kreis)

HÖCHSTER/TIEFSTER PUNKT
435 m/284 m

AUSGANGS-/ENDPUNKT
Kurhaus in Manderscheid

ANFAHRT
Auto: Über die A 3 Frankfurt–Köln bis zum Dernbacher Dreieck bzw. A 61 Ludwigshafen–Köln bis zum Koblenzer Kreuz bis Abfahrt Manderscheid
ÖPNV: Mit der Bahn (Koblenz–Trier/Luxemburg) bis Wittlich Hauptbahnhof und weiter mit Regiolinie 300 oder mit dem Bus 500 (Gerolstein–Daun), siehe www.bahn.de und www.vrt-trier.de

EINKEHR/ÜBERNACHTUNG
Burg-Café, Niedermanderscheider Straße 2, 54531 Manderscheid, Tel. 06572/9318487, www.burgcafe-manderscheid.de

BESTE JAHRESZEIT
Januar bis Dezember

KARTE
Wanderkarte 1:25 000, Nr. 33 Vulkaneifel um Manderscheid, Eifelverein e. V.

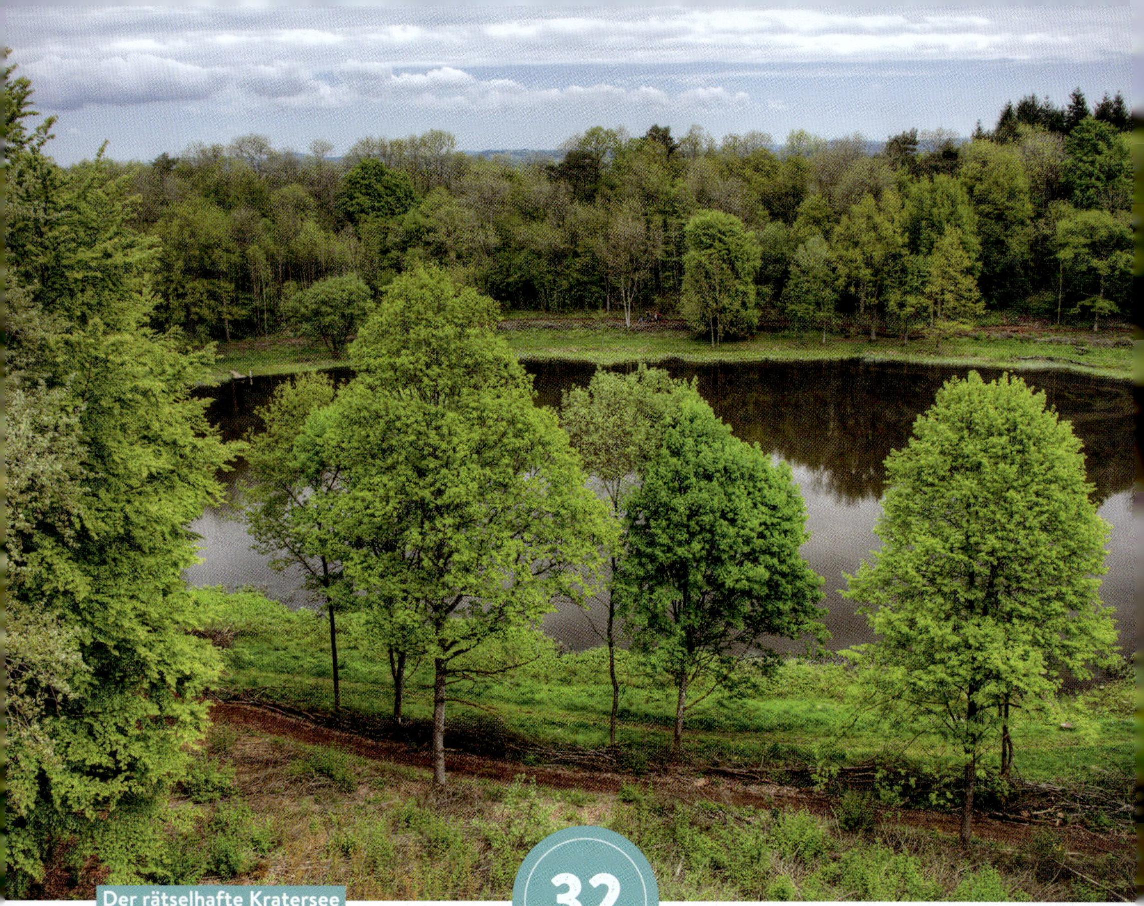

Der rätselhafte Kratersee am Mosenberg

32

EIN KREISRUNDER SEE

Windsborner Kratersee

Die vielfältige Natur rund um den Kratersee wie auch in der ganzen Eifel verzaubert nicht nur Wanderer. Der Heidedichter Hermann Löns formulierte einst treffend: »Sie ist ein Naturkind mit Vergangenheit, eine Schönheitskönigin ohne Schminke, eine Verführerin ohne Absicht ... Und alle bleiben ihr treu!«

ZUM MOSENBERG Das **A Maarmuseum** in Manderscheid bildet den Ausgangspunkt dieser Wanderung. Entlang der Wittlicher Straße erreicht man den Ortsausgang und geht hinter dem Ortsausgangsschild rechts weiter bis zum Dombachhof. Am Bauernhof angekommen, genießt man eine schöne Aussicht auf den Mosenberg. Am Dombachhof links vorbei, führt ein Weg in den Wald hinein. Nun beim nächsten Waldweg links haltend zum Wasserfall – dabei geht es leichten Fußes bergab.
Nach dem Wechseln der Uferseite über die Holzbrücke der **1 Kleinen Kyll** führt die Route rechts am Wasserlauf entlang. Die Kleine Kyll ist ein Nebenfluss der Lieser und misst insgesamt ca. 24 Kilometer. Schon bald ist der Wanderer an der Wolfsschlucht angekommen, wo Infotafeln Wissenswertes zur Geologie und den örtlichen Besonderheiten vermitteln. Über Basaltsteine geht es auf schmalen Wegen weiter. Hält man sich links, ist die Schlucht schon bald durchstreift. Nun aufwärts und am »Horngraben« in Richtung Mosenberg. Dabei orientiert man sich an der Wegmarkierung zum **2 Mosenberg-Gipfel**. Der Mosenberg mit seinem Aussichtsturm ist 517 Meter hoch. Von dem Aussichtsturm aus hat man einen wundervollen Rundumblick.

GEHEIMNISVOLLER KRATERSEE Ein kleiner, gut zu erkennender Waldweg führt letztendlich zum Gipfelkreuz des **3 Windsborn-Kratersees**. Der ungefähr 1,70 Meter tiefe Kratersee ist von einem 20 bis 30 Meter hohen Wall aus rotbrauner Asche und Schweißschlacke umgeben. Der Parkplatz am Mosenberg ist das nächste Ziel. Von hier aus führt die Route nach Bettenfeld mit der Kirche im Zentrum.

ÜBER DEN MAARWEG Links an der Kirche vorbei, wählt man an der Abbiegung

Tipp

AUF DEM GEMÜNDENER MAAR

Sahst du auf hohem Bergeshaupt das Maar, / Den See in des Vulkanes totem Munde, / Von frischem Wald umzogen in der Runde, / Wenn Himmelsblau ob seinem Spiegel war?
Hast du's geseh'n, wenn auf der Flut Krystall / Die Sonne schwamm gleich einem gold'nen Schwane? / Erscholl dein Sang dort abendlich im Kahne, / Dem grünen Wall entlockend Widerhall?
Sahst du im Kratersee vom Mondenlicht Um dich der Fische Schar den Schimmer trinken, / Aus Nebelflor dir weiße Hände winken, / Und locken dich manch bleiches Angesicht?
Dann hast auch du gestanden unterm Bann, / Dem, ach, so süßen, ach, so schaudervollen: / Um dich das Märchen, unter dir das Grollen / Des Lebensfeindes, – ein bedrohter Mann.
Jetzt pflügt dein Ruder mitten ob der Gruft! ... / Geöffnet unter dir des Kraters Kehle, / Des alten Ogers, – rette Leib und Seele! / Fest steht dein Kahn, und schwer wird dir die Luft.
Sei Erz und Eis, siehst du von düsterm Schein / Zwei Augen glüh'n! Es ist die Krater-Alte. / Denk' an Empedokles, denn auch der kalte, / Erlosch'ne Feuerberg schlingt Opfer ein! / In Glut und Flut den Unsichtbaren nah'n, / Des grausen Schlunds Geheimnisse erlauschen, / Bringt Tod ... Hörst du des Maares Wasser rauschen? / Entflieh', schon faßt die nasse Hand dich an!
Stoß' hin dein Boot! Es wohnt der Schrecken hier! / Am See des Tod's laß grünen es und blauen! / Des Mondes Silber stießt hier über Grauen ... / Zu Menschenhütten! – So geschah es mir.
Gedicht von Heinrich Freimuth, aus der Sammlung: Aus einem größeren Cyklus »Eifelstrauß«

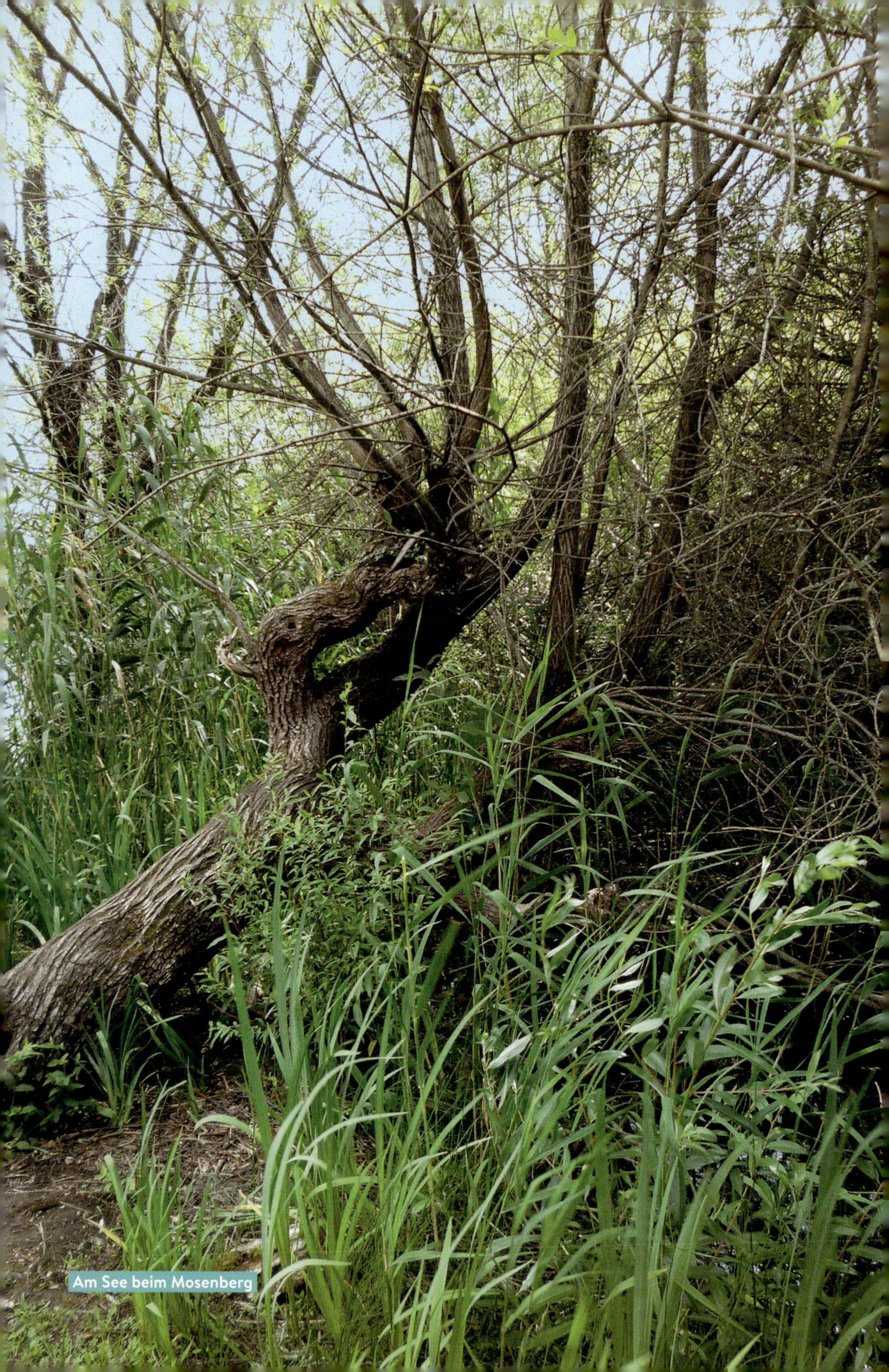

Am See beim Mosenberg

den »Maarweg«, der bis zum Uferweg des Maars führt. Nach der Umrundung bis zum Parkplatz wechselt man die Seite der Hauptstraße und durchstreift, auf dem Waldweg links haltend, nun das malerische Meerbachtal. Nach der Kläranlage folgt man der Landstraße nach Manderscheid und hält sich an der nächsten Kreuzung links, bis man zu einer Brücke gelangt. Nach der Brücke geht es auf einem weichen Weg links bis nach Manderscheid und zum Ausgangspunkt, dem **E Maarmuseum** (Wittlicher Straße 11, 54531 Manderscheid, Tel. 06572/92 03 10, www.maarmuseum.de), für das man sich jetzt etwas Zeit nehmen sollte.

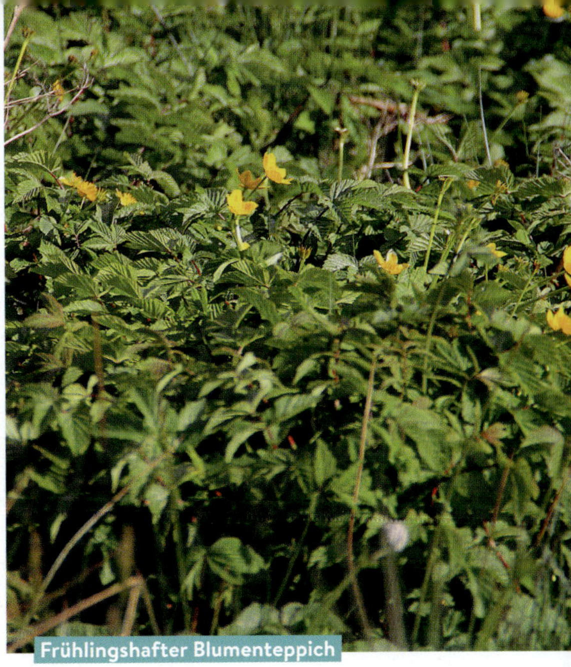

Frühlingshafter Blumenteppich

INFO

TOURENCHARAKTER
Aussichtsreiche Wanderung mit geologischen Highlights

ORIENTIERUNG
Mittel, Karte empfehlenswert

HÖCHSTER/TIEFSTER PUNKT
497 m/282 m

AUSGANGS-/ENDPUNKT
Maarmuseum in Manderscheid

ANFAHRT
Auto: Über die A48 aus Richtung Koblenz oder Trier bis Ausfahrt Manderscheid
ÖPNV: Mit der Bahn bis Wittlich und mit dem Bus bis Manderscheid, siehe www.bahn.de

EINKEHR/ÜBERNACHTUNG
Haus Sonneck, Burgstraße 20, 54531 Manderscheid, Tel. 06572/93 36 44, www.haus-sonneck-eifel.de

BESTE JAHRESZEIT
Januar bis Dezember

Leicht | 15 km | 420 Hm | 5–6 Std.

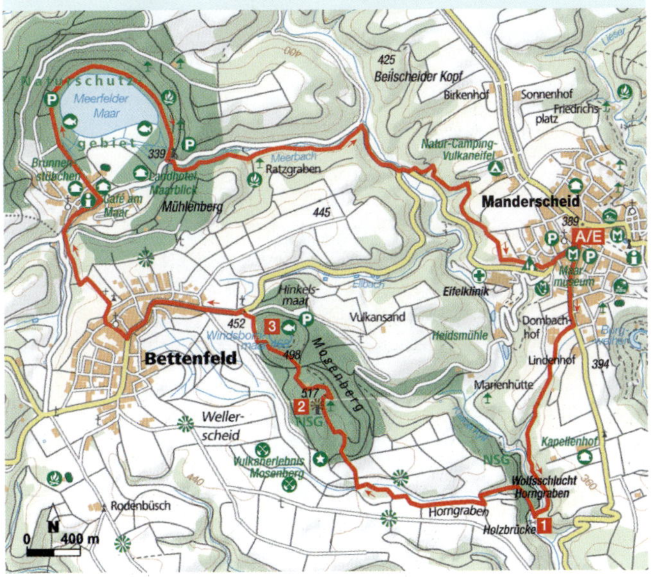

KARTE
Wanderkarte 1:25 000, Nr. 33
Vulkaneifel um Manderscheid, Eifelverein e. V.

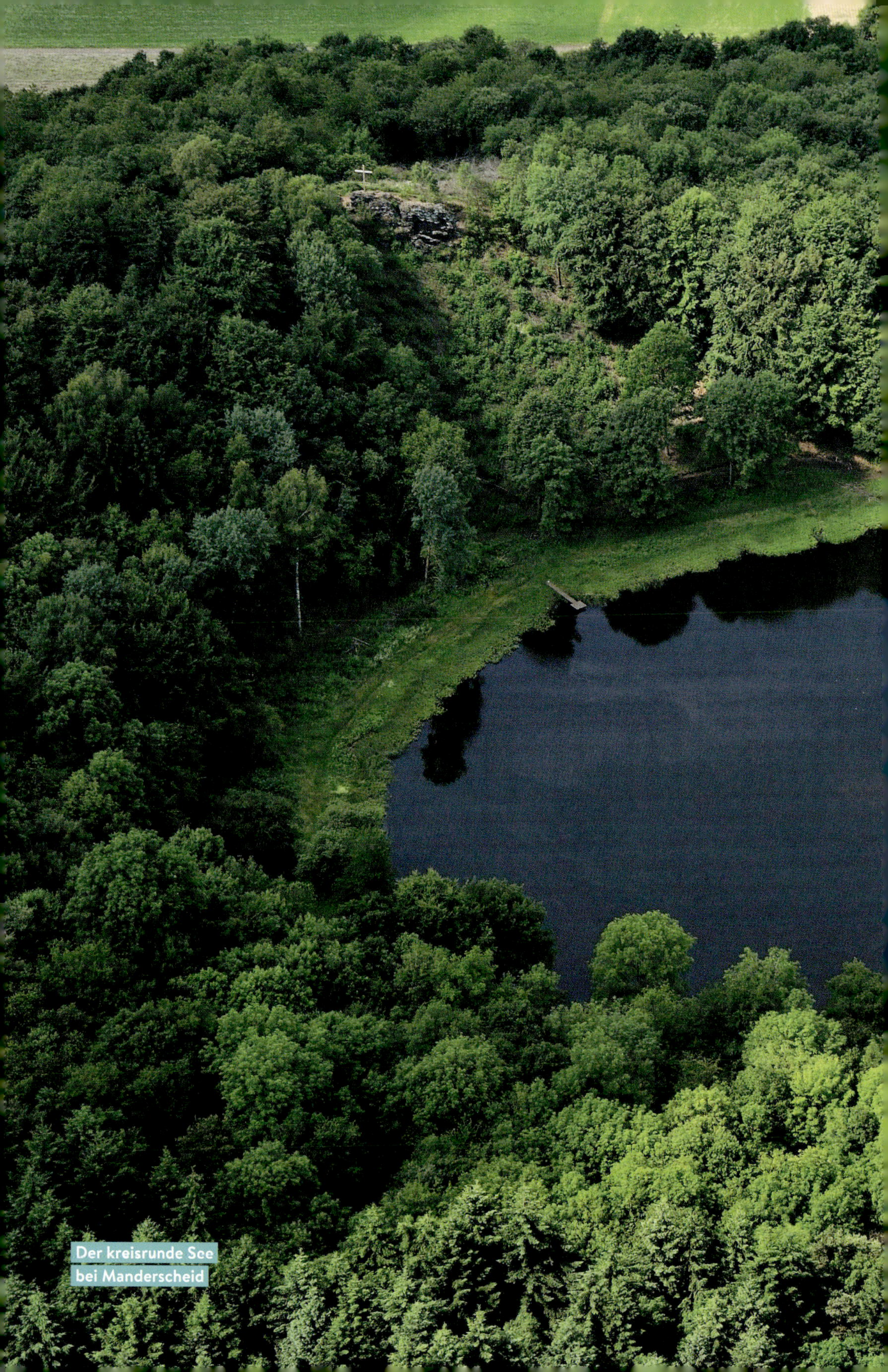

Der kreisrunde See
bei Manderscheid

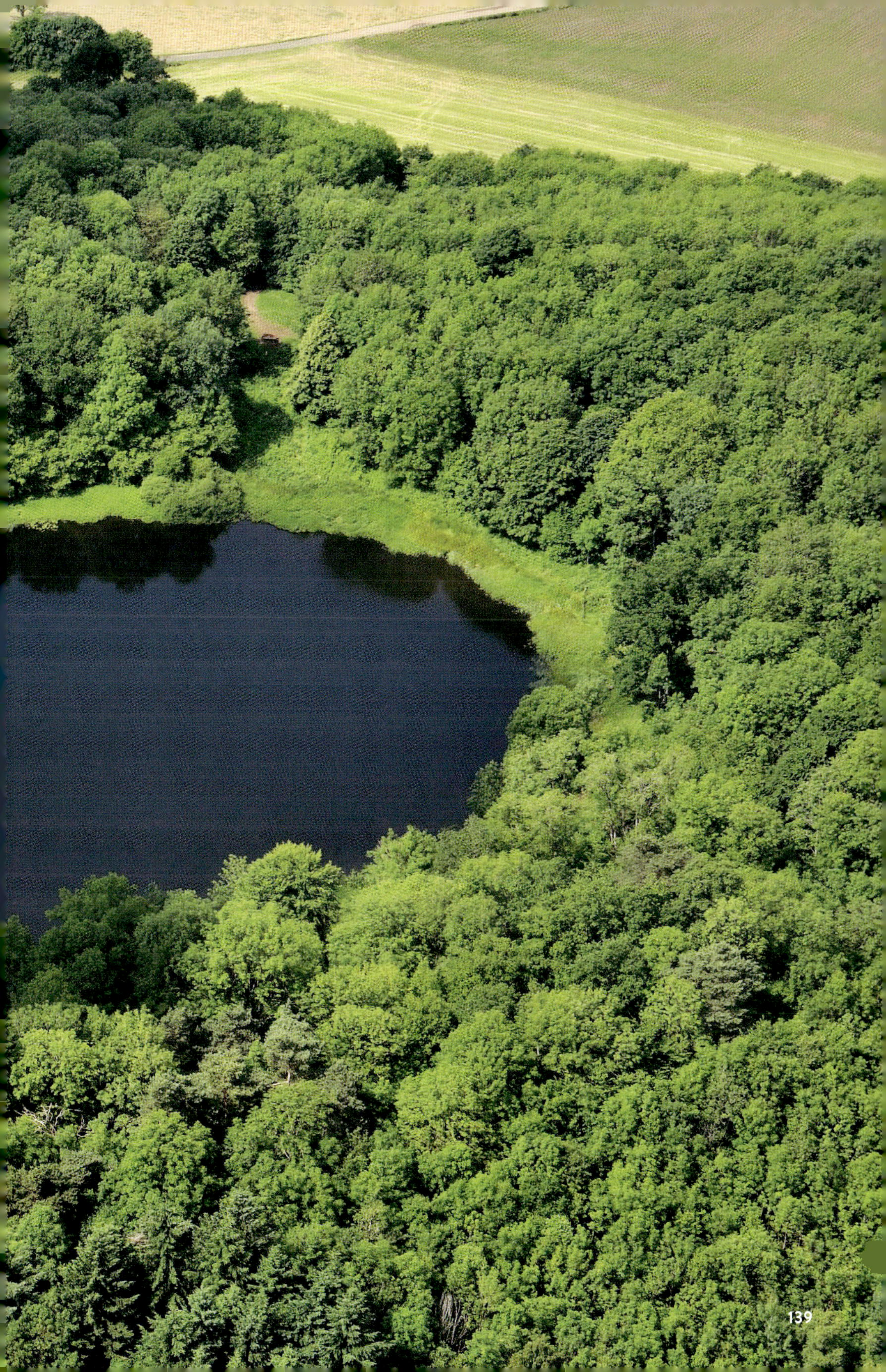

DER »SAURE BUHR«

Heidehimmel Volkesfeld

Täglich sprudelt kostenlos das Heilwasser aus dem »Saure Buhr«, einer staatlich anerkannten Heilquelle. Wer von dem Wasser probiert, wird überrascht sein. Denn der anfängliche Eisengeschmack verschwindet nach wenigen Schlückchen, und man spürt eine angenehme Frische auf der Zunge.

33

Der Sauerbrunnen ist das Ziel.

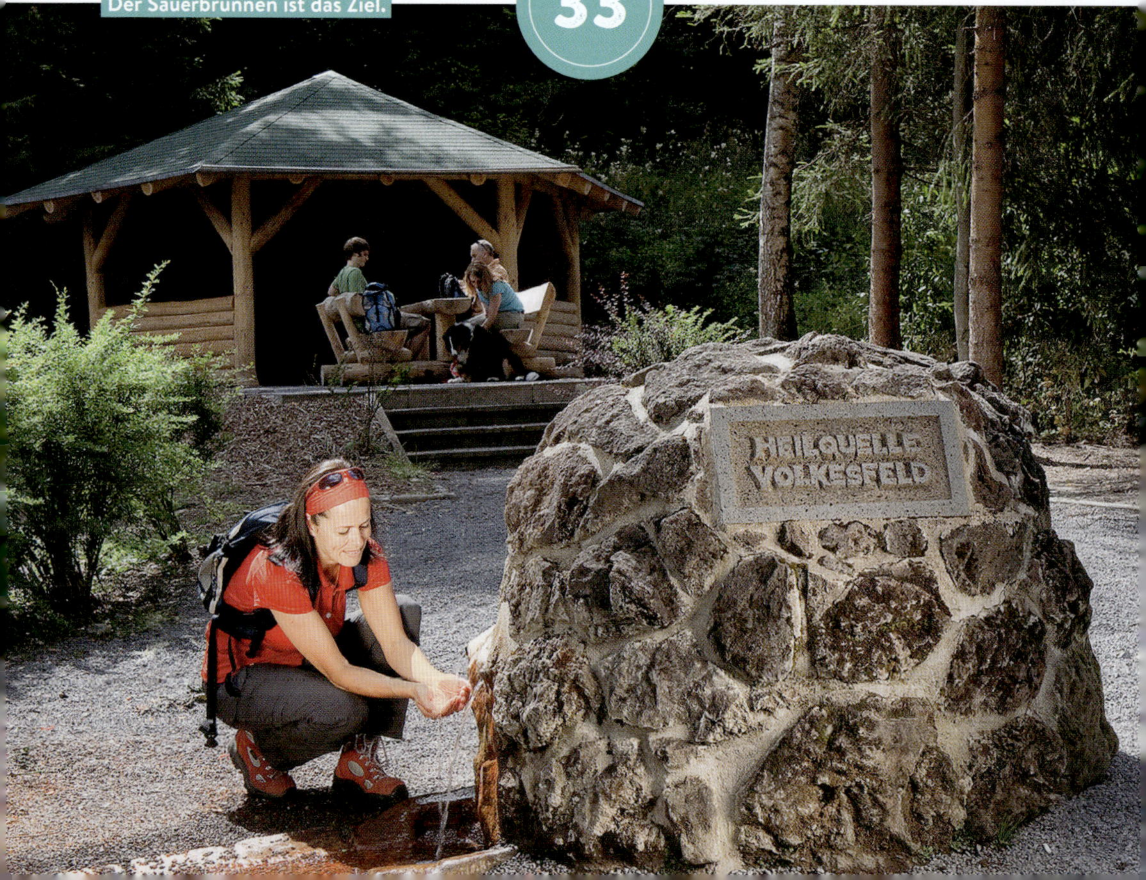

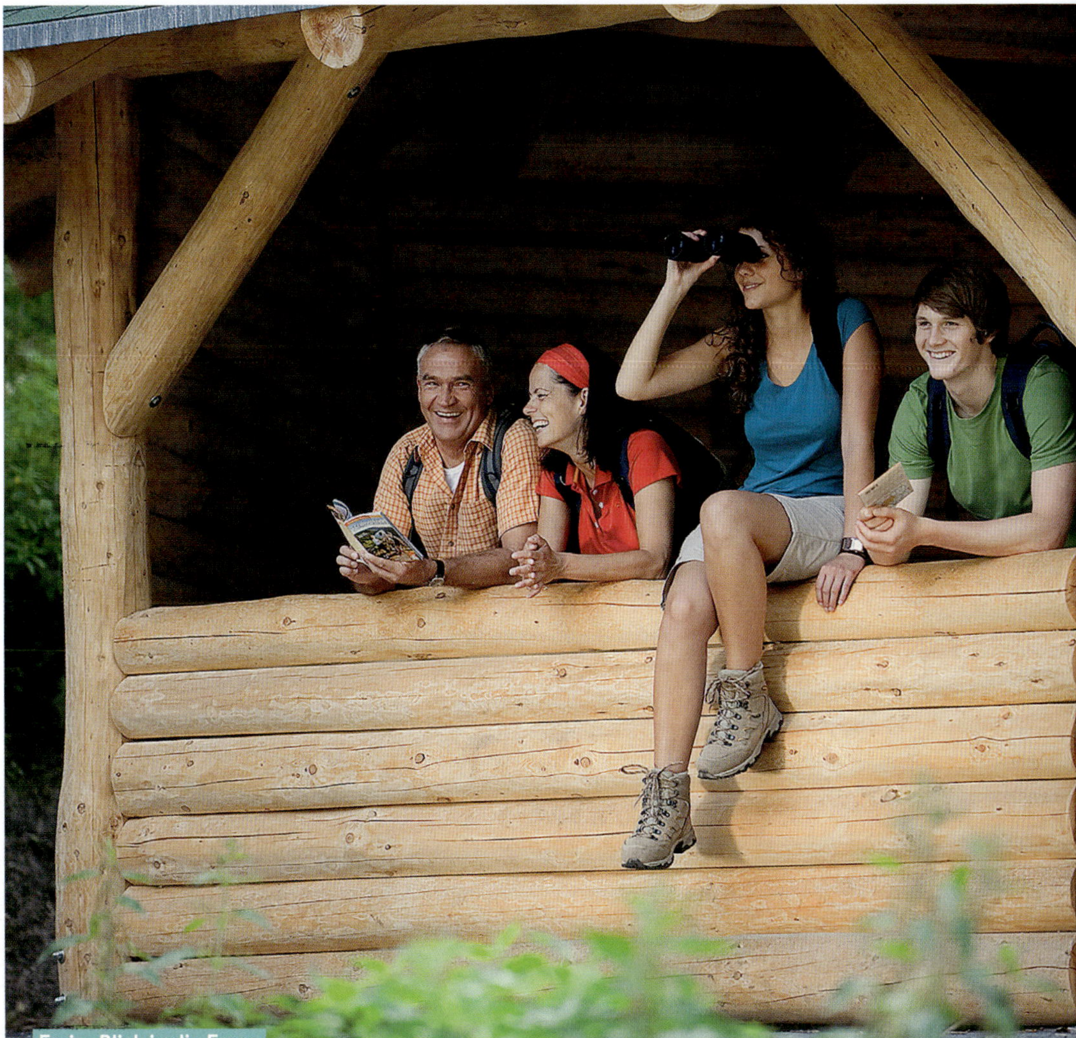

Freier Blick in die Ferne

Das Nettetal mit seinen zahlreichen Wanderwegen stellt den Ausgangspunkt dieser Tour dar. Startpunkt ist der Parkplatz an der **A Heilquelle Sauerbrunnen** direkt an der L 83. Wer in Volkesfeld starten möchte, kann von dem Parkplatz am Dorfgemeinschaftshaus in der Nettestraße den Zubringerweg nutzen.

FEINER BEGINN Auf Waldwegen geht es nun durch uriges Gelände. Schöne Ausblicke auf das Nettetal mit den umliegenden Gemeinden laden zum Pausieren ein. Die erste Teilstrecke führt bis Volkesfeld und dann stetig aufwärts bis zum Riethelkreuz mit seinem prächtigen Ausblick.

SELTENE SCHMETTERLINGE Inmitten der Wacholderheide, in der sich seltene Schmetterlinge und andere Insekten tummeln, folgt der Weg anschließend dem Höhenkamm. Über Wiesenwege werden das Neubaugebiet

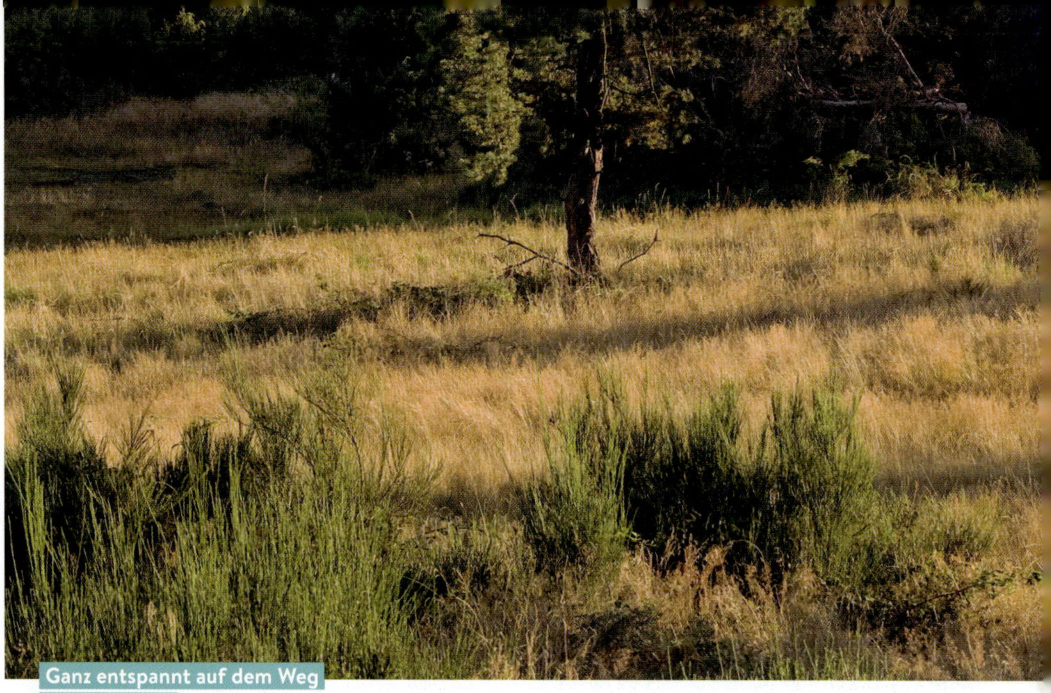

Ganz entspannt auf dem Weg zur Heilquelle

und der Ort selber umrundet. Nach einem kleinen Waldstück leitet die Markierung über Wiesen, bis die K 63 in Sicht ist. Dem Feldweg folgend, bietet sich bald ein Rastplatz zu einem Picknick an. Danach windet sich ein kleiner Pfad aufwärts zur Waberner Heide. Aufmerksame Beobachter werden Freude an ihrer vielfältigen Fauna haben.

Tipp

HEILQUELLE SAUERBRUNNEN

1968 wurde die staatlich anerkannte Heilquelle, die auch als »Saurer Buhr« bekannt ist, in Volkesfeld entdeckt. Schon äußerlich wird durch die rote Färbung der Eisengehalt des Wassers sichtbar. Aber auch Calcium und Magnesium bereichern das Wasser, was insgesamt dem Magen- und Darmtrakt zugutekommt. Pro Minute sprudeln etwa neun Liter Wasser aus dem Lavastein heraus.

PERFEKTE AUSBLICKE Nun ist die Waberner Wacholderhütte nicht weit. Die Aussicht auf die Umgebung ist einfach traumhaft. Weiter auf der bekannten Route, kommt man in den Wald und über einen weichen Waldweg zum Felssporn **1 Falkleyblick** mit seinen bezaubernden Ausblicken in das Tal.

PILZBESUCH Jetzt bietet sich die Gelegenheit, einen Abstecher zum Noorkopf (475 m) zu unternehmen – er liegt nur 500 Meter entfernt. Auf dem Noorkopf steht ein Wetterpilz, der auch »Schirmdach«, »Schutzpilz«, »Rastpilz«, »Parasol«, »Schwammerl«, selten auch »UFO« genannt wird. Jetzt geht es weiter an den Feldern entlang abwärts. Das nächste Teilziel, die Florianhütte, kann noch einmal für eine kleine Rast genutzt werden. Über den Waldweg verliert der Wanderer weiter an Höhe. Der kurvige Weg endet an der **E Heilquelle Sauerbrunnen**. Nun kann entweder der Parkplatz an der L 83 oder per Zubringerweg Volkesfeld angesteuert werden.

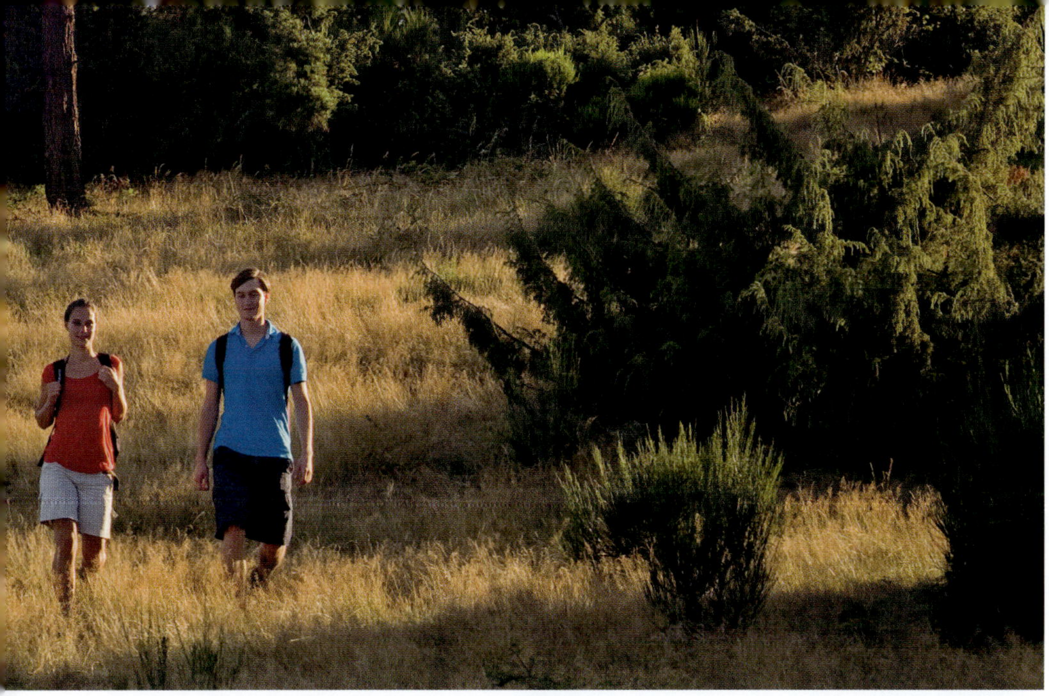

INFO

TOURENCHARAKTER
Eine Rundwanderung für die ganze Familie mit schönen Panoramablicken

ORIENTIERUNG
Sehr gut, Traumpfad-Markierung

HÖCHSTER/TIEFSTER PUNKT
528 m/344 m

AUSGANGS-/ENDPUNKT
Heilquelle Volkesfeld in Volkesfeld

ANFAHRT
Auto: Über die A 61 Abfahrt Wehr und Richtung Adenau/Kempenich, B 412 Richtung Wehr/Rieden, über die L 114 nach Rieden und zum Parkplatz an der L 83
ÖPNV: Bus 814 bis Volkesfeld

EINKEHR/ÜBERNACHTUNG
Hotel Restaurant Café Forsthaus, Nettestr. 12, 56745 Volkesfeld-Riedener Mühlen, Tel. 02655/959 90, www.hotel-forsthaus.com

BESTE JAHRESZEIT
Januar bis Dezember

Leicht | 9,2 km | 250 Hm | 3.00 Std.

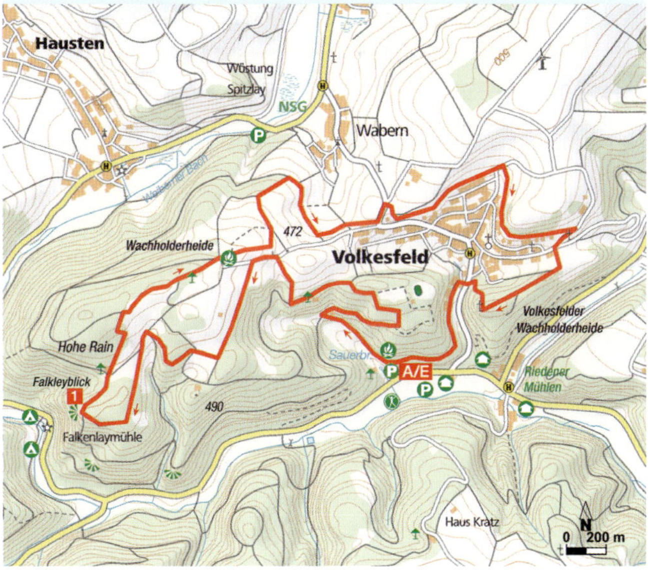

KARTE
Topografische Karte 1:50 000, Traumpfade im Rhein-Mosel-Eifel-Land, mit Wander- und Radwanderwegen, Landesvermessungsamt Rheinland-Pfalz

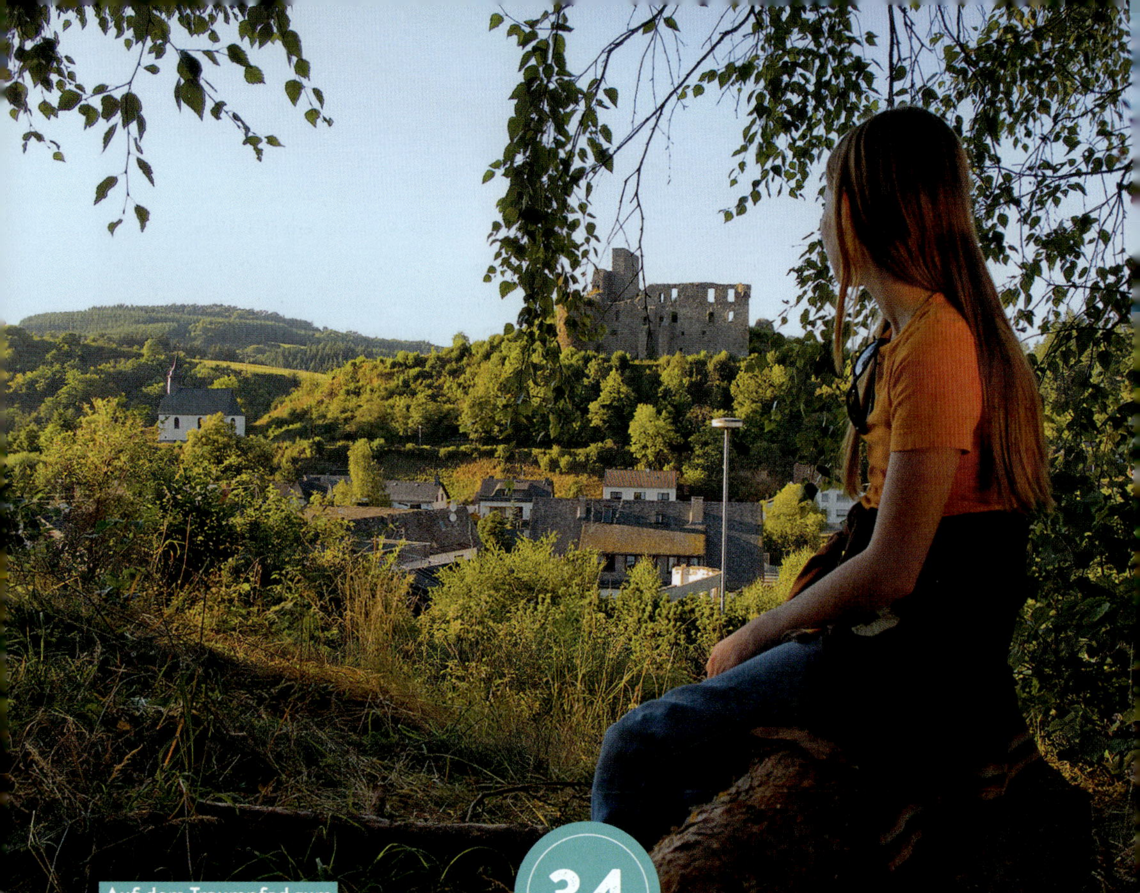

Auf dem Traumpfad zum Wahrzeichen von Virneburg

34

DER GRAFENBESITZ

Virneburgweg

Der Traumpfad führt zu einer sagenumwobenen Burgruine, die noch heute das Wahrzeichen der gleichnamigen Gemeinde ist. Die Rundwanderung zeichnet sich durch viele aussichtsreiche Passagen und botanische wie auch geologische Höhepunkte aus.

ENTLANG DES TRAUMPFADES In der Ortsmitte von Virneburg, einem Ort im Landkreis Mayen-Koblenz, ist der Startpunkt am **A Gemeindehaus**. Leicht aufwärts folgt man nun der Traumpfad-Markierung über den Nitzbach. Nach der kleinen Kapelle St. Trinitatis führt ein kleiner Weg direkt zur **1 Ruine der Virneburg** (430 m).

DAS WAHRZEICHEN Die Ruine der Höhenburg, dem Wahrzeichen der gleichnamigen Gemeinde, wirkt immer noch imposant. Malerisch reckt sie sich auf einer 430 Meter hohen Schieferkuppe empor. Einst gehörte sie dem Pfalzgrafen der Grafschaft Virneburg. Dieser gab sie den Grafen zu Sayn als Lehen und jene sie als Afterlehen den Grafen von Virneburg. Eine Besichtigung der Burg ist durchaus lohnenswert.

Tipp

EINE FLAGGE UND IHRE GESCHICHTE

Die Beschreibung der Flagge von Virneburg lautet: »Hissflagge Gold-Rot-Gold im Verhältnis 1/6:4/6:1/6, waagerecht gestreift. In der Mitte auf dem roten Streifen das Wappen der Ortsgemeinde Virneburg.« Das Vorhandensein der Rauten geht auf eine Legende zurück. Im Jahr 933 zogen die Ungarn bis nach Kaisersesch. Graf Albick von Virneburg als Mitglied des deutschen Heeres sorgte beim Schlagen der Truppe für besondere Erfolge. Der Kaiser überreichte ihm zum Dank das Wappen mit den sieben Rauten, die die Langschilder der Ungarn versinnbildlichten.

DURCH FELD UND WALD Jetzt geht es eine Weile abwärts zum Ort und bis zum Rand des Waldes. Immer der Markierung folgend, führt die Strecke durch den Wald. Eine kleine Herausforderung schließt mit dem Durchwandern des Seitentals an – es geht stetig bergan. Bald sind schon die Wacholderheiden am **2 Schafberg** sichtbar, und der Wanderer kann sich über herrliche Ausblicke freuen. Die Wanderroute kreuzt nun die B 258.

Die herrliche Atmosphäre als Erinnerung festhalten

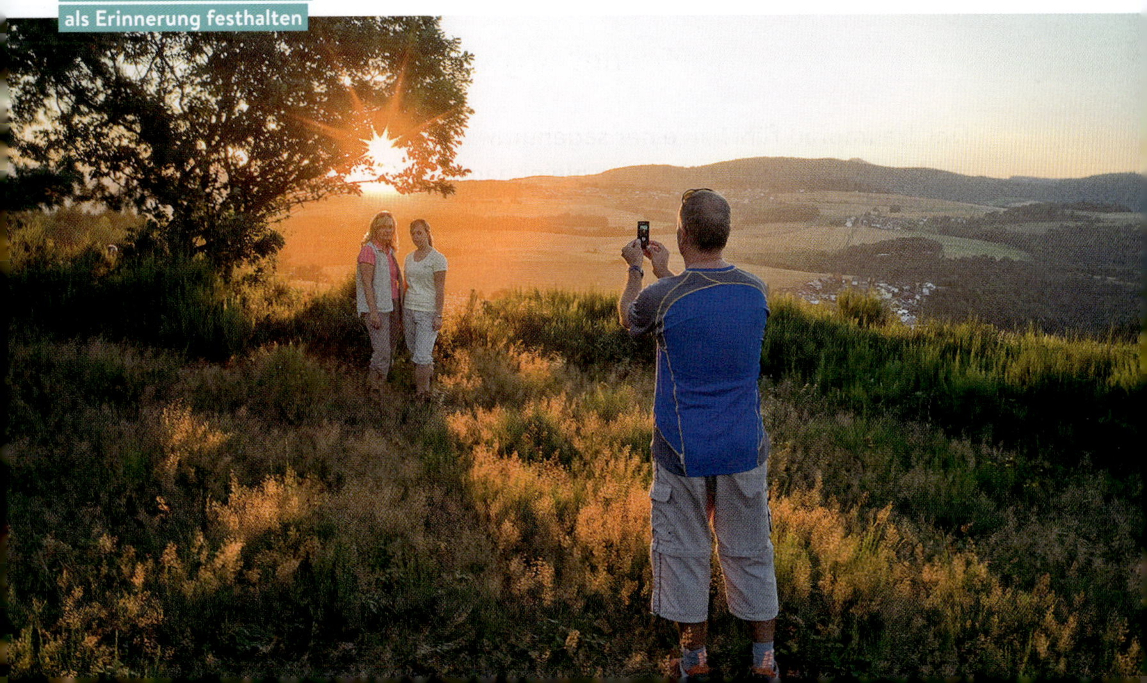

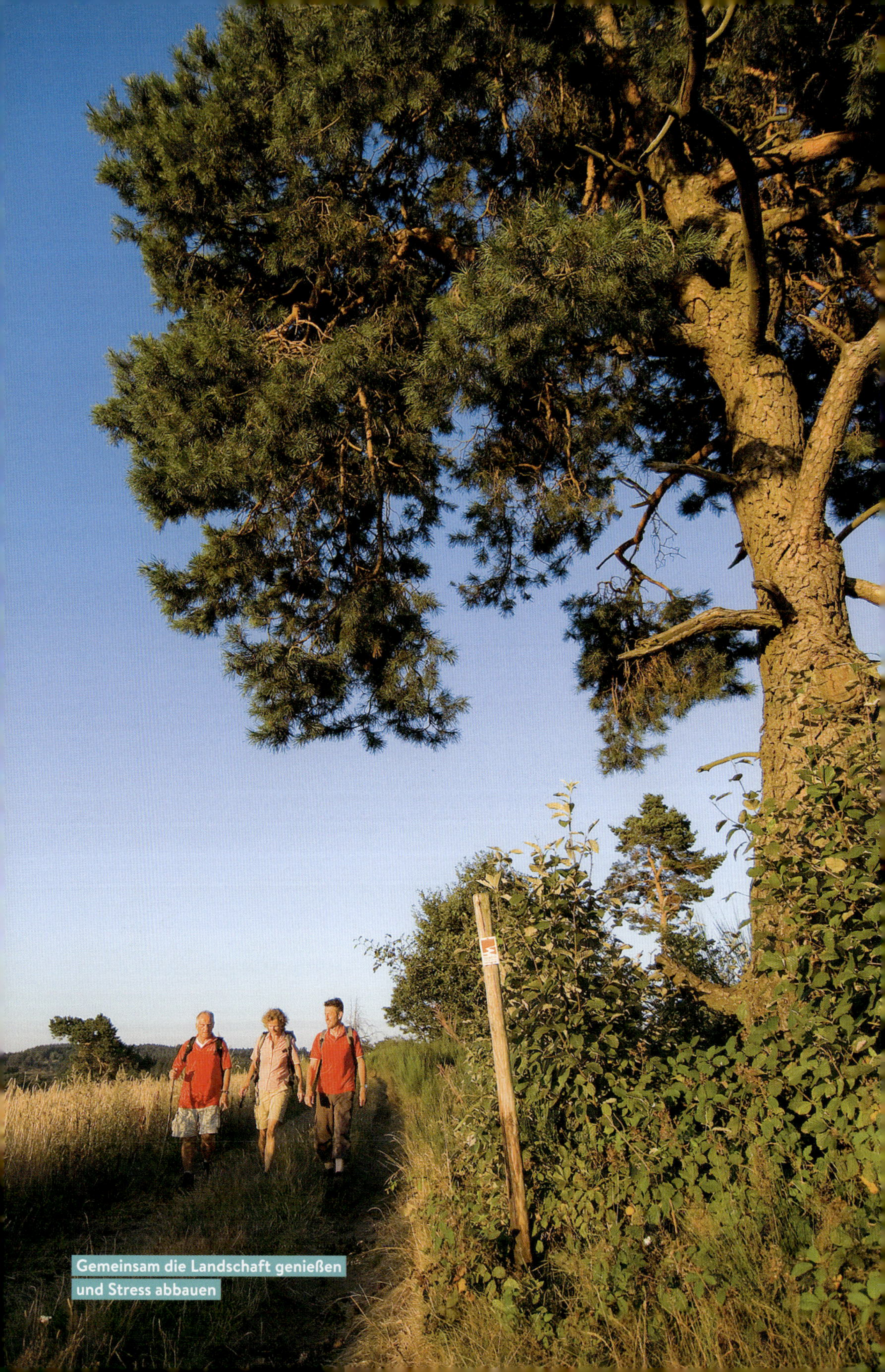

Gemeinsam die Landschaft genießen
und Stress abbauen

HERRLICHES PANORAMA Auf der anderen Straßenseite führt die Strecke bis zur **3 Blumenrather Heide**. Auch hier kann der weite Panoramablick genossen werden. Mit ein bisschen Glück und bei klarem Wetter erhascht man einen Blick auf die Nürburg mit ihrem Bergfried und den zwei Ringmauern mit ihren Türmen. Am **4 Brauberg** vorbei, ist eine Schutzhütte das nächste Etappenziel.

ZUM NITZBACHTAL Ein kleiner Weg führt an der Hangkante entlang, bis es wieder abwärts geht. Schon bald ist das waldreiche **5 Nitzbachtal** in Sicht. Nachdem der Bach überquert wurde, gilt es nochmals einen kleinen Aufstieg zu meistern. Ein Rastplatz im Schatten des Waldes lädt zu einer letzten Pause ein, bis nach einem letzten Blick auf die Virneburg das **E Gemeindehaus** in Kürze wieder erreicht ist.

HEIMATMUSEUM Wer Lust hat, sollte noch dem Heimatmuseum (www.virneburg-eifel.de) im Obergeschoss der alten Schule einen Besuch abstatten. In ihm können Dokumente zur Geschichte Virneburgs bestaunt werden.

INFO

TOURENCHARAKTER
Landschaftlich reizvolle Tour

ORIENTIERUNG
Sehr gut, Traumpfad-Markierung

HÖCHSTER/TIEFSTER PUNKT
534 m/377 m

AUSGANGS-/ENDPUNKT
Gemeindehalle in Virneburg

ANFAHRT
Auto: Über die A 48 bis Abfahrt Mayen/Mendig und die B 258 Richtung Nürburgring nach Virneburg
ÖPNV: Bus 528 bis Virneburg

EINKEHR/ÜBERNACHTUNG
Café-Gasthaus-Bendisberg
In der Au 3, 56729 Virneburg,
Tel. 02655/3303
www.cafe-gasthaus-bendisberg.de

BESTE JAHRESZEIT
Januar bis Dezember

KARTE
Topografische Karte 1:50 000, Traumpfade im Rhein-Mosel-Eifel-Land, mit Wander- und Radwanderwegen, Landesvermessungsamt Rheinland-Pfalz

Mittel	9,8 km	330 Hm	3.00 Std.

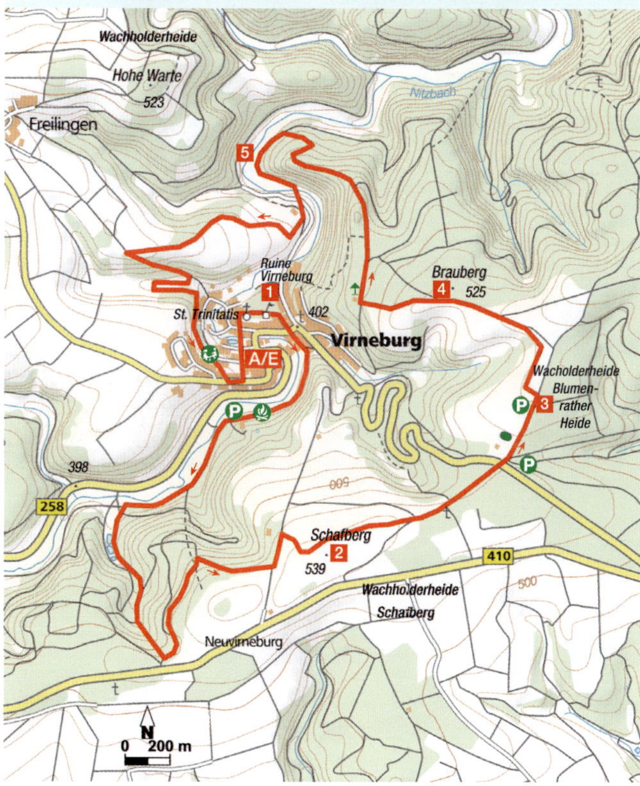

»SCHWARZE MADONNA« UND HEILENDES WASSER

Wanderather Traumpfad

Der Wanderather Traumpfad führt die Wanderer auf schönen Wiesen- und Feldwegen zum Achterbachtal, wo sich die Statue der Schwarzen Madonna befindet. Das ganze Jahr über besuchen Pilger diesen Ort, um ihre Anliegen zu formulieren und vom Wasser des Jodokusbrunnens zu probieren.

35

Nach dem Wechseln der Uferseite geht es aufwärts.

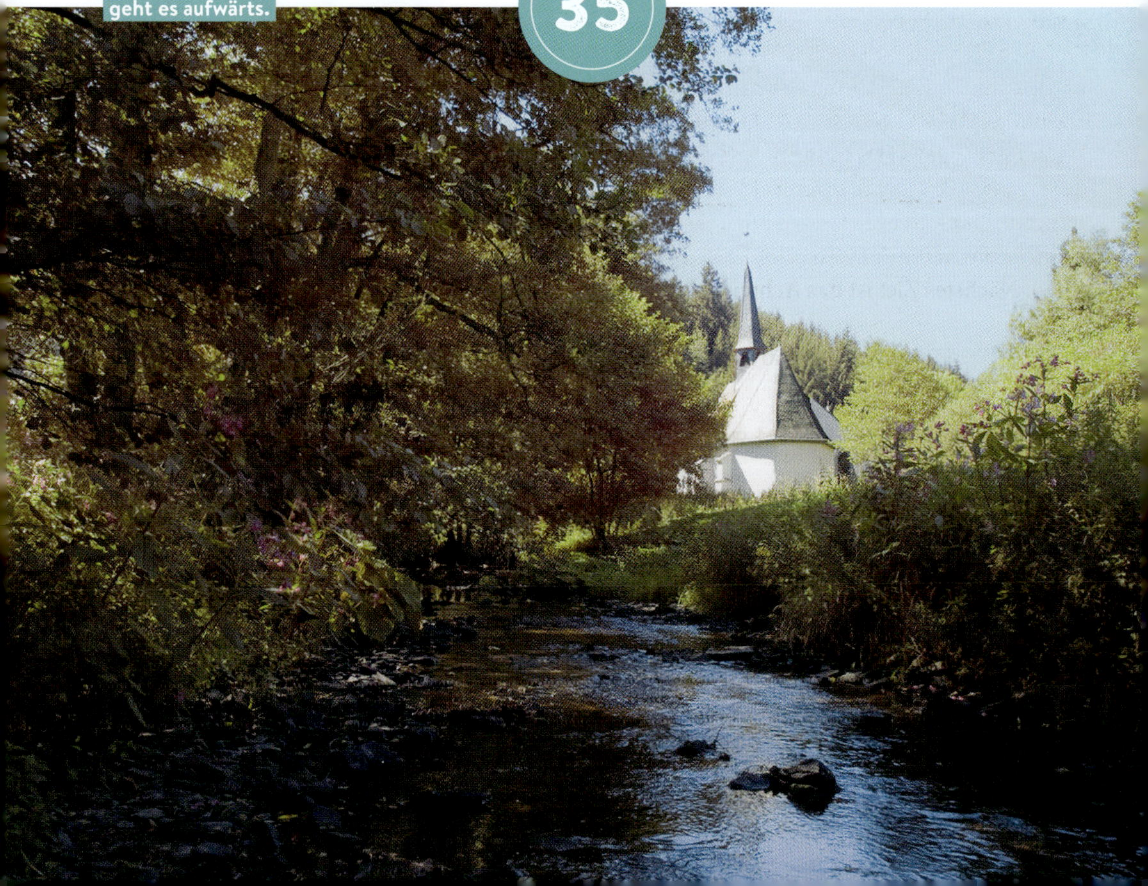

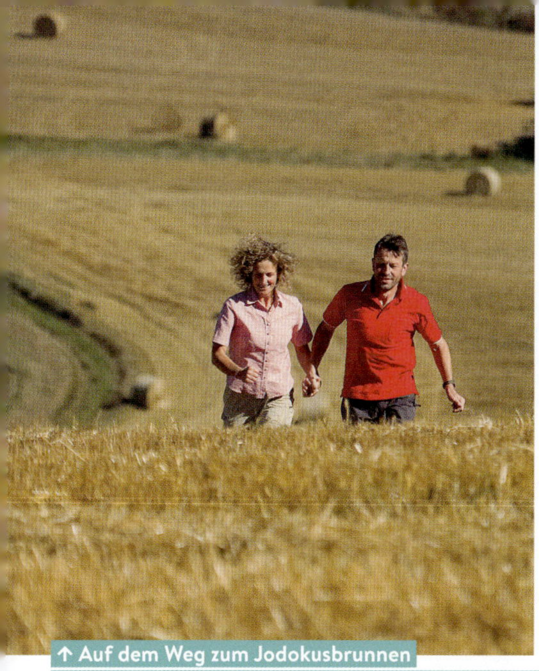

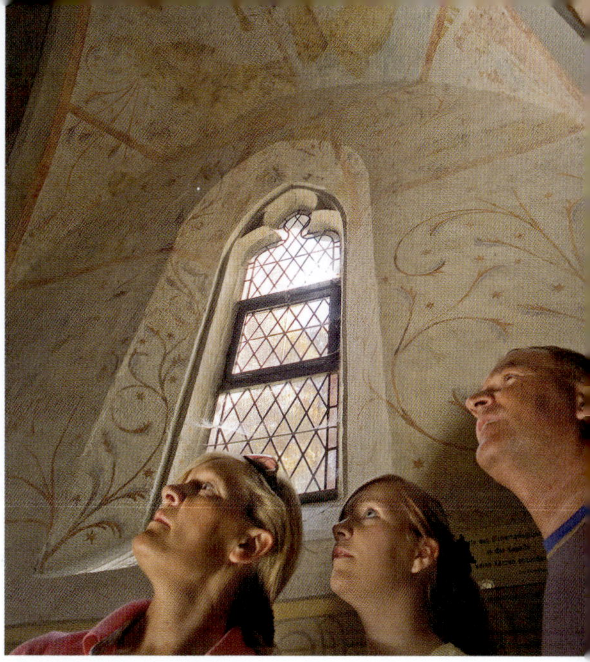

↑ Auf dem Weg zum Jodokusbrunnen
↗ Die Schönheiten in der Kapelle laden zu eingehenden Betrachtungen ein.

SANFTE HÜGEL Die Wanderung beginnt an der eindrucksvollen **A Kirche St. Valerius** in Baar-Wanderath. Von hier aus geht es über Feld- und Wiesenwege bequem weiter, bis die ersten kleinen und gemächlichen Aufstiege beginnen. Von den Anhöhen gibt es die ersten schönen Ausblicke auf die Gemeinde **1 Welschenbach** und Umgebung. Weiter leicht aufwärts, durchstreift der Wanderer zuerst den Wald, dann Feld- und Wiesenwege und schließlich die eindrucksvolle Heidelandschaft mit ihren seltenen Insektenarten. Nächstes Ziel ist das Achterbachtal.

VEREHRTE STATUE Immer am Bächlein entlang, erreicht man den Andachtsplatz **2 »Schwarze Madonna«**. Diese Marienstatue wurde 1954 in einer Felsnische errichtet. Wer sie aufgestellt hat, ist bis heute ein Rätsel. Die Statue wird sehr geliebt und von vielen Menschen aufgesucht.

HEILENDER BRUNNEN Der **3 Jodokusbrunnen** mit seinem Wasser in Trinkwasserqualität, der nach dem heiligen Jodokus benannt ist, befindet sich in direkter Nähe. Priester Jodok lebte im 7. Jahrhundert in Nordfrankreich. Da er die damaligen Wallfahrer immer auf ihren Reisen begleitet

Tipp

WALLFAHRTSKAPELLE ST. JOST

Inmitten einer traumhaften Landschaft befindet sich die Wallfahrtskapelle St. Jost. Jedes Jahr ist die Kapelle, die dem heiligen Jodokus geweiht wurde, das Ziel für Wallfahrer. Die spätgotische Kapelle wurde urkundlich das erste Mal 1464 erwähnt. Graf Philipp von Virneburg ließ sie errichten. In einer Legende heißt es, die Kapelle sollte eigentlich unterhalb der Virneburg erbaut werden. Allerdings tobte damals ein Sturm, und das ganze Material zum Bauen wurde vom Fluss Nitz weggetragen. Nachdem die Baumaterialien zwei Kilometer weit entfernt wiedergefunden wurden, vermutete der Graf hinter diesem Geschehnis ein Zeichen des Himmels und ließ die Kapelle dort fertigstellen.

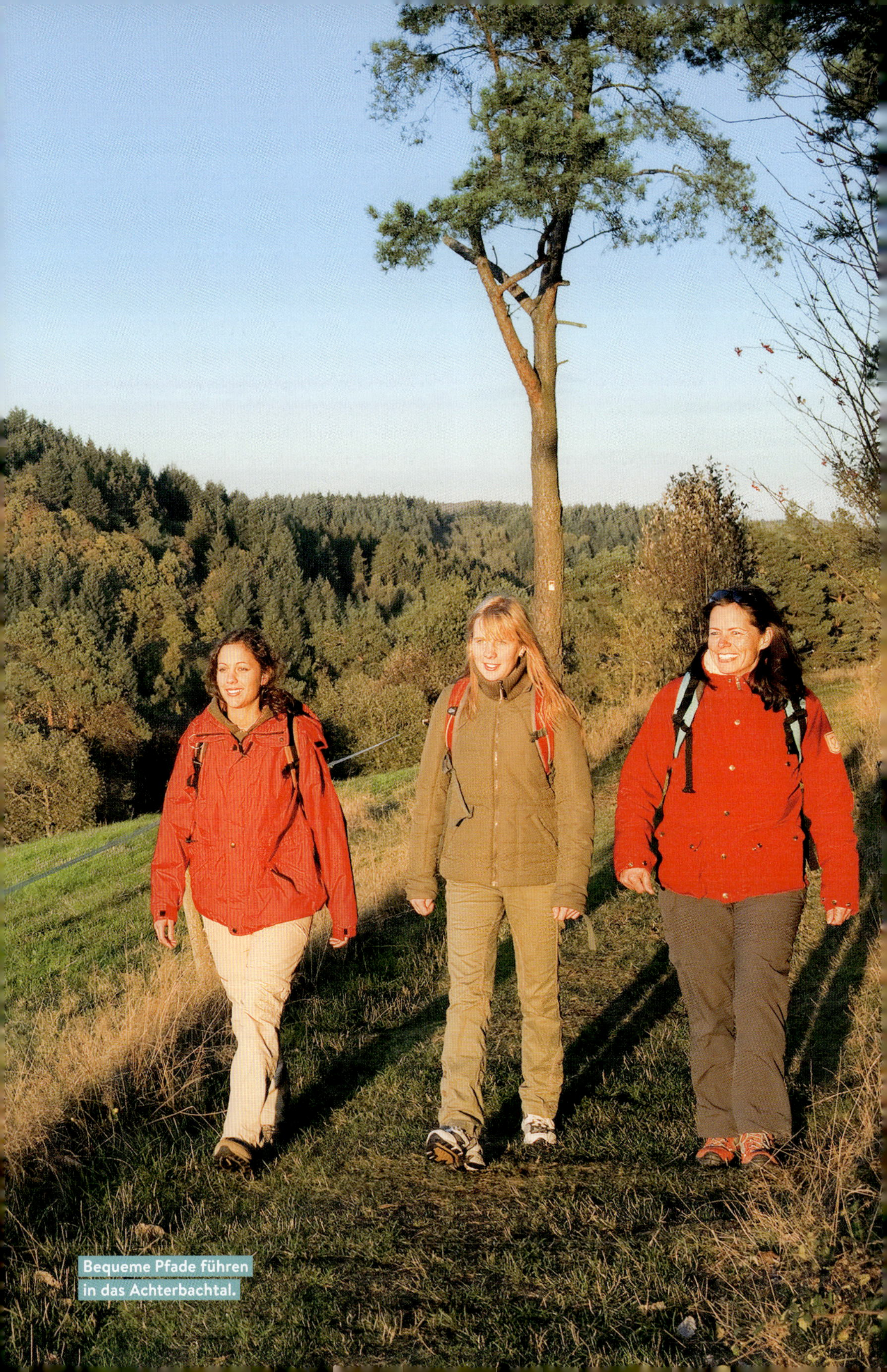

Bequeme Pfade führen in das Achterbachtal.

hatte, gilt er als deren Schutzherr. Seine Grabstätte befindet sich im Kloster Saint-Josse-sur-Mer in Nordfrankreich. Noch heute pilgern viele Wallfahrer unter dem Motto »Jodokus, zu dir kommen wir, deine Fürbitte begehren wir« zum Brunnen. Dem Wasser des Brunnens wird nachgesagt, dass es für die Augen gut ist, wenn man diese damit befeuchtet.

ZUR KAPELLE Anschließend geht es ein Stück auf dem Jodokuspilgerweg den Achterbach entlang. Wer möchte, kann hier einen kurzen Ausflug zur Wallfahrtskapelle **4 St. Jost** unternehmen. Außerdem hat das Besucherbergwerk der Grube Bendisberg für Interessierte geöffnet (Öffnungszeiten über Tel. 02655/96 29 96 oder www.grube-bendisberg.de). Auf der ursprünglichen Route zurück, führt die gut ausgeschilderte Streckenführung zum **5 Nitzbachtal** mit seinen schroffen Felsen und weiter am Welschenbach entlang durch den Wald bis zu einem Steinbruch.

HOHE WARTE An der anderen Uferseite des Bachs erwartet den Wanderer wieder ein kleiner Aufstieg. Danach sind endlich die Wiesenwege erreicht, die zur Wacholderheide an der **6 Hohen Warte** lotsen. Nach ihrer Umrundung folgt eine Abwärtsstrecke. Im Tal angekommen, sind Wanderath und die **E Kirche St. Valerius** bald wieder erreicht.

INFO

TOURENCHARAKTER
Schöne Route mit herrlichen Aussichten

ORIENTIERUNG
Sehr gut, Traumpfad-Markierung

HÖCHSTER/TIEFSTER PUNKT
539 m/362 m

AUSGANGS-/ENDPUNKT
Kirche St. Valerius in Baar-Wanderath

ANFAHRT
Auto: Über die B 258, dann über die K 12 und K 11 nach Baar-Wanderath
ÖPNV: Bus 528 bis Wanderath

EINKEHR/ÜBERNACHTUNG
Eifelhotel Fuchs, Hauptstraße 27, 56729 Boos, Tel. 02656/541, www.eifelhotel-fuchs.de

BESTE JAHRESZEIT
Januar bis Dezember

Mittel | 12 km | 374 Hm | 4.30 Std.

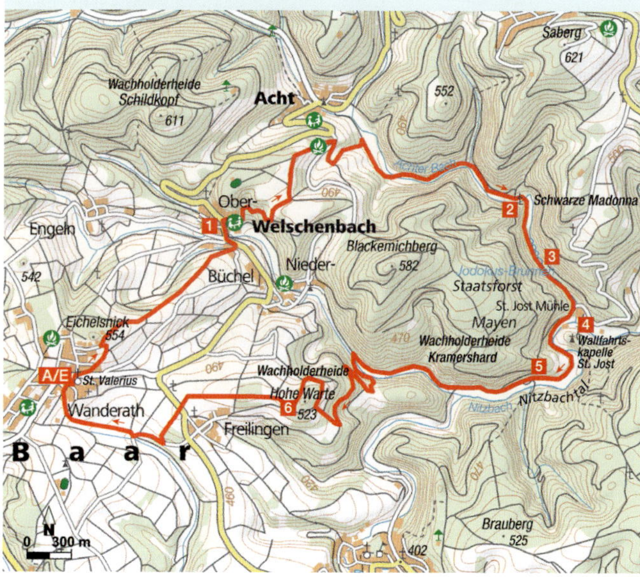

KARTE
Wanderkarte 1:25 000, Nr. 32
Osteifel mit Laacher-See-Gebiet, Eifelverein e. V.

»GEGEBEN UNTER DER LINDE«

Die Gerichtslinde in Schmidtheim

Im Mittelalter spielten die Gerichtslinden in der Bevölkerung eine wesentliche Rolle. An den Bäumen wurden Prozesse durchgeführt und Urteile über Recht und Unrecht gefällt. In Schmidtheim steht noch ein solcher Baum, an dem sich früher einige Tragödien abgespielt haben …

36

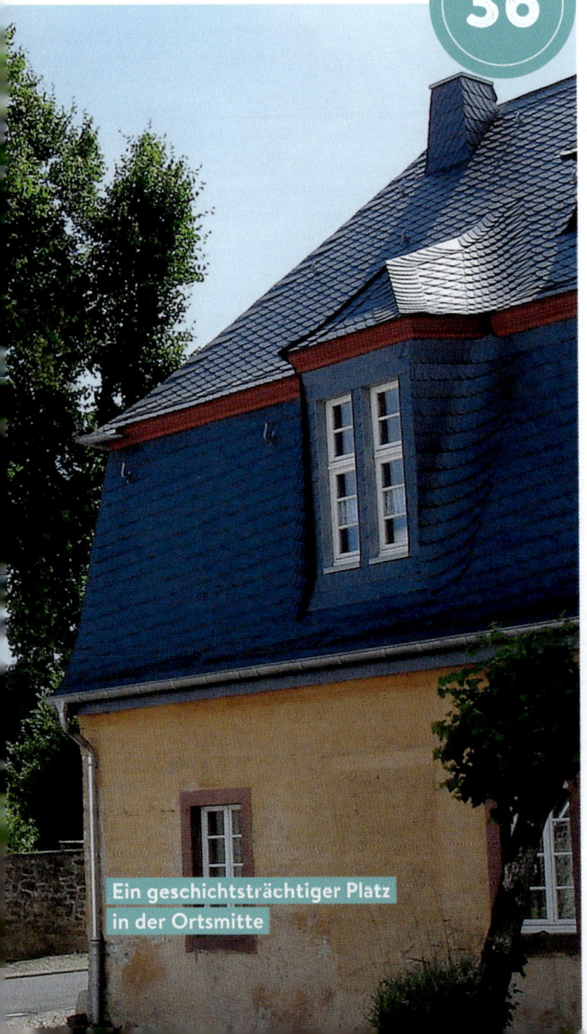

Ein geschichtsträchtiger Platz in der Ortsmitte

Eine entspannte, aber durchaus interessante Rundwanderung ist in Schmidtheim möglich. Die von grünen Wäldern umgebene Gemeinde liegt im Naturpark Hohes Venn/Eifel.

BARFUSSPFAD Startpunkt für die Rundwanderung ist der **A** **Barfuß- und Generationenpark**. Diese über 5000 Quadratmeter große Anlage bietet ein Kneippbecken, einen Kräutergarten, ein Labyrinth und die Gelegenheit zu einem ausgiebigen Boule-Spiel. Nach etwa 200 Metern führt der Wanderweg rechts weiter. Die linke Abbiegung nach weiteren 200 Metern führt bis zum **1** **Flugplatz**. Danach geht es linker Hand an einem Restaurant vorbei. Nachdem die K 74 überquert wurde, ist die Windkraftmühle das nächste Ziel. Nun geht es links weiter. Die nächste rechte Abbiegung führt bis kurz vor die Bahn. Vor der Bahn links weitergehend, erreicht man die K 74. Rechts der Route folgend, wird über die Bahnbrücke in die Blankenheimer Straße eingebogen. Nach dem Queren der Hauptstraße schließt nun die Kommstraße links bis zur Neustraße an. Nach einer linken Abbiegung ist die

2 Hauptstraße erreicht, bis der Weg nochmals links über die Bahnüberführung bzw. links an der Kirche vorbei verläuft.

DIE GERICHTSLINDE Hier befindet sich die 800-jährige Linde. Einer alten Erzählung nach sollte ein Mädchen, welches zum Tode verurteilt war, den Samen eines Lindenbaumes verkehrt herum in die Erde stecken. Sollte ein Baum wachsen, würde das die Unschuld des Mädchens beweisen. Der Baum wuchs hervor – die Richter hielten sich allerdings nicht an ihren Schwur. Das Mädchen wurde als Hexe verurteilt und hingerichtet. Noch bis zum heutigen Tag berichten Zeugen von ihrem Geist, der in der Baumkrone der Gerichtslinde erscheint.

DIE SCHLOSSANLAGE Das **3 Schmidtheimer Schloss** ist der nächste markante Punkt. Die Schlossanlage, erbaut im 16. und 18. Jahrhundert, befindet sich im Privatbesitz der Familie Graf Beissel von Gymnich. Die Wassergräben der einstigen Wasserburg wurden um 1890 zugeschüttet. Von dem Schloss selber ist nur noch der viergeschossige Wohnturm erhalten. Weiter geht es bis zur Hubertuskapelle, wo die Wegführung nach links und wieder zum **E Barfuß- und Generationenpark** zurücklotst.

INFO

TOURENCHARAKTER
Leichte Wanderung mit historischen Höhepunkten

ORIENTIERUNG
Mittel

HÖCHSTER/TIEFSTER PUNKT
580 m/522 m

AUSGANGS-/ENDPUNKT
Barfuß- und Generationenpark in Schmidtheim

ANFAHRT
Auto: Über die B 51 nach Schmidtheim, weiter auf der L 204, dann über die Haupt- und Gartenstraße in die Feldstraße
ÖPNV: Mit der Bahn bis Bahnhof Schmidtheim, von dort noch 700 m zu Fuß

EINKEHR/ÜBERNACHTUNG
Hotel und Restaurant Alt Schmidtheimer Hof, Marktstraße 9, 53949 Schmidtheim, Tel. 02447/89 62, www.schmidtheim.de

Leicht	9 km	147 Hm	2.30 Std.

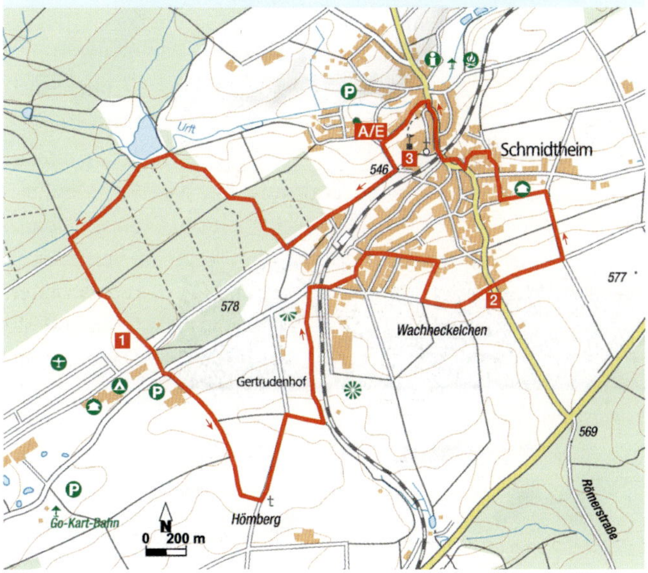

BESTE JAHRESZEIT
Januar bis Dezember

KARTE
Wanderkarte 1:25 000, Nr. 12 Blankenheim, Oberes Ahrtal, Eifelverein e. V.

PS:

IMMER WIEDER WURDE ICH WÄHREND MEINER WANDERUNGEN durch die Region von der landschaftlichen Vielfalt überrascht. Daneben berührten mich die verschiedenen historischen Stätten mit ihrer übermächtigen Stimmung, die ich nicht so leicht vergessen werde.

AM RAUSCHENDEN BACH ENTLANG

Die Magie des Wassers an den Irreler Wasserfällen verleitet zu fantasiereichen Träumen und wirkt wie Balsam für die Seele. In der warmen Jahreszeit bringt ein Bad den Beinen außerdem körperliche Wohltat.

DURCH LICHT UND SCHATTEN

Die Streifzüge durch die ausgedehnten Wiesen und Felder habe ich sehr genossen. Hierbei konnte ich die Weite durch die blühende und wachsende Welt spüren. Ebenso beeindruckend ist es, die Sandsteinfelsen in der Teufelsschlucht zu betasten oder sich auf dem Disibodenberg unter einem uralten Baum mit der Geschichte der heiligen Hildegard zu beschäftigen.

EISKALT ERWISCHT

Wer vermutet die Reste einer Wikingerburg oder einen keltischen Baumkreis inmitten des Waldes? Oder das Wrack eines Halifax-Bombers im See? Auf den Touren wurde ich stets von Gegebenheiten und Erzählungen mit ihren Hintergründen verblüfft, von denen selbst manche Einheimische keine Kenntnis hatten.

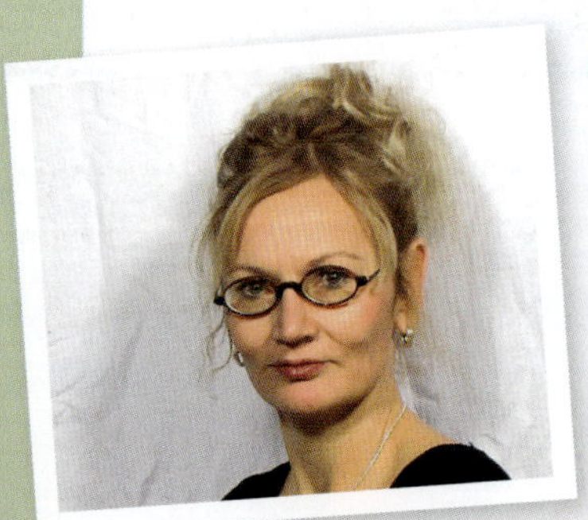

MORGENSTUND HAT GOLD IM MUND

Wenn man nicht am vorherigen Abend von den Eifeler Köstlichkeiten zu sehr gekostet hat und von einer bleiernen Müdigkeit am Morgen verschont geblieben ist, dann ist es ein besonderes Erlebnis, die Morgendämmerung zu genießen. Vor allem an der Mosel bieten sich immer wieder spektakuläre Sonnenaufgänge.

Herzliche Grüße

Antje Bayer

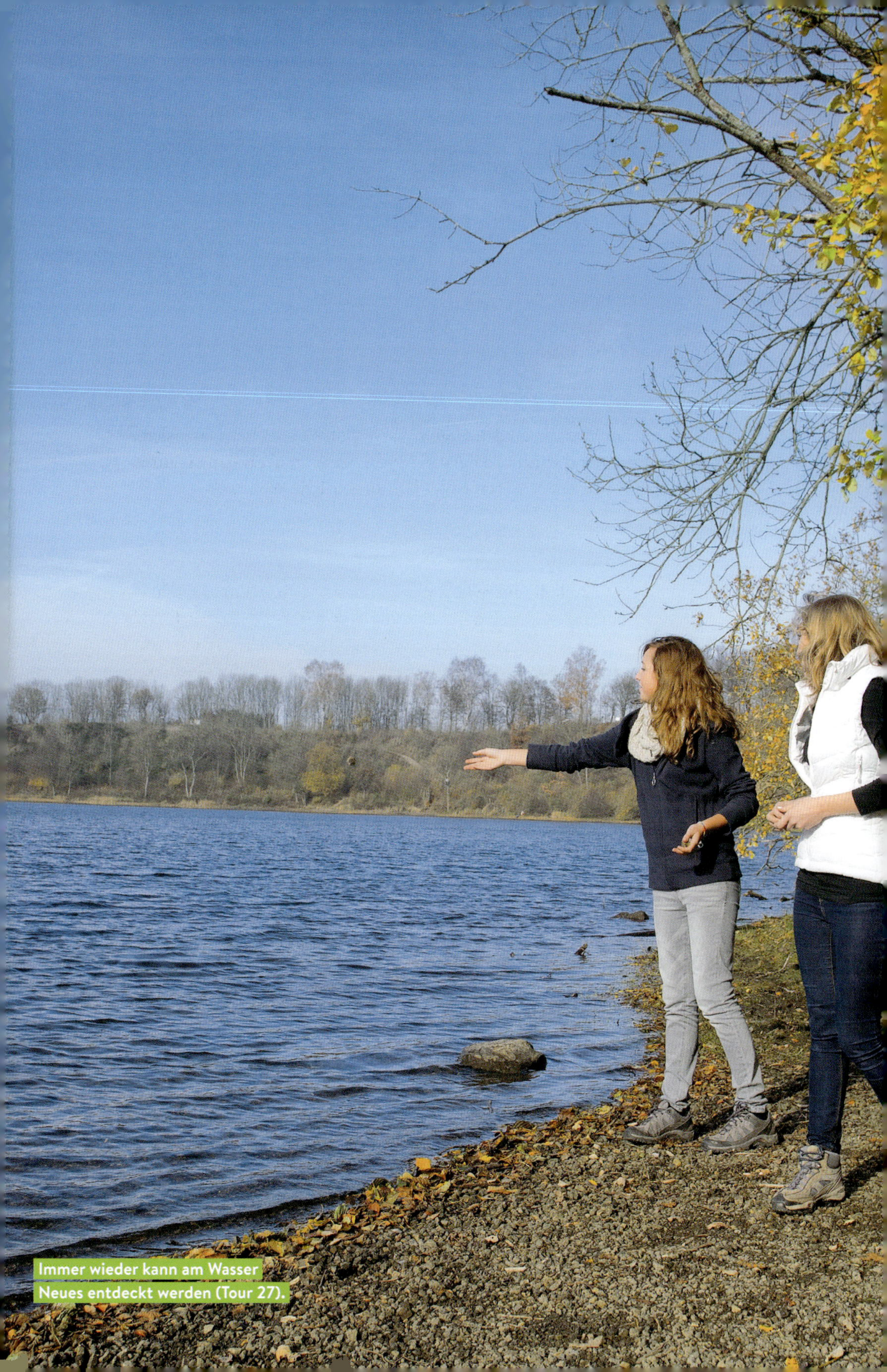

Immer wieder kann am Wasser Neues entdeckt werden (Tour 27).

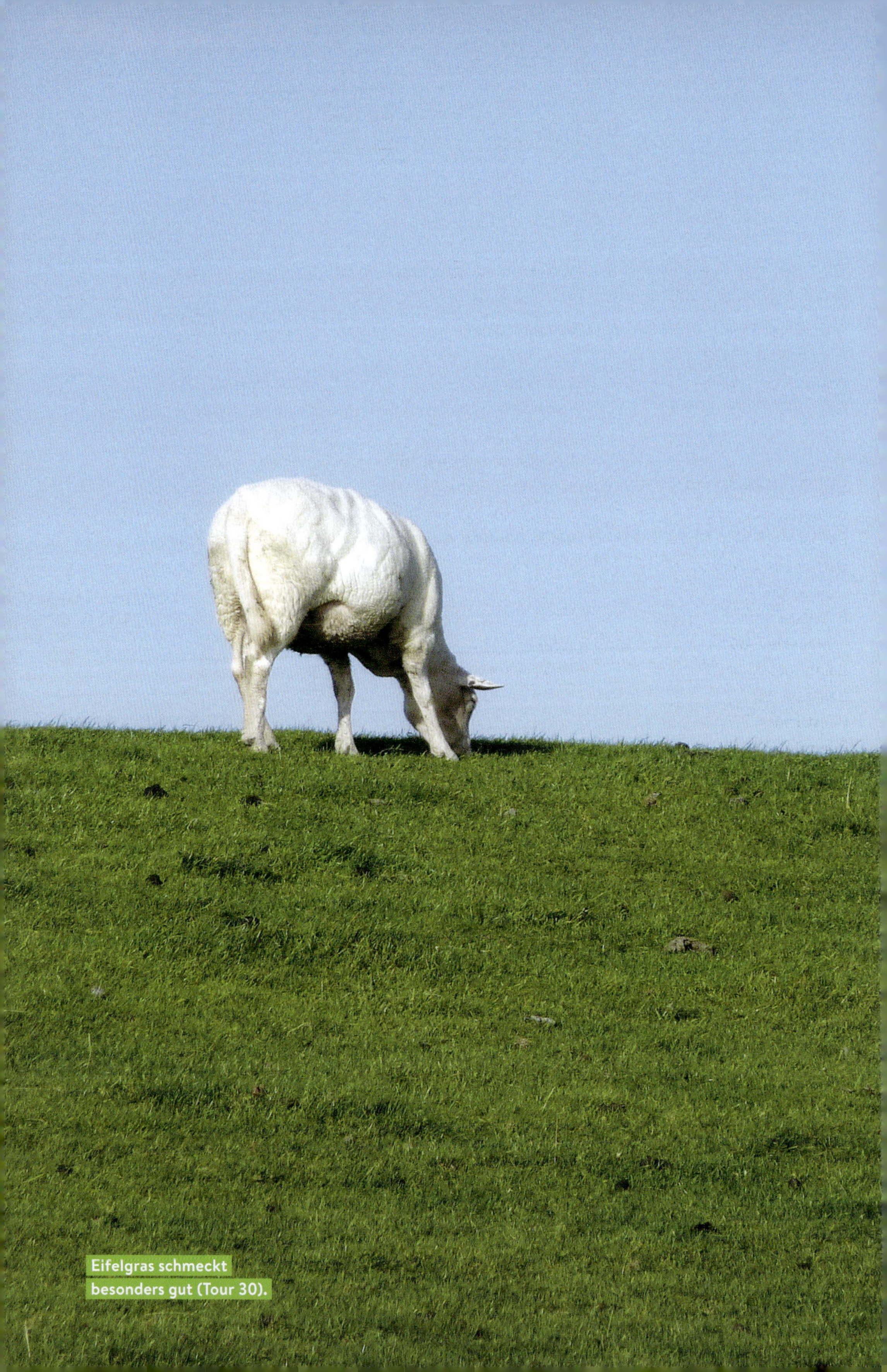

Eifelgras schmeckt besonders gut (Tour 30).

REGISTER

A

Ahrmühle 58
Amphitheater 102
Aquäduktbrücke 51
Augstmühle 73

B

Bad Münstereifel 36
Barbarakapelle 53
Barbarathermen 102
Barfuß- und Generationenpark 152
Basaltsteinbruch Mauerley 86
Baumhoroskop 79
Beilstein 89
Beilsturm 45
Bengel 115
Bergfriedhof Neef 96
Blankenheim 56, 126
Blumenrather Heide 147
Bollendorf 107
Brauberg 147
Brauselay 90
Brohltal 28
Bruttig-Fankel 89
Bullay 114
Burg Cochem 88
Burg Coraidelstein 93
Burg Eltz 64
Burgfey 53
Burg Klotten 93
Burg Neuerburg 45
Burg Olbrück 28
Büschkapelle 61

D

Dahlem 56
Dauner Maare 118
Dietzenley 63
Domstein 102
Dortebachtal 92
Dreifaltigkeitskapelle 67
Dreikönigshaus 101
Dronketurm 119
Druidenstein Bollendorf 106
Düwelsteen 128

E

Eckstein 109
Eifelbahnsteig 126
Eifeler Quellenpfad 56
Eiserfey 50
Eiterbachweiher 69
Elz 65
Engeln 29
Ettringer Bellberg 121

F

Falkleyblick 142
Ferschweiler 109
Förstersteig 68
Freilichtmuseum Kommern 53

G

Gemündener Maar 118, 135
Gerichtslinde 152
Gerolstein 61
Gerolsteiner Keltenpfad 60
Gerolsteiner Wasser 61
Golbach 41
Griesberg 53

H

Hammerhütte 57
Haus Korbisch 65
Heidentempel 38
Heilquelle Sauerbrunnen 141
Herrenhaus Laeis 27
Hexenturm 69
Hochsimmernturm 121

I

Irreler Wasserfälle 48, 111

J

Jodokusbrunnen 149
Juckelsberg 73
Junker Schilling 123

K

Kaiserthermen 101
Kakushöhle 50
Kapelle »Decke Tönnes« 36
Kapelle Prümzurlay 104
Katzensteine 53
Klausnerweg 24
Klosterakademie 41
Kloster Maria Laach 80
Kloster Springiersbach 114
Kloster Steinfeld 40
Kloster Tönisstein 84
Klotten 92
Kottenheimer Winfeld 121
Kraterhöhlen »Sieben Stuben« 120
Kreuzkapelle 46, 124
Kronenburg 57
Krufter Ofen 76
Krufter Waldsee 76

L
Laacher See 76
Lava-Steinbruch 29
Löwenburg 75
Luisenplatzhütte 69

M
Maarhof 30
Maarmuseum 135
Mädburg 34
Manderscheid 131
Margaretenhof 31
Marienburg 116
Matronentempel 38
Mayen-Kürrenberg 69
Mettendorf 124
Mineralquelle Hartborn 123
Monreal 72
Moselapollo 89
Mosenberg 135

N
Naturdenkmal Düwelsteen 126
Naturschutzgebiet Kalkkuppen 38
Neefer Bach 98
Nettersheim 56
Nettetal 141
Neuerburg 44, 124
Niederburg 107, 131
Nitzbachtal 147
Nöthener Berg 38
Nöthener Mühle 39

O
Oberburg 132
Oberzissen 31
Österhof 66

P
Pellenzer Seepfad 76
Porta Nigra 101
Prümer Burg 48
Prümzurlay 49, 104

R
Rochuskapelle 48
Ruine Philippsburg 75

S
Schafberg 145
Schankweiler Klause 25
Scharfes Knüppchen 83
Scheidkopf 71
Scheuerheck 36
Schiefergrube Bausberg I 34
Schleidtal 36
Schloss Bürresheim 71
Schmidtheim 129, 152
Schmidtheimer Schloss 153
Schnürenhof 73
Schutzhütte Altener Tempelchen 69
Schutzhütte Marienkopf 31
Schutzhütte Wolfshütte 131
Seitskapelle 95
Steinfeldheistert 41
Steinkistengrab 26
Stelengrab 77

T
Teufelsfelsen 128
Teufelskanzel 78
Teufelsloch 107
Teufelsschlucht 110
Thürelztal 73
Tiergartentunnel 127
Tönisstein 85
Totenmaar 118
Trasshöhlen 84
Traumpfad Förstersteig 68
Treis-Karden 65
Trier 100

V
Valwiger Berg 89
Virneburg 145
Volkesfeld 140
Vulkanpfad 120

W
Waldorf 58
Wallfahrtskapelle St. Jost 149
Wanderather Traumpfad 148
Wassenach 86
Wasserfall Klotten 92
Waxweiler 124
Weinfelder Maar 118
Welschenbach 149
Wildkräuterwerkstatt 111
Windhäuser Höfe 65
Windsborn-Kratersee 135
Wolfsschlucht 84, 135

Z
Zeller Schwarze Katz 97

IMPRESSUM

Verantwortlich: Stefanie Krüger, Julia Vogl
Redaktion und Lektorat: Susanne Maute, mcp concept GmbH
Layout- und Reihengestaltung: Mathias Frisch
Covergestaltung: Rudi Stix
Satz: mcp concept GmbH
Korrektorat: Ralf J. Klumb | The Wordworms
Repro: LUDWIG:media
Kartografie: Bruckmann Verlag GmbH, Heidi Schmalfuß
Herstellung: Alexander Knoll
Printed in Poland by CGS Printing sp.O.o.

Exklusiv für Sie als Leser:

MIT GPS-DATEN ZUM DOWNLOAD

unter: gps.bruckmann.de

★★★★★

Sind Sie mit diesem Titel zufrieden? Dann würden wir uns über Ihre Weiterempfehlung freuen.
Erzählen Sie es im Freundeskreis, berichten Sie Ihrem Buchhändler, oder bewerten Sie bei Onlinekauf. Und wenn Sie Kritik, Korrekturen, Aktualisierungen haben, freuen wir uns über Ihre Nachricht an Bruckmann Verlag, Postfach 40 02 09, D-80702 München oder per E-Mail an lektorat@verlagshaus.de.

Unser komplettes Programm finden Sie unter www.bruckmann.de

In diesem Buch wird aus Gründen der besseren Lesbarkeit das generische Maskulinum verwendet. Weibliche und anderweitige Geschlechteridentitäten werden dabei ausdrücklich mitgemeint, soweit es für die Aussage erforderlich ist.

Bildnachweis: Alle Aufnahmen auf dem Umschlag und im Innenteil stammen von der Autorin mit folgenden Ausnahmen: Bayer, Carlos: S. 136; Eifelverein OG Schmidtheim: S. 152; GesundLand Vulkaneifel: S. 130, 131; GesundLand Vulkaneifel/Marco Rothbrust: S. 132; Müller Bengel, Sonja: S. 114, 115, 116; NABU Günter Lessenich: S. 55; Natur- und Geopark Vulkaneifel: S. 118; Nordeifel Tourismus GmbH: S. 10 ,56, 57, 58, 126, 127, 128; picture alliance / DUMONT Bildar: S. 11, 136, 138–139; Rhein-Mosel-Eifel-Touristik (REMET): S. 2, 4, 8, 14, 68, 69, 70, 72, 73, 74 o., 74 u., 76, 77, 78, 120, 121, 122, 140, 141, 142, 144, 145, 146, 148, 149 l., 149 r., 150, U4; Stadt Mechernich/ Marike Lotz Colditz: S. 50; Stadt Mechernich/ Sabine Wahlen: S. 52, 54 o., 54 u.; Städtische Kurverwaltung Bad Münstereifel: S. 36, 38; Tourist-Information Neef (Mosel): S. 4 o., 96, 98; TW Gerolsteiner Land GmbH: S. 60, 61, 62.
Umschlagvorderseite: Sonnenstrahlen in der Eifel, Shutterstock/Paul1982Dutch
Umschlagrückseite: Miteinander neue Wege in herrlicher Landschaft erkunden, Tour 28

Die Deutsche Nationalbibliothek verzeichnet diese Publikation in der Deutschen Nationalbibliografie; detaillierte bibliografische Daten sind im Internet über http://dnb.d-nb.de abrufbar.

Infanteriestraße 11a, 80797 München

ISBN: 978-3-7343-2567-0